本研究得到香港乐施会和国家社科基金资助,特致诚挚谢意

制度实践与目标群体

下岗失业社会保障制度实际运作的研究

INSTITUTION AND SUBJECT IN PRACTICE:
Studies on Social Security System for the Laid-off

孙立平　郭于华　主编

社会科学文献出版社
SOCIAL SCIENCES ACADEMIC PRESS (CHINA)

目 录

导论：社会转型与下岗失业工人的底层化过程 …………… 1
   一　关注改革的阶段性 ………………………………… 2
   二　从生活必需品时代到耐用消费品时代 …………… 5
   三　资源配置：从扩散到重新积聚 …………………… 7
   四　资源的集中与强势精英群体的形成 ……………… 10
   五　资源的匮乏与底层社会的形成 …………………… 15
   六　社会结构显现种种断裂的迹象 …………………… 22
   七　下岗失业社会保障制度实践的研究 ……………… 27

第一章　制度的设计与制度的运作：失业人员社会保障
       问题研究 ………………………………………… 42
   一　制度背景与制度实施的基本状况 ………………… 42
   二　制度实践与制度文本的偏离 ……………………… 47
   三　从目标人群的角度反思制度 ……………………… 59
   四　制度约束中的选择逻辑与参与行为 ……………… 67
   五　结语与政策建议 …………………………………… 71

第二章　单位型社区的衰落与底层群体的形成 ………… 75
   一　案例背景：工厂社区 20 年的转变历程 ………… 77
   二　贫民区——走向社会底层的生存状态 …………… 79
   三　制度制造贫困、生产底层：一种结构性解释 …… 94

第三章　生命周期与社会保障：下岗失业工人生命历程的
       社会学探索 ……………………………………… 108
   一　问题与理论 ………………………………………… 108
   二　常态与变态 ………………………………………… 114

1

  三　危机与适应 ……………………………………… 125
  四　体验与认知 ……………………………………… 136
  五　制度与实践 ……………………………………… 141

第四章　制度与参与：下岗失业人员缴纳基本养老保险费行为研究 ………………………………………………… 146
  一　问题提出 ………………………………………… 146
  二　已有研究与本研究的立场 ……………………… 149
  三　研究假设 ………………………………………… 151
  四　资料来源 ………………………………………… 154
  五　基本状况描述 …………………………………… 155
  六　模型与方法 ……………………………………… 158
  七　结论及政策意涵 ………………………………… 171

第五章　制度封闭与保障失灵：下岗失业工人获得社会保障的困境 ……………………………………………… 180
  一　问题的产生与分析的进路 ……………………… 181
  二　国家制度的逻辑及路径 ………………………… 184
  三　制度封闭的过程、逻辑与机制 ………………… 187
  四　制度的封闭与建设开放社会 …………………… 196

第六章　年轻的底层：新失业群体的出现 ……………… 202
  一　"新失业群体"研究：概念与意义 …………… 202
  二　"新失业群体"生成的社会背景 ……………… 205
  三　"新失业群体"的"工作生活" ……………… 212
  四　"新失业群体"的"非工作生活" …………… 219
  五　"新失业群体"的未来：面向下一代的发展 … 226

附录一　访谈个案选录 …………………………………… 231
附录二　"下岗失业人员社会保障制度的实际运作"项目基础数据报告 ………………………………………… 296

参考文献 ……………………………………………………… 326

导论：社会转型与下岗失业工人的底层化过程

孙立平　郭于华　秘　舒　孙湛宁

　　下岗失业问题是中国在世纪之交面临的最严峻的挑战之一。明确这一困境发生的背景，即为其在社会结构与社会转型过程中定位，是一件至关重要的事情。因为这不仅涉及能否了解和把握失业问题的基本性质与社会后果并有效地做出相应的制度安排，而且关涉到能否对20世纪90年代中期以来的中国社会进行准确的定位。无论是确定一个社会的基本政策取向，还是思想的基调，都需要以此为基础。这是我们力图在一个比较宽泛的社会背景和比较深入的结构视角下关注下岗失业社会保障制度的原因所在。在本书中，我们将主要以20世纪90年代以来中国社会结构的变化这样一个特定的角度，来讨论下岗失业社会保障制度的运作问题，这在面临严峻的世界经济形势的今天依然有着重要的意义。

　　为什么要强调"90年代中期以来"这个概念？至少有这样几个原因。

　　第一，"改革坐标"的局限性。对目前中国社会的定位当然可以从不同的角度进行。而在现实中，我们看到更多的，这种定位往往是按照"改革坐标"进行的，即"改革前"、"改革后"的论证语式。但在这个过程中，有些问题往往被人们忽视了，就是90年代以来中国社会所发生的变化、90年代中国社会和80年代中国社会的区别。实际上，自90年代以来，中国社会已经发生了一些非常重要的、根本性的变化。这些变化有的可以看做80年代的延续，而另外的一些则意味着某些重要的逆转。正是这些变化使得90年代以来的中国社会与80年代的中国社会非常不同。

第二，政策制定者和思想理论界对这个问题缺乏敏感性。事实上，自90年代中期以来，这个逐渐在形成的社会，就已经开始提出一系列新的问题。公平问题就是其中之一。如何面对这些新的问题，无论对政策的制定者，还是对思想理论界，都是一个严峻的挑战。但在支配性的"改革话语"中，在"改革与保守"的二元对立中，这些问题似乎找不到应有的和合适的位置。由于不能在思想理论和政策实践上有效地面对这类问题，不仅导致理论界许多无意义的混战，而且往往使得社会政策出现偏差。

第三，90年代中期以来中国社会面临的这些新问题，有许多并不是暂时的、边缘性的。这些问题对我们构成的挑战是根本性的，其中的许多因素会对我们这个社会的长远走势产生重要的影响。正如后面的分析将要指出的，其中的一些趋势已经开始处于定型化的过程中。因此，思想理论界及政策制定者如何面对这些问题，影响的不仅仅是眼前，还有长远。

一　关注改革的阶段性

自90年代中期以来，中国社会开始发生一些耐人寻味的变化。其中的一些变化是悄然发生的，而更多的变化则是非常明显地发生在我们的日常生活中，发生在我们的身边。只是由于我们仍然在使用一些缺乏敏感性的概念，使得我们对这些变化熟视无睹。其实，在老百姓的街谈巷议当中，在普通人的牢骚里，在网络上的种种意见表达中，已经频频涉及这些新的变化。但囿于旧思维的学者和思想家们，仍然固执地将这些新的变化看做过去所熟悉的那些趋势的另外一些方面。

事实上，自90年代中期以来，一个新的社会正在我们的眼前呈现，同时带来了一系列新的问题。这意味着我们在面对和解决这些新的问题时，需要超越过去20多年中一直支配着我们的那些思维。否则，一些火药味很浓的争论，就有可能沦为同遗老遗少的战争。

1. 日常生活中的新社会

这种变化发生在什么地方？就发生在我们的日常生活中。实际上，任何最深刻的社会变化，往往都会在日常生活中鲜活地表现出来。让我们从90年代中期流行的一句话说起，这句话就是："微观不好，宏观好。"[①] 即在宏观层面上，经济增长一直保持一个相当高的速度，中央财政状况日益改善，货币供应不断增加，商业银行资金充裕；而在微观层面上，国内市场需求不足，市场物价持续走低，许多企业开工不足或产品严重积压，劳动就业压力不断增大。概括地说，宏观的繁荣和微观的不景气形成一种鲜明的对照。其中最令人关注的表现之一就是在经济高速增长的同时大批企业转制或倒闭而导致大量国企和集体企业的工人下岗失业。

2. 经济增长和社会发展的断裂

如果从经济增长和社会发展的关系来看，90年代和80年代相比已大大不同。在80年代，一般地说，经济增长会带来社会状况的自然改善。也就是说，经济增长和社会发展的关联度是很高的。这种现象是不难理解的，因为当时改革的起点是经济生活的匮乏和由此导致的社会生活的种种问题。也就是说，当时的许多社会层面上的问题，是卡在我们的整体经济实力上。比如，物

---

① 温铁军在《"通胀"和相关政策的讨论》一文中列举了一些类似的说法："城市好、农村不好；国有好、民营不好；股市好、企业不好；税收好、财政不好；上头好、下头不好"等等。[《世纪中国》(http://www.cc.org.cn/)，2001年5月14日。]

质生活水平的普遍低下，日用消费品的短缺（特别是生活必需品和住房），公共服务业的不发达（当时是吃饭难、住宿难，甚至还有理发难）。因此，在经济增长的推动下，整个社会生活的状况迅速改善。人们从中看到了经济增长与社会发展的一种几乎是齐头并进的图景。

但到了 90 年代，经济的增长在很大程度上已经不能带来社会状况的自然改善。在前些年经济比较低迷的时候——尽管当时中国经济是低迷的，但那是相对于我们自己而言的。所谓低迷，只是经济增长速度的放缓，但其增长速度仍然在 7% 左右。如果和其他国家的经济增长情况相比，7% 仍然是一个相当快的速度了。从理论上说，在这样的经济增长速度之下，我们感受到的应该是繁荣，而不是萧条。但在现实的社会生活中，我们感受到的却是一片萧条。无论是从企业的生产和经营的情况来看，还是从人们的日常生活来看，都是如此。这当中的原因是什么？有经济学家解释说，这是因为我们的经济增长数字中有水分。但即使我们把这个因素考虑到，按照经济学家的估计，两个百分点的水分足够了。那就是说，我们的实际经济增长速度仍然有 5%。即使是 5%，也是一个相当不错的增长速度了。那为什么在 5% 的增长速度之下，人们感到的仍是萧条，甚至有的人感到现在的生活大不如从前？这说明，在经济增长的成果和社会成员的生活之间、在经济增长和社会状况的改善之间，出现了断裂。

这一点，在 2000 年表现得尤为突出。2000 年，是我国经济初步复苏的一年。在这一年中，我国经济改变了连续几年增长速度下降的趋势，年经济增长率达到 8%。但在这一年时间里，社会状况并没有随着经济增长而有所好转。具体表现在，贫富悬殊的状况没有发生明显的改善，就业的状况没有得到明显的改善，各种社会问题的状况也没有得到明显的改善。在这当中我们尤其要关注的是就业状况。以历年的情况看，1997 年我国 GDP 增长了8.8%，从业人员只增加了1.1%；1998年GDP增长了7.8%，从业人员只增加了0.5%；1999年GDP增长了7.1%，从业人员增加了0.89%；2000年GDP增长了8%，从业人员增加了0.79%。

当然，这些只是在表面呈现出来的现象。在这些表象背后，需要我们分析的是90年代中期以来中国社会结构所发生的一系列重要变化。

20世纪90年代中期以来中国社会发生的新的演变趋势，与三个重要的背景因素有着密切的关系。第一，在90年代中期之前，中国基本处在生活必需品的时代，而在90年代中期之后，中国开始逐步进入耐用消费品时代。这个转变是极为重要的。它不仅导致了经济增长模式和条件的根本性变化，而且对整个社会生活的基本构架产生着重要的影响。第二，社会中的资源配置从扩散到重新积聚的趋势。这个趋势的发生，导致了不同社会力量在社会政治生活中位置的变化，也导致了不同的结盟和对立关系的出现。第三，全球化的趋势以及中国逐步加入全球化的过程。这个过程开始对中国社会力量的重组和社会生活框架的重构产生重要的影响。因此，要谈90年代以来中国社会的变化，就不能不对这三个重要的背景性因素给予高度的关注。

二 从生活必需品时代到耐用消费品时代

1. 从生活必需品时代到耐用消费品时代的转型

我们可以注意到，在人们议论生计、议论日常生活开销的时候，经常有这样的一种说法："现在每个月吃饭用不了多少钱。"在这种关于日常生活的简单判断背后，实际上是我们这个社会从一个时代到另一个时代的变迁——从生活必需品生产和消费的时代到耐用消费品生产和消费的时代。

这个转变体现在我们每个人的日常生活中。在90年代之前，特别是在80年代之前，大多数人的工资，都是以几十元计。这几十元的工资，几乎有着非常固定的用途。多少钱用来购买凭粮票供应的粮食，多少钱用来购买凭布票供应的布料和衣服，多少钱用来购买同样是凭票供应的肉、油、蛋、鱼、火柴、麻酱等日用品，这几乎都是固定的。买完这些东西之后，每个月的收入也就所剩无几了。这当中除了商品短缺时期的票证供给制特征之外，还是一种生活必需品生产和消费时代的典型图景。在那样的时代，整个社会生产的产品，主要是人们生活所必需的日用品；人们的收入，也主要用来购买这些生活必需品。

但在今天，我们正在进入一个新的时代，这个时代就是耐用消费品生产和消费的时代。在这个时代，耐用消费品的生产和消费，开始成为我们日常生活的主要内容，而生活必需品的生产和消费则退居次要的地位。直接反映这种变化的，是恩格尔系数[①]的变化。恩格尔系数是指食品类支出占消费总支出的比重，恩格尔系数的变化大体可以表示生活必需品在人们的整个消费中所占比重的变化趋势。我国城镇居民生活的恩格尔系数是在"八五"末期下降到50%以下的，1999年继续下降到41.9%，2000年下降到40%。在2000年，恩格尔系数在农村居民中约为50%。

2. 从生活必需品时代到耐用消费品时代的转型对整个社会生活特别是社会结构的影响

应当说，这个转型对于我们的社会生活和社会结构变迁有着重大的影响。但这样一个与人们的生活密切相关，而且对整个社会生活有重大影响的变化，几乎被我们的理论界甚至经济学界忽视了。也许有人会说，在生活必需品阶段，人们为基本的生存需求而奔忙，而到了耐用消费品阶段，满足基本生存需求已经大体

[①] 恩格尔系数在一定程度上反映出一个社会的经济发展水平和人民生活水平。联合国粮农组织用恩格尔系数作为判定生活发展阶段的一般标准：60%以上为贫困；50%~60%为温饱；40%~50%为小康；40%以下为富裕。

不成问题，宽敞的住房、汽车、高档电器、名牌产品、各种服务，开始进入人们的生活，这不是很好的事情吗？还有什么要讨论的吗？在这里，我们首先要指出的一点是，一个社会从生活必需品阶段转向耐用消费品阶段，整个经济和社会生活会发生一系列的重大变化，如果不能妥善地处理这个过程中出现的种种问题，就会酿成某种危机。20世纪30年代的经济大萧条，至今还会被人们不断提到。对于这场历史上少见的经济大危机的原因所做出的种种解释，仍旧不断受到人们的怀疑和挑战。近些年来有些学者开始认为，那次经济大萧条就是由西方世界从生活必需品阶段向耐用消费品阶段的转型引起的。因此，当中国社会已经进入这个变化或转型时，我们绝不能有丝毫的轻视。

至于其中的具体含义，我们将在下面陆续谈到。

三　资源配置：从扩散到重新积聚

1. 80年代的资源扩散过程及其社会效应

在80年代之前，中国社会的财富主要集中在国家手中，然后由国家依据个人在社会结构中的位置进行再分配。与这种制度相伴随的，是社会财富和资源的极度"匮乏"。在这种情况下，从社会边缘开始发端，以市场为基本取向的经济体制改革，无疑会具有一种财富增长和资源扩散的效应。

在这个过程中，首先，社会中的弱势群体和边缘群体最早在改革中受益，社会中最贫困阶层的收入提高了，生活得到明显改善。农村实行联产承包责任制以后，国家提高了粮食和农产品的收购价格，农民的收入增加了；城市中职工的收入由于工资和奖金的增加而提高了（有时甚至出现超分配的现象）；另外，一些事实上处于失业状态的人们，如部分无法进入国家机关和国有企业的回城知识青年以及刑满释放人员，在改革政策的鼓励下，开展个体经营，从而使得这部分本来处于社会底层的人，成为最早的致富者。在当时的情况下，除了极少数成功的个体户之外，社会中并不存在过于富裕的阶层。可以说，在80年代，社会中的绝大多数人都是改革的受益者。正是在这样的背景下，出现了所谓"共同富裕"的局面。

其次，社会边缘地带出现了兴旺的气象和发展的生机。联产承包责任制的实行，使得人民公社时期缺少劳动积极性的社员成为自主经营的农民。加之新的政策鼓励农民实行多种经营，农村经济出现了明显的增长。与此同时，由于城乡二元结构仍然存在，农村中不断增多的劳动力和其他资源无法流入城市中，而只能以乡镇企业的形式在农村内部积聚起来。尽管这种现象对于整个社会来说，有利有弊，但客观的结果是促进了乡镇企业的迅速发展。在80年代的大部分时间里，乡镇企业的增长速度远远超过整个国民经济的增长速度。乡镇企业的发展不仅解决了部分农村剩余劳动力的就业问题，而且也大大增加了农民的收入。之后正是在乡镇企业的推动下，小城镇迅速发展起来。

最后，随着放权让利式改革的推进，基层政府和企业获得了更多的自主权和可供支配的资源。在经济和社会活动中，基层政府和企业在很大程度上改变了过去那种消极的指令计划执行者的角色，而成为一种积极的主体。基层政府和企业掌握资源的增加，为基层经济和社会生活带来了活力。

2. 90年代以来的资源重新积聚的趋势

在80年代，特别是80年代中期之前，与财富扩散的趋势唯一不同的现象，是"官倒"的出现。而"官倒"现象的制度背景，则是价格的"双轨制"。在80年代中期，"官倒"现象曾导致一些拥有或接近政治与行政权力的人成为中国最早的富裕者。但总体来说，这些人数量极为有限，所获得的财富也相当有限，并不足以对整个社会的收入分配格局造成根本性的影响。当时对于一些率先致富的人，人们称之为"万元户"。但值得注意的是，其中有些人，正是靠着从事"官倒"活动中积累起来的财富，完成了资本原始积累的过程，其中有些人更是成为90年代有名的私营企业主。

在80年代末期和90年代初期，与80年代截然相反的财富聚敛的过程开始发生。这个过程是由多种因素造成的。市场机制、巨大的收入差距、贪污受贿、权力寻租、大规模瓜分国有资产等，造成收入和财富越来越集中在少数人手里；尽管城乡之间壁垒森严，但通过税收、储蓄以及其他途径，大量农村中的资源源源不断地流向城市；在税制改革的推动下，政府获得越来越多的财政收入，然后将这些收入集中投向大城市特别是特大城市；证券市场的发展、企业间的重组和兼并，将越来越多的资金、技术和设备集中到数量越来越少的企业之中。所有这一切，都在从根本上改变着中国的资源配置格局。

这种资源重新积聚的趋势，对中国社会产生了广泛而深刻的影响。

首先，群体间的收入和财富差距越拉越大。改革初期的模式是"做大蛋糕"，即在普遍改善中出现了富裕者，在失败者出现之前造就了成功者。但到了90年代，由于资源配置机制的变化，社会中的一些人迅速暴富起来，而原来在改革初期得到一些利益的边缘和弱势群体日益成为改革代价的承担者。也就是说，90年代是一个改革的失败者显现的年代。在这个过程中，一方面一个为数不多的"富人"群体开始形成，福布斯评选出的2001年中国大陆百位首富企业家的数据表明，仅前10位首富，就拥有资产559亿元（当然，这里所说的拥有的资产不能完全等同于个人财富，但也可以大体看出财富占有的情况）。另一方面，城市中的失业者成为一个最引人注目的群体。这个群体在改革前，无论在经济收入还是在社会地位上，都处于明显的优势位置；但在过去的十几年中，他们已经沦为城市社会的底层。因企业转制或倒闭而下岗失业的工人，一些开工不足企业的职工和部分退休职工，都大体属于这个群体。

其次，社会的边缘地带出现明显的凋敝，特别表现在农村和小城镇。在一些地方的农村，已经很少能够看到年轻人。有的村庄已经成了"空壳村"，而且道路和水利等基础设施普遍破败失修。在这种现象背后的，是过去十几年的时间中，农业已经基本成为一个无利可图的产业，有学者甚至认为已经不能称其为一个产业。在这一段时间里，尽管我国国民经济以 6%～8% 的速度在增长，但农民的收入，基本是停滞不前。在 1997 年后，尽管农民收入的平均水平还在以缓慢的速度上升，但实际上，就大多数以农业为主的农民来说，收入实际上是下降的。

最后，基层被掏空。由于资源配置的变化，财政收入越来越多地集中到上级政府，基层政府的财政能力越来越弱，特别是一些农村的乡镇政府负债累累，已经有相当一部分县级政府没有能力支付公务员和教师的工资。而据正式公布的数据，当时乡镇政府负债已达 2000 多亿元。据专家估计，实际上还不止这个数字。同时，在村庄的层面上，一个村庄负债四五十万元的情况屡见不鲜。

四 资源的集中与强势精英群体的形成

1. 总体性资本与总体性精英

由于政治权力的作用，在社会结构高度不分化的背景下，资本也高度不分化，总体性资本聚积的速度相当快。有的从几万元起家到形成十几亿元的资产规模，往往只需要几年的时间。如果对照一下个体户发展的过程，就更可以看出总体性精英扩张的迅速。在 70 年代末和 80 年代初，中国城市中出现了大批的个体户，他们大多从事较为低端的商业和服务业。但将近 20 年的时间过去了，这些个体户大多仍在从事原来的行业，而经营规模的扩大也极为有限，还有许多在市场中销声匿迹了。这可以称为一种"长不大的个体户"现象。事实上，总体性精英过多地垄断了社会资源，因此侵犯了社会众多阶层的利益。中产阶级之所以难以形成，重要的原因之一，是原本应被社会中产阶级占有的资源，现在被总体资本垄断了。

许多人将中间阶层的形成作为对中国社会发展的一个预期。20 多年来，无论是私营企业主的出现，还是"白领阶层"的扩大，都似乎在体现这样的趋势，然而，这依然只是停留于预期的趋势。而另外的一种可能也是存在的，即像南美社会那样成为两极分化社会。总体性精英阶层的存在就是这种两极社会形成的一个重要标志。而总体性精英集团的形成及其在社会生活中的巨大作用，又会进一步加剧这个趋势的发展。就目前的趋势而言，维持这个社会群体的规模和边界，形成相应的封闭性，是这个阶层重要的目标。而在拥有总体性资本的富裕阶层继续暴富的同时，不仅农村，部分城市人口也将陆续被抛进贫困人口之列。

2. 精英联盟的形成

在 80 年代，当体制外精英刚刚开始出现的时候，体制内精英曾经感到极不适应，怀疑和恐惧构成了双方关系的基本内容。当时一些重大事件的发生，事实上是与这种怀疑和恐惧有直接关系的。怀疑和恐惧减少了对话和沟通的可能。但到了 80 年代末和 90 年代初，双方关系已经在开始发生明显而重要的变化，并在此基础上形成了复杂的联盟与冲突的模式。在这个过程中，如下几个因素起到了至关重要的作用：第一，80 年代末开始形成的"稳定话语"，构成了经济精英与政治精英联盟的基础。80 年代末的事件使双方共同认识到，"不稳定"既不利于统治，也不利于生产和经营。因此，保持稳定是双方共同的利益所在。第二，

90年代初,在80年代末事件的基本背景下,中央政府一度采取压制私营、民营和乡镇企业的政策。但在地方利益的驱动下,一些中层政府官员立场鲜明地站在了后者一边,于是有"几不变"政策的出台。由此,在地方和基层的层面上,经济精英与政治精英建立了密切的关系。此后,在"下海"热潮中,一些官员或有极强官方背景的人变为商人,促进了体制内与体制外的亲和性。第三,新保守主义的形成,标志着一部分知识分子加入了这个联盟。

在上述精英的联盟中,90年代以来,比较突出的是出现了知识技术阶层与统治集团联盟的趋势。在任何社会中,知识技术阶层与统治集团的联盟都是社会常规运作的基本前提,在意识形态上表现为知识分子中的"新保守主义"思潮。1994年以后,在中青年知识分子中,流行着一种以主张民族主义、对抗西方文化为特征的"新保守主义"思潮。之所以称之为"新保守主义"是因为:第一,流行这种思潮的主体是中青年人,而不是像旧保守主义者那样主体是老年人;第二,适应这一思潮的人,很多都在西方国家留过学,了解发达国家的情况,而不是像旧保守主义者那样,很多人不了解外面的情况;第三,追逐这一流行思潮的人,在主张民族主义的同时,也积极地倡导改革开放,而不是像旧保守主义者那样往往对抗改革开放。当然,在此也应注意有一部分做基础研究的知识分子是难以进入市场的。在市场经济国家中,这部分人的利益是通过国家再分配给予补偿的。目前,我国在这方面的制度还很不健全。因此,在没有得到再分配补偿的情况下,被市场抛弃的知识分子也出现了走向平民主义的趋向。

3. 总体性精英对国家自主性与公共政策的影响

国家自主性的降低是90年代以来令人瞩目的趋势之一。国家自主性是指相对于社会而言,国家是一种公共管理的机构。在我们的社会主义社会中,国家代表全体人民的利益,是整个社会中不同利益的协调者。这就要求国家在面对社会中的各种利益和不同的利益群体的时候，要具有相当的超越性。所谓国家的自主性就表现在这种超越性上。同时，国家机构以强制性的权力掌握和支配着社会中的诸多资源，是社会政策和公共政策的制定者和执行者。这就要求我们的国家机构，在制定和执行公共政策的时候，要尽可能地不受社会中那些有力量的强势社会集团的影响和左右。

但我们不能视而不见的是，近些年来，我们的国家自主性在明显下降。这主要表现为在整个公共政策的制定上，明显地向富人倾斜，而不是向穷人倾斜。有人攻击我们说，中国政府是世界上最右的政府。意思是，在公共政策的制定上，我们的政府是站在资本一边，而不是站在普通老百姓一边。这样的说法尽管很极端，但不能由此忽视在这方面存在的问题。我们现在面临的两大主题，就是发展与公平。当然，从更宽泛的意义上可以说，公平也是社会发展的重要部分。我们这里所说的主要是经济发展和社会公平。我国是一个经济上相对落后的国家，现在经济发展的水平也不是很高，所以，在相当长的一段时间内，我们几乎把绝大部分的注意力和精力都放在经济发展上，这是必然的，也是迫不得已的。我们的经济政策只能以提高经济生活的效率，促进经济的增长为基本出发点。如我们对私营经济的优惠政策，对促进中产阶级发展的政策，只能坚持而不能放弃。这是我们与"左派"们的区别。但问题是，在力促发展的同时，我们还缺乏有效的社会政策来维护社会公平。这些年来，对社会中的弱势群体，对社会中的贫困人口，我们确实是有所忽视，照顾不够，所以老百姓有意见。这里关键的问题，是我们在资源分配上，用于社会保障和社会福利的资源太少，社会政策的力度太弱，无法形成经济政策与社会政策的平衡，无法实现经济发展与社会公正的平衡。在80年代的时候，我们的改革与发展，基本是以做大蛋糕的方式进行的。在那个时候，确实存在着这样的一种现象：经济发展了，社会状况就跟着改善了，社会中的弱势群体就跟着受益了。但十几年来，情况发生了不容忽视的变化。在近些年中，我们可以发现，经济的增长与社会的发展越来越分离了。强者愈强、弱者愈弱就是这种分离的具体表现。

精英的强势还表现为其对公共政策的影响力越来越大。这里所说的强势群体既包括民间的经济力量，更包括一些重要的垄断部门。近些年来，民间的经济力量已经有了可观的积聚，这是一件好事情。但同时必须看到，这些力量对国家机构制定政策的影响力也越来越大。这种影响是通过许多不同的形式进行的，而这些形式在基层和在上层又有所不同。在基层，主要是通过"关系"和腐败的形式进行的。一个地区怎样规划，怎样发展？哪些项目要上，哪些项目不要上？这些事情现在已经越来越受到上述因素的影响。而在上层，这个问题就更复杂。在我们的人大和政协部门，来自民间经济和政府垄断部门的影响力相对较大，而来自社会弱势群体的影响力却相当小。因此，在决策甚至立法的过程中，人们更多听到的是来自这些强势群体的声音，而较少听到来自社会弱势群体的声音。再比如，因为这些社会力量有经济实力，可以通过对舆论工具和学术活动提供支持和赞助的方式让传媒和学者为它们的利益说话。在90年代中前期的时候，出现了经济过热，国家不得已实行经济紧缩的方针。在这个时候，大量的房地产商也被套住了。于是人们看到，一些地方召开了一系列经济发展研讨会。这些会议的主题就是主张放松银根。面对当时那样的经济过热，一些经济学家却在那里大声疾呼：现在的经济并没有过热，政府应当实行更宽松的财政和金融政策，等等。如果了解一些情况，马上就可以发现，其中的许多会议都有房地产商的赞助或参与。这个事情可以看做民间经济力量试图影响中央决策的一个迹象。这个问题，是需要我们给予足够的关注的。至于政府垄断部门对于公共政策的影响力就更毋庸赘言了。应当说，在市场经济体制中，各种不同的利益群体追求自己的利益，甚至通过影响政府政策的方式来追求自己的利益，都是正常的。但政府及国家机构必须在这些压力面前保持相当的自主性。

五 资源的匮乏与底层社会的形成

20世纪90年代资源重新积聚的一个直接结果，就是在我们的社会中开始形成一个具有相当规模的弱势群体，或称为社会底层。他们处在一种很不利的状况之中，从更现实和具体的意义上来说，就是其物质生活处于贫困状态与其社会性的丧失。"弱势群体"这个概念虽然不能完全与"贫困人口"这个概念画等号，但至少是高度重叠的。在我国目前的情况下，弱势群体中的一些人，实际上连最基本的生存问题还没有完全解决。这个特点表明了弱势群体生活状态的严酷性，也表明了当前社会解决这个问题的迫切性。弱势群体的另一个特点是他们在市场竞争中处于弱势地位。经过20年的市场取向的改革，我们的经济生活，甚至也部分地包括社会生活，市场化的程度越来越高。个人的地位、个人从社会中能够得到的报酬，更多地取决于个人的努力和竞争能力。这样的机制有助于造就经济和社会发展的动力，但同时对个人也会造成极大的压力。而弱势群体，往往在市场竞争中处于劣势地位，其原因可能是多种多样的。有社会的原因，如社会的制度安排、政策取向；也有个人的原因，如身体的原因、智力的原因、性别的原因、受教育程度的原因等。在社会和政治层面，他们也往往处于弱势地位。这主要表现在他们表达和追求自己利益的能力上。这一点在西方社会十分明显：有钱有势的强势群体，可以动用自己所掌握的资源，影响公共舆论，影响政治家的态度，甚至可以影响选举过程，影响政府的决策。而弱势群体，他们掌握的资源很少，尽管可能人数众多，但他们的声音很难在社会中表达出来。我们不能不承认的一个事实是，涉及弱势群体的利益的时候，往往要靠政府、大众媒体和知识分子来为他们说话，他们自己的声音是很微弱的。如果政府和媒体都不为他们说话，他们自己很难有有效地表达和追求自己利益的手段。

1. 弱势群体问题在社会生活中的显现

当然，相对弱势的群体在任何社会中都会存在。在80年代乃至改革前的中国社会中，弱势群体也是存在的（当时主要是指老弱病残人口）。现在我国的弱势群体之所以引人注目，主要是因为以下原因：第一，在贫富悬殊不断扩大的背景下，这个群体的存在格外醒目。第二，原来的弱势群体主要集中在农村，虽然人们也知道有贫困的农民存在，但毕竟距作为社会中心的城市较远，在社会的中心形不成深刻而具体的印象；而目前城市中心本身就出现了一个城市贫困群体，弱势群体中这个新的因素的出现，令人们对弱势群体的感受更加直观和具体。第三，在80年代，尽管有弱势群体存在，但他们的生活状况也在朝好的方向改善。而进入90年代，特别是进入90年代中期之后，在弱势群体中，绝对贫困的现象开始出现。这意味着在我们的社会中，在经济相对迅速增长的同时，有一些人的绝对生活状况在下降。第四，如果拨开平均数字造成的迷雾，人们可以发现，在过去的几年时间里，这个弱势群体的数量不仅不是在减少，反而是在增加。正因为如此，在我们的社会中，弱势群体问题已成为一个迫切需要关注的问题。

我们社会中的弱势群体主要是由以下几个部分构成的。

贫困的农民 80年代中期，农村改革的能量基本释放完毕；90年代中期，乡镇企业发展已成强弩之末。加之粮食等农副产品价格持续下降，而成本却逐年上升，农民的负担日益加重，农民的"弱势"特征开始逐渐显露。据专家估算，在90年代的最后几年中，粮食的价格下降了30%多。这意味着，对于绝大多数以种植业为主的农民来说，近年来实际收入是下降的。一方面是农民实际收入的下降，另一方面是城市居民收入的提高，结果就是城乡差距迅速扩大。1978年中国城乡人均收入之比是2.4∶1，到1983年缩小到1.7∶1，呈明显缩小的趋势；但到了1997年，城乡人均收入比又迅速扩大到2.5∶1，2000年扩大到2.79∶1，城乡居民收入差距达到历史上的新水平。从占有的金融资产来看，1999年末农户储蓄余额约为10000亿元，不到全国居民储蓄存款余额的1/5，而农民在全国人口中所占的比重将近65%。农民问题的严重性还不在于上述数字所表明的农民的相对贫困状态，更重要的是，只要农民被束缚在"乡土"上这一结构性条件不改变，农民问题就几乎看不到解决的希望。一个基本的事实是，现在中国农民的收入，与农业生产特别是粮食生产的收成状况已经几乎没有太直接的关系了。近些年来粮食生产基本是丰收或持平，但即使是在丰收之年，农民的收入也没有增加，甚至反倒是下降的。而在中国已经"入世"，并且国内大部分农副产品价格远远高于国际市场价格的情况下，依靠大幅度提高农副产品价格来增加农民收入，显然是不可能的。

进入城市的农民工 弱势群体的含义不仅仅是经济的，同时也是社会的。农民工就是一个典型的由经济和社会双重因素造就的庞大的弱势群体。从90年代初开始，农村中的剩余劳动力涌向城市，到目前为止，已经达到上亿人的规模。从整个社会的角度看，数以亿计的农民工，已经成为一个具有相当规模、身份和经济—社会地位的独特的社会群体。从一个方面来看，农民工进城打工，不仅对于增加农村居民的收入起到了重要的作用，而且对于提高农村劳动力的素质，其作用也是不可忽视的。有研究报告表明，农村青年认为进城打工的最大收获是开阔了眼界，增长了见识。但是在另一个方面，由于城乡二元结构的存在，农民工一开始就是以一种不平等的社会身份进入城市的。对于其中的许多人来说，他们虽然居住在城市，工作在城市，但在制度上他们并不是城市社会的一员。从动态的角度来看，在今天，许多过客似乎开始在这个不属于他们的城市中安顿下来了。在一些行业中，比如建筑业，他们已经成了一线工人的主体。那些在这里从事拾遗补缺工作的人，也拉家带口努力地要在城市中安顿下来。尽管这样，僵硬的户籍制度和无处不在的社会歧视仍然将他们排斥在他们所工作和生活的这个城市之外。在这个城市社会中，他们无疑是下等人，他们中相当一些人有过被收容和遣送的经历。本来，按照1982年国务院发布的《城市流浪乞讨人员收容遣送办法》，收容遣送工作主要是救济、教育和安置城市流浪乞讨人员。但在一段时间里，它成为城市中的某些部门专门用来对付进城农民工，甚至以此来创收的手段。而在工作场所中，农民工的基本权利经常得不到应有的保障。这主要表现在：第一，农民工所从事的都是城里人不愿从事的工作，工作环境差、强度大、风险高、待遇低。2000年在广东惠州曾发生过一起一个月工作500个小时使得打工仔当场累死的事件。据了解，这家手套厂的工人都长时间地加班，一个月每个工人的平均工作时间要超过500小时，但工人的月工资最低的只能拿到300元。事实上在珠三角的许多企业中，"血汗工厂"的案例屡见不鲜。第二，基本的人身权利得不到保障，农民工因其非城市居民身份而遭受的种种不公正待遇和社会性歧视比比皆是。第三，基本经济权利得不到保障，工资经常被拖欠。多年来，一个值得注意而且一直没有很好解决的问题，就是拖欠农民工工资的现象在许多地方普遍存在，有的实际上是一种恶性拖欠，由此矛盾激化而导致的恶性社会治安案件，也时有发生。共青团广东省委的一项调查表明，农民工所在的三资企业、私营企业中，64.4%存在拖欠、克扣或拒发工资的现象，有的农民工的血汗钱更是被无限期拖欠。

城市中以下岗失业者为主体的贫困阶层 90年代以来，中国社会下岗失业的问题日益严重化。在城市中，停止工作或失去职业意味着基本生活来源的断绝。由此，在几年间，我国的城市中已经形成了一个以下岗失业人员为主体的新的贫困阶层。这是原来不曾有过的现象。与同样作为弱势群体的农民相比，这个贫困群体具有一些特征。第一，农民还有自己的一块土地，即使不能充分就业，缺少现金收入，吃饭的问题尚可自己解决。而城市中的居民没有土地，当现金性收入断绝的时候，就可能连温饱都成为问题。有关部门1999年对北京市1000名下岗职工的调查显示，职工下岗前后个人收入平均下降61.15%，其中特困户下降的幅度还要大些。第二，普遍贫困是农民所处的基本环境，在农村中相对缺少贫富差别的刺激；而在城市中，贫富差别以极为鲜明的对比状态存在着，不时对城市中的贫困群体产生强烈的刺激。第三，城市中生活费用高，且缺少弹性。在90年代初期和中期，物价和生活费用急剧上涨。在90年代末，虽然物价相对稳定，但增加了一批原来属于社会保障而现在则需要自己负担的消费项目，如住房、子女的教育费用、部分医疗费用和养老费用等。由于下岗职工的主体"40""50"（年龄）人员原本是家庭的经济支柱，且上有老、下有小，其工资收入是家庭生活的主要来源，他们一旦下岗失业，全家就会陷入贫困的境地。第四，在单位仍然具有很强的福利化特征的情境下，一个人失去工作和收入同时意味着失去诸多的福利。由下岗失业职工构成的社会底层部分，将是本书关注的对象，其基本生存状况和享有社会保障制度安排的状态将在后面章节中具体分析。

2. 中国弱势群体的结构性特征

弱势群体几乎在所有的社会中都存在，包括在西方发达国家。但构成中国社会底层的弱势群体却有着相当独特的结构性表征，其表现为以下几个方面。

第一,"弱者"不"弱"。这里所说的"弱"主要是指个体的劳动生产能力比如体力、技能、工作积极性等方面的弱。在西方发达国家,弱势群体的形成主要是长期市场竞争优胜劣汰的产物。在这种淘汰的过程中,个体的特质是主要决定因素。比如,有的人是由于身体的原因,如残疾人、病患等;有的是由于个人能力的原因;有的是由于家庭背景或受教育程度的原因;有的还可能是由于个人的某些生活经历造成的弱势。在我国当前的社会中,由此类原因形成的弱势群体也是存在的。但目前我国弱势群体的形成有一个非常独特的背景,这就是计划经济体制向市场经济体制转型的背景。在这一市场转型的过程中,由于企业转制,特别是许多国有企业的破产、倒闭,这些企业的职工被整体地抛到了失业大军当中。我们不难发现,与传统的弱势群体相比,他们中的许多人并不是由于个人的某些弱势特征而沦落到弱势群体中去的,而是由于在市场转型的过程中,他们所在的行业、所在的单位,由于种种原因出局了,被淘汰了。他们成为社会弱势群体中的一员,与其说是由于自己的原因,不如说是由于社会的原因。就其中相当一些人来说,他们本身并不具有"弱势"的特征,相反,其中的一些人可能具有很好的生产能力、专业技能,但由于整个行业的衰落,他们也不得不沦落到失业者的行列。

第二,高度的同质性、群体性和集中性。由于市场转型这样一个独特的背景,目前我国弱势群体的形成往往具有很强的群体性。在研究贫困问题的时候,有的学者就已经注意到,在我国,贫困问题的一个突出特征就是群体性贫困。在分析我国的弱势群体的时候,我们也必须注意到这样的一个特征。传统的弱势群体,往往分布在很不相同的人群当中,比如,残疾人在各个群体当中都有。当然,残疾人本身也可以看做一个独特的社会群体,但他们在现实生活中往往是与不同群体的正常人生活在一起的。而"市场转型造成的弱势群体"就不同了。一个国有企业破产了，可能几百人、几千人同时失业。他们过去都是同事，有着共同或相似的经历和特征，甚至还居住在相对集中的地区。一般来说，传统的弱势群体很少有自己联系的纽带，也很难形成相互的认同。而"市场转型造成的弱势群体"就不同了，他们虽然被破产的企业抛了出来，但共同的遭遇、过去的同事关系，以及现在也仍然存在的某些经济连带关系，使得他们具有很强的共同意识和群体感。这种共同意识和群体感使他们很容易形成共同的目标。如果分析一下，我们还可以发现，这种同质性、集中性和群体性，甚至可以表现在行业和地域的层面上。这在一些传统工业比较集中的城市中，就表现得更为突出。这些特征可能带来两方面的影响。从一个方面来说，由于这样的一些特点，他们表达和追求自己利益的能力相对更强。从另外一个方面来说，他们追求自己利益的时候，也可能带来更多的社会动荡的因素。

第三，与社会的断裂。我们正生活在一个社会剧烈变迁的时代。弱势群体的问题是与这样的一个时代背景密切相关的。这个时代中的许多因素，比如科技进步的因素、全球化的因素、社会结构变动的因素，都会造成弱势群体的一些特征。在这些特征中，尤为值得注意的，就是通过弱势群体所表现出来的"社会断裂"的结构性特征。对于这一点，我们将在后面进行分析。

第四，制度性歧视。这突出地表现在进入城市的农村流动人口上。绝大多数农民工进入城市的时候，并没有从事投资经营的资本，他们所拥有的只是劳动力。他们中的许多人只能从事那些城市人不愿从事的以体力劳动为主的工作，特别是劳动强度大、劳动环境差或具有某种危险性的工作。在北京和上海这样的大城市，政府制定了种种规定，明确限定许多工种是不允许他们从事的。因此，他们事实上是被排斥在城市的主流劳动力市场之外的。更重要的是，一张农村户口使得他们在社会身份上无法成为他们居住和工作的那个城市的一员。他们没有城市户口，不能享受社会保险和其他城里人能够享受的社会福利。他们的孩子不能在城里的学校念书。他们往往居住在狭小拥挤、秩序乱和卫生差的城乡接合部。同时，他们还要为取得在城里居住和工作的资格支付多种费用。以北京市为例，一个外地农民工要想在北京合法打工，首先要在户口所在省（市、区）办理流动人口证，同时缴纳 50～80 元/年的管理服务费，到了北京之后又需要办理的证件多达六七种，每个打工者每年至少需要支出 450 元。而遭到公安、城管、工商等执法人员的粗暴对待，更是司空见惯的事情。加之无所不在的社会歧视，无疑会使他们滋生不满。作为城市社会中的弱者，他们缺乏用法律和其他制度化手段保护自己权利的能力。矛盾激化到一定的程度，有些人就会用非常规的方式，甚至是用非法的方式来解决问题，由此对社会稳定构成的威胁是不言而喻的。

六　社会结构显现种种断裂的迹象

在任何社会中，弱势群体或底层社会都是存在的。但在中国目前的情况下，在社会结构的层面上，这种现象是以结构断裂的方式体现出来的。法国著名社会学家图海纳（Alan Touraine）在谈到法国近些年来社会结构变迁的时候用了一个比喻。他认为，法国近些年来社会结构最重要的变化，是从一种金字塔式的等级结构变为一场马拉松比赛。他的意思是说，过去的法国社会，是一种金字塔式的等级结构，在这样的一种结构中，人们的地位是高低不同的，但同时又都在同一个结构中。而在今天，这样的一种结构正在消失。今天的法国，就像一场马拉松比赛，每跑一段，都会有人掉队，即被甩到了社会结构之外。被甩出去的人，甚至已经不再是社会结构中的底层，而是处在了社会结构之外。他认为，现在法国还在继续跑下去的只有四五百万人，其余都是掉队了的。坚持跑下去的，就是那些被吸纳进国际经济秩序中去的就业者。

1. 断裂社会的基本表象

图海纳所说的这种现象，实际上也正在今天的中国发生，我们用"断裂社会"来概括这一现象。断裂社会的基本特征是，在一个社会中，几个时代的成分并存，而互相之间缺少有机的联系与整合机制。断裂社会是一个更为贴近中国社会现实的概念。如果将断裂社会理解为存在主要断裂带的社会，那么结构性的断裂主要发生在这样几个层面：一是城市中下岗失业人员大量增加。这一由产业结构转换和制度转轨所带来的失业并非暂时的、过渡性现象，即一些人乐观估计的所谓改革的"阵痛"。对于下岗失业工人特别是其中的"4050人员"来说，这种转变的后果是他们生计方式根本性的丧失，因为这些失业者几乎没有可能回到主导产业或新的就业岗位中去，他们也失去了与单位制联系在一起的社会福利和保障，因而他们事实上已经成为被社会转型永久淘汰的人。断裂的另一个层面发生在城乡之间。中国社会大量的农村劳动力和人口与所造成的农业的细小规模使得农业越来越不能成为一个产业，农村和农民显然无法与日益工业化和现代化的社会成为一体，难以加入城市化进程，农民因而成为被抛到社会结构之外的最庞大的一个群体，人们常常说的"城乡二元结构"其实是最大的社会断裂带之一。与城乡之间的断裂相关，由于户籍制度的作用，农村劳动力流动和农民工问题映射出城市中另一种形式的社会断裂。绝大多数农民工被排斥在主流劳动力市场之外；而就社会身份和与此相关的种种待遇而言，他们不能享受各种社会保险和福利，经常遭遇歧视和侮辱，被视为二等国民。

概括而言，断裂社会在现实意义上首先指明显的两极分化——富裕与贫穷、城市与乡村、上层与下层，社会沿着这些主要断裂带展开，几乎分裂为两个不同的世界。这种断裂的含义既是空间的，也是时间的，既是经济层面的，更是社会结构层面的。

在理解社会断裂本质的时候需要意识到，所谓断裂社会并不是多元社会。我们必须将这种"断裂社会"与人们一般所说的"多元社会"加以区分，否则会造成种种理解上的混乱。"多元社会"是20世纪60年代在西方兴起的一个概念，后来被人们广泛用于指称西方现代社会的特征。其大体不外如下三种含义：第一，在社会结构分化的基础上形成的不同的利益群体，承认每个群体的利益都是正当的。这里特别要强调的一点是，这意味着对于"少数群体"利益的承认和尊重，少数人的利益也是正当的。这种利益的多元性表现在政治和社会的层面上，就是代表不同利益群体的各种"压力群体"的存在。第二，就政治制度而言，形成的是一种以自主而多元的政治力量为基础的政治框架，不同政治力量的组织形式就是政党。其政治哲学的基础是：一个政党不可能代表所有人的利益和要求。第三，多样性的社会方式、价值观念和文化的存在。也就是说，并不存在"唯一正确"或"唯一正当"的社会方式、价值观念和文化。

而断裂的社会，从表面上看来好像也是一种多元的社会，似乎有着更强的多样性。但其实，这两种社会有着根本的不同。概括地说，在多元社会中，尽管社会结构分化深刻、各种社会力量并存、不同的价值甚至互相对立，但这些不同的部分基本是处于同一个时代，社会的各个部分能够形成一个整体的社会结构。但在断裂的社会中，情况却截然不同。断裂社会中不同的部分几乎是处于完全不同的时代，它们之间也无法形成一个整体的社会。也就是说，整个社会是分裂的（不是在政治的意义上，而是在社会的意义上）。断裂的含义体现在社会生活的各个方面。例如出现断裂的城乡结构，断裂的文化与价值观，社会信任结构的崩塌，政府公共服务与公共管理职能的缺失等。

2. 社会结构断裂背景下的失业问题

近些年来，我国下岗失业现象大量增加。但在前几年，由于持续的经济低迷，这样的事实被掩盖在经济低迷或国有企业不景气的表面性理由之下。学者们一般是从三个角度来解释下岗失业问题的。一是国有企业的低效率和普遍的亏损；二是连年的经济不景气，经济增长速度的下降；三是产业结构的转换。总之，都是一些暂时性的原因。于是，就造成人们（包括政府在内）的一种幻觉：失业或下岗是由某些暂时的原因造成的，一旦这些暂时性的问题（如经济不景气或国有企业的低效率）得到解决，这些人就会获得重新就业的机会。也正是基于这样的一种幻觉，人们总是对创造再就业的机会寄予厚望。

当然，并不是说上面这三个问题不是原因。而是实际上，这很可能是一个永远都不会变成现实的幻觉。事实上，由于新的技术革命的作用，一些传统的职业正在被淘汰。当然也会有一些新的职业被创造出来。但如果我们看一下失业和下岗群体的状况，再看一下新创造出来的职业的需求，就可以发现，新的工作岗位并不会给失业或下岗者提供多少再就业的机会。目前的下岗和失业者大多具有如下的一些特征：年龄基本在 35 岁或 40 岁以上，大多数只受过中等教育，过去所从事的主要是低技术的工作。而新的就业机会，则需要相当高的受教育程度，这些工作岗位主要是提供给受过高等教育的年轻人的。即使是新的经济增长来临，即使是国有企业的改革搞好了，下岗失业者的状况也难有根本的改变。对于他们中的绝大部分人来说，第一，回到社会的主导产业中去，根本没有可能；第二，在目前的体制之下，回到原来那种稳定的就业体制中去，根本没有可能；第三，朝阳产业不会向他们提供多少就业机会。这也就意味着，目前的下岗失业者，事实上是社会中的被淘汰者，他们已经成为被甩到社会结构之外的一个群体，而且这个群体的规模很大。指出这一点是重要的。如果将现在的失业者和下岗者仅仅看做由于某些暂时的原因而失去工作的人，解决这个问题的方式就是创造再就业的机会；而如果承认这些人将永远也不可能回到社会的主导产业中去，甚至无法找到稳定的就业岗位，就需要在创造边缘性就业机会的同时，做出某些制度性的安排，来保障他们的基本经济和社会需求。这两种不同的思路，具有完全不同的政策含义。

下岗失业职工被甩到社会结构之外的另一层含义在于，在我国，由于过去的社会保障大都是与单位制度联系在一起的，因而下岗和失业并不仅仅意味着失去工作和工资收入，同时也意味着失去许多福利待遇和社会保障。劳动和社会保障部进行的调查显示，职工下岗之后最担心的是"失去养老、医疗等社会保障"（83.4%）。其他的一些调查也表明，在下岗失业人员中，其基本生活发生较大困难者，并不多见。其生活上遇到的问题主要表现在如下的几个方面：一是缺乏基本的社会保障，特别是在有较大疾病的情况下，生活会出现严重的困难；二是在支付住房、子女教育等大宗费用上发生困难；三是在生活中遇到某些突发性事件的时候，会出现难以应对的局面。

3. 加入世贸的进一步"拉断效应"

关于加入世贸组织对于中国大陆经济生活的影响，人们已经进行了许多的讨论。但其对于社会生活的影响，人们关注的还不多。应该承认，加入世贸对于中国社会生活的影响是多方面的。在这里我们主要来讨论一个问题，就是"入世"会使得中国社会中发展水平最高的部分日益与国际市场或国际社会结为一体，在其变得"更为先进"的同时，与这个社会的其他部分越来越没有关系。整个社会继而变成一个更为断裂的社会。

在加入了世贸的情况下，"接轨"的"拉断效应"会更进一步地表现出来，这是我们必须加以正视的。加入世贸对中国农产品价格与农民收入的影响暂且不谈，单从就业角度就不难看出

"拉断效应"所带来的后果。在粮食和其他农副产品价格大幅度下降、乡镇企业不景气而致使农民收入增长缓慢的情形下，城市中的一些产业如 IT 业，特别是软件行业人员的薪酬在大幅度攀升。究其背后的原因，就是入世以及入世之后不得不实行的"接轨"。有关报道说："随着中国入世，一些行业的就业机会大大增加，复合型人才成了猎头公司猎取的重点对象：一是农业、信息、金融、财会、外贸、法律和现代管理等领域的专业人才；二是生物技术、环保技术、新材料等领域的高层次科技人才；三是熟悉世贸组织规则、适应国际竞争需要和能够参与解决国际争端的专门谈判人才；四是了解国际惯例、符合行业需要的外语人才；五是跨领域、跨行业、跨学科的复合型人才。"在这种背景下，猎头公司奔走于人才市场，金融业、投资银行、保险公司、保险基金公司等方面的高层人才，年薪一般都在 40 万～50 万元。

可以看到，加入世贸必然会对我国的社会结构产生重要的影响。其中的影响之一，就是增添了扩大收入差距的动力。入世后，国外企业将会大举登陆我国，它们将雇用更多的中国雇员。一般说来，外企的工资明显高于国内企业，因此，外企的增加将会拉大外企职员与国内企业职员之间的收入差距。同时，国内高科技人才和高级管理人员的工资水平也将会逐步向国际市场的标准靠拢，因此，入世后他们的收入也将会有一个较快的增长。在目前我国贫富差别已经达到相当大程度的情况下，这种"接轨"的动力无疑会加剧社会的断裂。在这一背景下，就业与失业、薪酬差距的加大，都是"断裂社会"特点的显现。而加入世贸会进一步促成一个"被甩出去的失业群体"的形成。

七 下岗失业社会保障制度实践的研究

社会转型和断裂社会背景下的下岗失业问题，必须有制度化的解决办法,这就是从现实出发、以目标人群的实际需求为依据设立并实施的社会保障制度。

面对失业问题的严峻挑战,中国政府的战略选择经历了一个重要的转变。在最初面临下岗失业问题时,政府的基本应对策略是"实施再就业"。但随着问题的扩大与深化,人们越来越认识到,失业人员实现全部再就业是没有可能的。在世纪之交的几年中,中国政府转而采取"再就业"和"失业社会保障"双管齐下的方针,来应对日益严重的失业问题。

失业意味着从职业中获得收入的丧失,因而,"失业社会保障"关涉失业者生活的诸多方面。近些年来,中国"失业社会保障制度"的推进速度很快,但从目前的情况看,无论是在制度设计还是在制度实施上仍然存在许多迫切需要解决的问题。本书即以S市和C市的经验研究为基础,着重从制度与实践关系的角度来探讨这些问题。[1]

1. 主要概念、研究方法及相关说明

这里所说的"下岗失业社会保障制度"是指与失业人员有关的社会保障制度,具体包括失业保险制度、基本养老保险制度中与失业人员有关的部分、基本医疗保险制度中与失业人员有关的部分、城市居民最低生活保障制度中与失业人员有关的部分。这四种社会保障制度都是与失业人员这个特殊的群体直接相关的,因而,将这四种社会保障制度合并为"失业社会保障制度"进行专门的研究是非常必要的。

本课题的田野工作从 2003 年 3 月开始,2004 年 7 月结束,历时一年半。在此期间,课题组成员对东北地区的 S 市和 C 市进

---

[1] "下岗失业社会保障制度的实际运作"课题,得到香港乐施会和国家社科基金的资助,特此致谢。研究数据和访谈材料均来源于本课题组 2003～2004 年在 C 市和 S 市两地进行的调查。课题组由清华大学社会学系教师孙立平、郭于华、沈原和研究生毕向阳、吴清军、秘舒、孙湛宁、吕鹏、常爱书等组成。

行了较大规模的问卷调查和深入访谈,这些调查和访谈为本书提供了丰富的数据及文字资料。①

之所以选取 S 市和 C 市作为研究对象,有两个原因。第一,东北地区是我国重要的老工业基地,而 90 年代以来,东北地区的重工业逐渐走向衰落,由此引发的失业问题日趋严重。S 市和 C 市作为东北老工业基地的两个重镇,上述问题更为突出。以 L 省为例,至 2003 年 8 月,该省城镇登记失业率已经激增到 8.5%,达到了近些年来的最高点。② 第二,东北是社会保障制度改革的试点地区。2000 年 4 月初,中央首先在 L 省推行社会保障体系试点,截至 2005 年 5 月,东北三省均正式启动了完善城镇社会保障体系的试点工作。

在问卷调查方面,我们分别选取了 S 市的两个城区和 C 市的一个城区作为样本框,按照人口比例抽取了街道和社区居委会;在社区一级,使用等距抽样的方法抽取符合条件的下岗失业工人。③ 这三个城区均为典型的传统工业区,下岗工人较为集中,因此确保了调查选取的样本具有较强的代表性。两次调查共计发放问卷 1070 份,经认真核实,最终确定有效问卷 976 份,有效率为 91.2%。问卷调查为准确描述该地区下岗失业人员的生活状态提供了较丰富的数据资料,同时也保证了对于下岗失业人员整体需求把握的可靠性。

不同于以往有关研究的是,本书试图通过揭示制度与目标人

---

① 吉林大学社会学系刘少杰教授及王文彬、董运生两位教师,沈阳师范大学社会学系刘平教授在调查中给予了很大帮助。另外,吉林大学社会学系和沈阳师范大学社会学系的学生参加了问卷调查工作,在此深表感谢。
② 冯雷、王振宏:《从单位保障迈向社会保障——辽宁探索社保变革之路》,2004 年 6 月 1 日《西安日报》,参见:http://www.xawb.com/gb/news/2004-06/01/content_ 242372.htm。
③ 按照官方的界定标准,失业人员是指具有城镇户口,男年满 16 周岁、不满 60 周岁,女年满 16 周岁、不满 50 周岁,有劳动能力,没有职业或者没有经济收入,并要求寻找职业的人员。

群之间的关系以及二者在实践中的互动过程，来进一步捕捉社会保障制度在实践中的运作逻辑和存在的问题。因此，在研究过程中，我们同时使用了访谈调查和生活史的研究方法，访谈个案近100个，覆盖了S市和C市从劳动保障部门的官员、街道办事处及居委会的工作人员到下岗失业者本人及其家庭等与社会保障制度运行的各个环节紧密相连的诸方行动主体，初步整理获得了近50万字的访谈资料，弥补了仅仅依靠问卷调查这种单一定量分析模式的缺陷。同时，使用访谈法来研究下岗失业人员的生活史，也使得我们有可能从被保障人的视角来审视社会保障制度的运作与绩效。

2. 关于失业及失业者生活的几个基本判断

（1） 2003~2004年处于失业最高峰时期

从20世纪90年代中期至2005年前后，我国下岗失业的总人数一直有增无减，特别是随着并轨工作的逐步推进，城镇登记失业人数急剧攀升。据有关部门的统计，1998~2003年，我国国有企业累计下岗职工2818万人，"全国城镇登记失业人数"到2003年底，达到800万人，登记失业率达到4.3%，上升到了近年来的最高点（国务院新闻办公室，2004）[①]。L省城镇登记失业率则由2000年的4.1%增加到2003年的8.5%，也达到了最高点。[②]

这里要说明的一点是，近年来城镇登记失业率的大幅增加一

[①] 值得关注的是，2004年4月26日，劳动和社会保障部官员在国务院新闻办公室的记者招待会上指出，目前的城镇登记失业率只指企事业人员登记形成的失业率，不包括国企和集体企业下岗职工，以及大批的进城农民工；如果考虑国有企业下岗职工，城镇登记失业率会达到7%。另有不同机构的专家认为，目前的城镇实际失业率可能在10%~12%。引自《产业结构制约就业 城镇登记失业率现6年新高》，2004年5月16日《财经时报》。

[②] 在我们调查的过程中发现，由于"失业"概念在现实操作中的模糊定义、统计口径的彼此出入，我们很难获得准确的失业率的统计数字。

方面是由实际失业人数的增加而导致的,另一方面还因为并轨所带来的统计意义上的失业率的上升。此外,除了目前人们集中关注的社会转型与企业转制所引起的下岗失业,还有较少受到注意的"新失业群体"的出现。这就是说,企业中潜在的下岗失业人员基本上已经完成了下岗失业的过程,今后所增加的失业人员将会主要来源于"新增劳动力"部分。可以预见,若干年后,我们将面对另一种严峻的失业问题——新增劳动力的失业问题,即我们后文将要讨论的"新失业群体"问题。

老失业群体达到峰值,意味着失业社会保障的目标人群规模已经大体确定;而新失业群体的不断壮大将对我国未来社会保障制度构成新的挑战。

(2) 两市非正式就业机会相对较多

通过对下岗失业人员的调查发现,下岗失业人员曾经或正在从事非正式职业的现象仍然是相当普遍的。在本次问卷调查的976位被访者中,有66.5%的被访者表示下岗失业后曾经就业,64.5%的下岗失业人员表示当前正在就业;从被访者所回答的从业内容来看,下岗失业以后,63.7%的人打过零工,16.2%的人摆过摊,16.4%的人干过个体,14.1%的人做过服务员的工作,3.9%的人开过出租车。

上述数字表明,第一,在S市和C市两地,尽管下岗失业问题十分严重,但下岗失业人员从事非正式职业的总体状况尚好。第二,由于他们失业后所从事的工作一般属于非正式职业,因而缺少稳定性。至于这种现象出现的原因,超过80%的被访者认为,他们由于年龄、健康状况、技术水平等原因而被排斥在正式的就业体系之外。

当然,上述情况与两市的特殊地位有直接关系。S市和C市分别为L省和J省的省会,具有该地区政治、经济、文化、教育、商业和交通中心等多重优势,服务业相对发达,过去的工业基础也相当雄厚；相比那些资源枯竭型城市而言，可以容纳更多的非正式就业机会。

（3）下岗失业人员的基本生活大体可以维持

本次调查的数据表明：两市下岗失业家庭人均月收入为218元。其中20%的家庭人均月收入低于100元，60%的家庭人均月收入低于200元，75%的家庭人均月收入低于300元，90%的家庭人均月收入低于400元。尽管存在被访者低报收入的可能性，不过从总体来看，下岗失业人员的家庭收入处于一种普遍较低的水平。

另一方面，两市下岗失业人员家庭人均月支出215元。20%的家庭人均月支出低于125元，50%的家庭人均月支出低于200元，80%的家庭人均月支出低于300元，95%的家庭人均月支出低于400元。从收支状况来看，入不敷出的家庭占29.9%，收支基本平衡的家庭占35.5%，尚有结余的家庭则占34.6%。

由此可见，大部分下岗失业人员的家庭收支基本可以持平，"吃饭"等基本需求可以得到满足。这种低水平"维持"除了非正式就业的因素起作用外，还主要与以下两个因素有关：首先，较长一段时间内，我国市场一直处于疲软状态，物价相对低迷；其次，中国特有的家庭支持系统也起了一定的作用。

尽管如此，必须看到的是，下岗失业人员生活的稳定系数并不高，他们所谓的收支平衡只是一种极为"脆弱的平衡"。特别是近些年，我国生活必需品价格上涨较快，仅2004年上半年，食品价格就上涨了9.5%。物价上涨对于下岗失业人员的生活质量产生了直接的影响，有可能成为压倒疲弱骆驼的最后一根稻草。在被访者中，很多人表示粮油等生活必需品价格的上涨对他们的生活构成了很大的冲击。除此之外，我们调查中的数据和一些案例也表明，这种"脆弱的平衡"随时都可能被某些突如其来的生活事件（如疾病、子女考上大学等）打破，从而使整个家庭陷入绝对贫困之中。

3. 本书所面对的是制度的文本制定与制度的实际运作之间的张力问题

本书通过对东北两市下岗失业人员生活状况和社会保障状况的调查分析，旨在揭示有关下岗失业社会保障制度在实践运行中存在的问题，并对其原因加以探讨。这一探讨不是限于对社会保障制度本身的讨论，而是转变分析视角，从制度运行的社会结构背景、制度与制度目标群体的关系和制度实施的后果入手进行分析。现行的社会保障体系对下岗失业人员的养老、医疗、失业都做出了特殊的制度安排，但从实际情况来看，下岗失业人员无保、中断参保、对保障制度不了解的现象仍然很普遍，制度目标与制度实施结果之间存在很大距离。本书认为，从制度的实践过程和目标群体的角度来看，导致差距的原因主要有四个方面：其一，新旧体制衔接不顺畅；其二，扩大社会保险的覆盖面存在困难；其三，按照普遍原则设计的制度偏离了下岗失业人员的实际生存状况与承受能力；其四，依托社区执行社会保障制度的措施影响了社会保障制度在实践中的运行绩效。从制度与目标人群的关系来看，社会保障制度的设计并没有从下岗失业人员的实际需求出发，而是实施了"重保险、轻救助"的保障模式，同时复杂易变的制度设计也导致了下岗失业人员对制度缺乏了解和认识，制度实践与目标群体之间难以形成良性的沟通与互动。

本书章节主要包括以下几方面内容。

以一家国有大型重点骨干制造企业为个案，讨论单位型社区的衰落与集体贫困问题。通过描述一个单位型社区20年来从繁荣走向贫困的转变过程，将贫困原因的追寻从个体分析转移至整个社会结构及其转型过程的分析中。自计划经济时代到20世纪80年代末期，单位一直是公有制企业（国有企业、集体企业）工人获取个人资源的主要甚至是唯一的渠道。工人与单位之间存在着依附与庇护的关系，个人、家庭以及单位型社区的生活水平、生活方式与企业的经济效益是紧密联系在一起的。90年代中期开始的国企改制，虽以提高企业经济效益为目标，但从工人的角度来看，改革的过程实际上是逐步切断工人与单位关系的过程，工人失去了单位的依靠，又无法从社会与市场上得到充分的资源，因而工人家庭和单位型社区走向贫困则成为必然。贫困不仅仅是一种人们生活状态的表述，更是一种社会结构和社会过程的反映，背后隐含着深层的社会原因。该单位社区从相对富裕向贫困的转变，伴随着80年代中期以来的国企改制和就业制度、分配制度、社会福利制度改革等制度性转变。在研究中，我们把造成社区物质生活与文化生活贫困的原因归结为制度的变迁，体现为正式制度的匮乏和制度的残缺、非正式制度与政策的滥用、反贫困政策的设计与执行失误等，正是这三方面因素的加总导致了社区整体性的贫困。

通过对以"4050人员"为主的下岗失业工人生存状态和心态历程的描述和分析，讨论在急剧的社会转型过程中，他们的生命历程所体现出的常态与变态，以及他们在面对危机性变迁时的适应方式。分析表明，正在发生的社会转型和有关的制度安排不仅使这一年龄组的下岗失业工人的生命周期发生了制度性紊乱，同时也极大地制约了他们适应危机的行为选择；而个体生命历程出现的有悖于常态的紊乱现象，又使得人们对于当前的社会保障诉求发生改变，进而显示出社会保障制度的文本层面与实践层面之间的裂隙，从而最终影响了社会保障制度的实际运行效果。这就是说，根据常态生命历程而制定的社会保障制度面对的却是变态的生命历程，因而制度在实践中的运作会遇到很大的困境。生命历程是一个连续性的、动态的过程，前一阶段的生命经历和体验会对后一阶段乃至整个生命过程有重要的影响。而与此过程相伴随的利益诉求和表达也是变化的。作为生命扶助与支持的社会保障制度应该以目标对象的动态生命过程为依据来设计和实施，应该将目光放得更长远一些。而关键的问题在于要将普通人的生活和生命放在有关制度的思考、决策和实施的核心位置。

通过调查数据和访谈资料刻画下岗失业人员对基本养老保险的制度参与状况与模式，对影响下岗失业工人缴纳养老保险费的因素做出解释，其中包括制度因素、收入因素以及个体因素。研究分析发现，在影响下岗工人缴纳养老保险费的因素中，制度因素最为显著，个体因素次之，而收入因素的作用相对来说不是很明显。制度因素作用显著表明当前下岗失业人员养老保险参保率低的问题主要是由制度障碍造成的。收入因素的重要性相对不高与一般的看法及下岗失业者的自我归因相左，不过与个体因素一起表明下岗失业人员尽管面临来自制度和收入水平的双重约束，但仍然存在一定的选择空间。然而，下岗失业人员对是否参加基本养老保险的选择并不是出于一般的经济理性的算计，而是一种"生存理性"下的选择行为，体现出他们面对不利的机会结构时社会行为的耐受性、适应性和策略性。进而，在下岗失业人员缴纳养老保险费的制度参与问题上，我们看到的不是个体根据经济理性进行自由选择的结果，也不是相关制度单方面的决定，而是一个制度环境、收入约束和策略选择彼此交织，共同导致的结果。所有的这些方面，一起塑造了下岗失业人员对社会保障制度参与的轨迹与特征，并由此折射出社会保障制度运作的实践逻辑。就此而言，作为社会弱势群体的下岗失业人员，应该在社会再分配中受到照顾，充分享受社会保障和社会福利，这是保证基本的社会公正的重要方面。

"新失业群体"是相对于"4050人员"构成的老失业群体来说的，他们是中国城市中新出现的一批处于失业状态的学历较低的年轻人，与其父母辈的"老失业群体"不同，他们没有国有或集体企业工作经历，国家对他们采取的亦是一套完全不同的制度设计。在本书中，我们试图对他们的就业、失业以及日常生活的各个方面做一个框架性的描述，并揭示造成他们处于今日之状态的社会结构性因素以及他们自身对这些因素进行感知和体验，并把它们内化为自身行动"惯习"的过程。在中国失业人口结构将发生重要变化的前夜，梳理和反思国家对他们的制度设计以及这套制度的实际运行后，我们发现，他们从学校到市场、从失业到"就业"状态不断转换的人生经历亦是一个"制度抽离"的过程，他们不得不面对一个其他失业群体不曾面对的"制度真空"的环境：他们不像"老失业群体"那样有一整套（虽然不完善的）劳动和社会保障的制度和机构（如单位、社会保险机构等）作为支撑，也不像80年代初的失业青年那样可以通过诸如顶替、招工等制度设计重新就业。这种"制度真空"是一个从学校到市场的转折点上发生的"制度抽离"的后果：如果说在学校他们还可以在一个教育制度的框架内寻求支持的话，那么一旦步入社会、进入市场，他们就不得不以碎片化的个体形式面对社会和市场，并完全通过自身及家庭的"神通"才能维持基本的生存。以碎片化的个体形式迎接生存挑战的他们无疑需要更多关注和从制度设计及实际运行过程角度对其所做的反思。

4. 面向未来的制度思考

（1）面向下一代：就业与保障的选择

目前我国的失业人员主要是在经济转型中形成的，这就造成其人群特征与由于经济周期形成的失业人群明显不同。特别是下岗失业者中的"4050人员"，大多数只受过中等教育，过去所从事的主要是低技术或过时技术的工作。对于他们中的绝大部分人来说，回到社会的主导产业中去根本没有可能，回到正式就业体制中去也没有可能，而朝阳产业更不会向他们提供多少就业机会。这可以解释为何近些年来政府在促进再就业方面所采取的措施收效甚微；而且即使是进行职业技术培训，作用也非常有限。①

按照个体正常的生命历程，认定 40~50 岁的人还具备工作能力是没有问题的。然而在当前特定的社会背景下，失业和不能再就业主要是由制度性、结构性的因素决定的，个体的职业能力是次要的。因而，将社会保障制度能够运行的前提条件放在"4050"再就业工程上是不切实际的。正如我们在现实中所见，"4050 工程"和各种"再就业工程"的实际效果并不理想。②

我们在东北调查时发现一种很值得注意的现象：一些下岗失业人员，有的只有 30 多岁，就已经对自己这辈子的前途不抱什么太大的希望，而是将希望寄托在孩子身上。我们看到，这样的家庭在经济上并不宽裕，甚至有的是相当困难。但尽管如此，许多家庭仍然尽可能地将极为有限的经济资源和精力投入子女的教育上。有的人明确地说，"我们这辈子是没有希望了，将来就看孩子了"③。通过这些现象，我们可以得出一个基本的结论：对于下岗失业人员来说，如果他们的孩子还有希望，他们就不会彻底绝望。相反，如果连他们的孩子也看不到希望，那他们就可能真的无所指望了。

另一方面，在现实中我们也看到，东北大量的年轻人正在沦落为新的失业者。综合以上两个方面，可以考虑的一个思路是：实施"面向下一代"的发展战略，将有限的就业机会更多地提供给青年一代，对"4050 人员"则更多地考虑养老等社会保障安排。

---

① 问卷结果显示，在参加培训的下岗失业人员中，半数认为培训对再就业"没有用"，20%认为"有用"，其余 30%表示"不好说"。

② 在下岗失业人数连年递增的同时，再就业率呈现连年递减的趋势。1998 年的再就业率为 50%，但到 2001 年再就业率只有 30%，2002 年是 15%左右。引自《现代化意味着劳动力的非农化和城市化》（蔡昉访谈），2003 年 9 月 15 日《中国经济导报》。

③ 对于"这辈子也就这样了，我把希望完全寄托在孩子身上"这句话，年龄在 30 岁以上表示同意这句话的人的比例已经超过 80%。

（2）考虑失业人员所面临的特殊情况，对失业者的社会保障做出特殊安排，保证下岗失业群体的实际需求得到满足

调查显示，绝大多数失业者认识到保障的重要性，接近90%的人表示因为没有参保而感到忧虑。然而，下岗失业人员中仅有35.5%和5.4%的个人表示已经缴纳了养老保险和医疗保险费。

出现这种现象的原因之一在于，目前的养老和医疗保险模式是按正规就业群体的标准设立的，属于"高缴费、高保障"模式。其缴费的水平往往是失业者无法承受的，或者在他们的偏好序列中认为是"不值得的"，在当前收入约束下是"顾不上"的。实际情况是，这个因为职业中断而面临诸多生活困境的特定群体是社会上最需要保障的群体。因此，在现实性上，需要解决大部分失业人员实际是按照个体工商户业主的缴费比例在缴纳养老保险费的问题，以及失业人员承担太重的社会统筹部分的问题。

在政策上，可以考虑对失业者的养老和医疗保障加以特殊安排，降低参保的门槛，实行"低缴费、低保障、广覆盖"模式。也可以考虑根据不同的需求和不同的经济能力，建立高低不同的多级社会保障体系。

（3）依据不同目标人群有差异的需求，突出专项社会救助和养老保障

调查表明，失业者最关心的问题包括就业与收入、子女上学与就业、医疗与养老等，这些问题因为这个人群的职业状态而具有不同于一般人群的特殊意义。考虑到时间维度，从性质上分，这些问题可有两个面向：现实生存的需求和未来或潜在的生活保障。[1]

---

[1] 之所以强调这种区分，是因为在调查中我们感受到，缴纳养老保险和医疗保险费，对这些失业者来说，只能应对一般人群都必须面对的潜在的普遍问题，而不能解决他们所面对的当前现实问题。相反，针对一般人群设计的养老、医疗保险目前较高的保险费率反而加重了他们当前生活的困难，或者客观上将他们排斥在社会保障制度之外，给他们的生活乃至社会的稳定埋下隐患。

另一方面，为了有重点地扩大社会保障体系对下岗失业人员的覆盖面，可以考虑根据这个群体面临的问题及其自身特点进行一定的区分。控制收入因素及制度身份因素，可以将失业人员大致划分为三种类型：对未来保障无暇顾及者、对社会保险有需求但能力有限者以及有能力缴费者。对未来保障无暇顾及者的特征是其收入达不到当地低保标准，或收入难以支付子女教育、医疗费用以及其他生活变故所产生的费用。这些人有实际的社会保障需求，但由于种种原因在现实中无力顾及。对社会保险有需求但能力有限者的特点是收入在当地低保标准以上，不存在前类人员中比较严重的生活困难，同时对未来社会保障有现实需求。有能力缴费者的特点是收入相对较高，有意愿也有能力缴纳有关社保费用，其中有些人已经缴纳，剩下的由于各种原因尚未缴纳。

将下岗失业人员进行如上的分类，虽然可能在标准确定和政策实施方面具有难度，但这种思路提示我们，对于下岗失业人员这个特定群体应考虑差异性的生活保障策略。一方面，对于支付能力低下的人群，强化专项社会救助、切实落实低保措施，解决他们现实生活中面临的困境。另一方面，对于支付能力相对较强，对社会保障也有现实需求的人群，在控制社保市场化水平的前提下，采取如加强社保知识的普及和宣传，破除造成参保率低的种种制度障碍等相关措施，提高该人群中社会保障的覆盖面。

另外，鉴于中国老龄化社会的来临以及养老保障需求的普遍性和确定性[①]，需要将保障政策的重点放在养老保险上，即降低养老保险的缴费水平，扩大养老保障的覆盖面。另一方面，就失业人员医疗保险参保率低下、失业者对自身健康普遍担忧的现实，在目前情况下，可以考虑以专项救助的形式解决失业人员在

---

① 本次调查中在问及"哪项社会保障对您来说最重要"的问题时，67.7%的人表示养老保险最重要，选择医疗保险的占14.8%，选择低保的占10.0%。

医疗问题上遇到的困难。

（4）采取切实措施，扩大失业社会保障的覆盖面

在体制方面，要解决社会排斥的问题。在妥善处理新旧体制衔接中出现的问题的前提下，增加财政投入，保证下岗失业人员顺利进入社会保障体系。要将有关的并轨政策延伸到集体企业职工之中，消除由所有制身份造成的社会排斥。

在目标人群方面，要提高目标人群的参与率。要加强有关失业社会保障制度的宣传和信息咨询工作，提高失业者对社会保障制度、相关政策法规和在生活保障方面自身权利的认知，发挥社区在动员失业者参保方面的积极作用。

在企业方面，要积极地推进国企改革工作，切实落实相关政策，做好企业各方面的工作。要审定参保资格，核定缴费年限，接续养老关系，解决遗留问题，去除政策因素对下岗失业人员缴纳社会保险费的制度障碍。另外，要加强对有关企业特别是非正式用人部门的监管，杜绝逃避缴纳有关社会保障费用的现象，解决失业者在非正式就业中的断保、无保问题。

（5）加强目标人群与制度之间的互动

失业社会保障制度是一种与失业者的生存和生活密切相关的制度，也是保证社会稳定的一项基本制度安排。研究表明，失业者对社会保障的需求有三个特点：复杂性、异质性和动态性。因此，在社会保障制度的制定过程中如何使制度符合目标人群的需求，是一个迫切需要解决的问题。但现实中，下岗失业人员作为制度的目标群体，并没有主动参与到制度制定与实施的过程之中，他们的利益诉求也很难及时而准确地传达到制度制定者与实施者那里。虽然我们在调查中也经常遇到下岗失业人员因为生活保障问题而向有关部门反映、上访等情况，但这并非一种积极主动的制度参与形式。下岗失业者的制度参与更多地表现为一种受制于制度形塑的机会结构下的参与，甚至是一种"用脚投票"式

的参与,继而产生一定程度的对制度不了解、不信任、不参与、不合作的态度。

因此,为了促进制度与目标群体之间的良性互动,需要在政策制定和修改完善的过程中,认真地进行调查研究,听取目标人群的意见,加强信息反馈,了解他们生活和行为选择的逻辑,了解他们对于社会保障的具体需求、不同需求的排列顺序,以及他们进行选择的标准。这是进一步完善下岗失业人员社会保障制度的一个基本条件。

第一章 制度的设计与制度的运作：
失业人员社会保障问题研究[*]

吴清军

20世纪末，经过十几年的改革与探索，中国政府已构筑了一个以养老、医疗、失业保险和社会救助制度（城市居民最低生活保障制度）为框架的城镇社会保障体系。这套体系对于推进国有企业改革和市场经济体制的建立与完善、促进劳动力流动、保障职工权益、维护社会稳定等各方面都发挥了非常积极的作用。然而，从目前实践的状况来看，这套制度体系在保障下岗失业人员的基本生活与解决他们日后的养老、医疗问题方面，实施的绩效并不理想。制度目标与实践结果、制度设计与下岗失业人员的实际需求之间都存在着差距。

一 制度背景与制度实施的基本状况

随着经济体制改革的逐步推进，自20世纪90年代中期以来，下岗失业问题日益成为社会关注的焦点。根据政府部门的统计，从1998年至2003年，国有企业累计下岗职工2818万人，到2003

---

[*] 在课题组的总报告中提出了"失业社会保障制度"的概念，指的是与失业人员有关的社会保障制度，具体说，包括失业保险制度、基本养老保险制度与失业人员有关的部分、基本医疗保险制度与失业人员有关的部分、城市最低生活保障制度中与失业人员有关的部分。这四种社会保障制度都是与失业人员这个特殊的群体直接有关的，因而在研究中将这四种社会保障制度合并为"失业社会保障制度"。

年底，全国城镇登记失业人数高达 800 万，登记失业率达到 4.3%。① 然而，与此相关的两个更为重要的问题是：①下岗失业人员再就业困难，据统计，1998 年的再就业率为 50%，但到 2001 年再就业率只有 30%，2002 年则下降到 15% 左右。再就业率呈现连年递减的趋势，表明通过再就业的方式已经很难解决当前的失业问题。②下岗失业人员再就业之后缺乏基本的社会保障，下岗失业人员无保、中断参保的问题日渐突出。最新的统计数据表明，到 2003 年底，全国参加养老保险的职工人数只占目前 2.56 亿城镇就业人员的一半左右，② 参加医疗保险的总人数虽然突破 1 亿大关，但也不到城镇就业人数的一半。因此，在下岗失业人员再就业困难的情况下，解决下岗失业人员的社会保障问题就显得尤为迫切。③

在此背景下，2000 年国务院颁布了关于完善城镇社会保障体系的试点方案，并选取 L 省进行试点，目的在于逐步建立起独立于企事业单位之外、资金来源多元化、保障制度规范化、管理服务社会化的社会保障体系。这次改革在制度上做出了很大突破，在养老、医疗、失业保险与城市居民最低生活保障等制度上，都对下岗失业人员这一人群做出了特殊的安排。试点实施方案在继续肯定社会保险实行统账结合模式的基础上，重新调整了企业和个人承担保险费用的比例，并且在制度上规定把非国有企业人员纳入社会保障体系当中。④ 下面我们将课题组所调查的 S 市

---

① 2004 年 4 月 26 日国务院新闻办公室发表《中国的就业状况和政策》白皮书，这是中国首次发表关于就业状况和政策的白皮书。
② 引自中华全国总工会书记处书记董力在全国政协十届常委会第六次会议上的发言，摘自中华慈善总会网站，http://www.chinacharity.cn:8082/wzzknrservlet?xh=21，2004 年 8 月 4 日。
③ 引自孙立平《社会保障与东北振兴》，2003 年 11 月 20 日《经济观察报》。
④ 自由职业人员、城镇个体工商户应参加基本养老保险，具体办法由各省（自治区、直辖市）人民政府规定。

作为 L 省试点的典型，将 S 市的试点实施方案与原有的社会保障制度相比，看其对下岗失业人员的社会保障做出了哪些具体规定。

（1）养老保险方面，规定自由职业人员、城镇个体工商户业主按照缴费基数的 18% 缴纳养老保险金，其中 8% 记入个人账户，10% 纳入社会统筹基金；城镇个体工商户从业人员按本人缴费基数的 8% 缴纳，全部记入个人账户；城镇个体工商户业主按全部从业人员缴费基数的 10% 缴纳，划入社会统筹基金。这样，在制度上保证了城镇从业人员都可以进入养老保险体系。

（2）医疗保险方面，规定此方案适用于本市内的城镇国有、集体、股份制、外商投资、私营企业和机关、事业单位、社会团体、民办非企业单位及其职工和退休人员。并具体规定失业人员可继续参加基本医疗保险，在领取失业救济金期间，享受职工失业保险的有关医疗补助待遇；领完之后未就业的，由个人以上年度全市职工平均工资为基数，按用人单位与职工个人缴费比例之和缴纳基本医疗保险费，缴费年限可累计计算。

（3）失业保险方面，推动国有企业下岗职工基本生活保障制度向失业保险并轨。方案规定企业要依法与职工解除劳动关系，解除劳动关系时，企业拖欠职工的各项债务由企业负责偿还，并规定可以将单位的生产、生活资料及福利设施、设备，按照有关规定，将资产量化、折价转让给职工或在一定年限内供职工无偿使用，也可以通过变现部分企业资产、转让土地使用权等办法筹集资金。

（4）将最低生活保障制度作为整个社会保障体系的最后一道防线，规定城镇贫困群体、家庭人均收入低于当地城市居民最低生活保障标准的家庭，都可以享受最低生活保障待遇，实现应保尽保；并规定享受低保待遇的人员，在再就业、子女上学、就医等方面，可以享受政策支持和必要的照顾。

至2003年，L省试点工作已经接近全面完成，在养老、医疗、失业保险与城市最低生活保障制度等方面都有了很大的突破。[①]但同时，我们也应该注意到这些制度在实践运行中仍然存在诸多问题，在调查中我们发现主要存在以下三方面的问题。

第一，资金缺口大，财政负担重。根据L省地税部门提供的数据，2003年1~12月，全省企业（含私营、个体）基本养老保险统筹基金当期收入116.8亿元，支出193.8亿元，缺口77.0亿元，当年中央财政补助72.6亿元，而地方财政补助也达到11.3亿元。

第二，扩大社会保险覆盖面存在困难。2003年，L省城镇就业人员有1002.6万，而只有754.9万职工参加了基本养老保险，240多万没有参保的就业人员主要以下岗失业人员为主。扩大失业保险的覆盖面也存在困难，到2003年末，全省私营、个体参保人数仅为33.4万，因工作稳定性差、人员流动性大等原因，失业保险参保扩面工作难以有效实施。医疗保险在实践中存在的问题更为明显，按照目前运行的状况，扩大覆盖面非常困难。从调查中我们了解到，虽然制度规定要把下岗失业人员纳入医疗保险体系，但是目前大部分下岗失业人员仍然没有被纳入进来，2004年4月，灵活就业人员参保总数仅达到64万。

[①] 2003年8月末，全省累计已做实城镇企业职工基本养老保险个人账户基金73亿元，未参加基本养老保险统筹、已经没有生产经营能力且无力缴纳基本养老保险金的城镇集体企业已退休人员，按企业所在地城市居民最低生活保障标准，按月领取生活费的工作已开始实施，已有3万名符合规定的集体企业退休人员按月领取了生活费。到2003年8月末，全省参加基本医疗保险的人数为665.7万，到2004年4月，全省参保职工总数已达711.4万，其中灵活就业人员参保总数达到64万。

国有企业下岗职工基本生活保障向失业保险并轨工作也取得了突破性进展。到2003年7月末，全省共完成160万人的并轨任务，4801个国有企业再就业服务中心已全部关闭。城市居民最低生活保障工作也有一定进展，保障范围逐步扩大，保障人数由2000年底的71.5万，增加到2003年末的151万。

第三，集体企业下岗职工的问题难以解决。因为从80年代中期以来的社会保障制度改革主要是围绕国有企业展开的，所以对于集体企业职工在制度上并没有做出相应的安排。并轨政策主要是针对国有企业下岗职工设计的，而对于集体企业职工来说，由于养老、医疗保险等个人账户中大部分都没有积累，参保和续保都比较困难。

尽管各级政府无论在制度设计还是具体操作上都做出了很大努力，但从实际状况来看，目前试点实施方案对解决下岗失业人员的基本生活以及日后的养老、医疗问题所起到的作用还不尽如人意。对于其中存在的问题，相关政府部门和许多学者已做了大量的分析，并提出了相应的改善策略或替代方案。已有的研究大多集中于两个方面：一是对制度和规则本身的合理性进行探讨，二是关注制度的实施结果和所遭遇的实际问题。然而，对社会保障制度与整个社会结构之间的关系，以及社会保障制度和目标人群之间在实践中的互动关系，却少有分析。笔者认为评价一项制度的效能，不能仅停留于制度的设计本身，也不能只做简单的最终效果评估，而需要从整个社会结构入手，着眼于一种制度的实践与制度的目标对象之间的关系，从而揭示其中的逻辑和机制。所以本章选取了下岗失业问题比较严重的东北两座城市——S市和C市作为调查对象，通过问卷调查和深入访谈相结合的方法，以下岗失业人员为制度目标群体，旨在揭示与下岗失业人员相关的社会保障制度在实践运行中的逻辑与机制。

本章拟回答下面两个问题：第一，从制度运行的环境入手，分析在目前社会结构转型的背景下，与下岗失业人员相关的社会保障制度运行结果与制度目标之间存在着怎样的差距，其中导致这种差距的因素是什么？第二，从制度与制度实施对象的关系入手，回答制度设计与下岗失业人员的实际需求之间存在着怎样的偏差，这种偏差对下岗失业人员的行为策略产生了怎样的影响？

二 制度实践与制度文本的偏离

对于目前社会保障制度在执行过程中出现的问题，其产生原因到底是制度设计还是实际操作在学术界存在着两种争议，一种看法认为是操作与方法的问题，只要改善现行管理体制和操作程序即可望解决；另一种看法并不排除操作问题、方法问题，但是认为只解决这些问题非但不可能彻底改善现在面临的困境，还有可能使矛盾加剧，所以根本还在于从制定设计的环节下手，改变现存的制度模式与基本思路（顾俊礼，2002：393~455）。从这两种分歧来看，讨论都仍然集中于社会保障制度本身。但实际上，社会保障制度在实践运行中存在的问题不仅仅是制度本身所导致的，更多的是社会保障制度之外的因素所导致的。社会保障制度改革从一开始就作为整个社会经济体制改革的一部分，是计划经济体制向市场经济体制转型的一个重要环节，所以它在实践中的运行是受到转型社会结构背景中各种要素制约的。这就要求我们把对社会保障制度的讨论置于整个社会结构之中进行，在社会保障制度与其他社会结构要素的关系中，寻求制度在实践中运行的逻辑。

在调查中我们发现，尽管目前已经建立起了可以涵盖下岗失业人员的社会保障体系，但是大部分下岗失业人员并没有被纳入进来。课题组的调查数据显示，有58.5%的下岗失业人员没有领取过失业救济金，领取过的仅占41.5%；社会保险费的缴纳情况更不容乐观，35.5%的人表示个人已经缴纳养老保险费，而仅有5.4%的人表示个人已缴纳医疗保险费。下岗失业人员对社会保障政策与政策落实情况的评价都非常低，在问及"您对目前国家制定的针对下岗失业职工的社会保障政策评价如何"时，认为"差"和"很差"的比例分别高达27.1%和14.5%；认为"一般"的比例为31.6%,只有23.6%的人认为"好",3.2%的人认为"很好"。而当问及"您认为关于下岗失业职工社会保障政策在实际中落实的情况怎么样"时,认为"好"或者"很好"的比例仅为3.2%,而认为"差"和"很差"的比例分别高达41.8%和30.0%。从这组数据中我们可以看出,实地调查数据与社会保障制度目标之间存在着很大的差距,那么到底是什么因素导致了制度文本与制度实施结果之间存在着这么大的差距呢?

新旧体制衔接困难

中国社会保障体系改革实质上是从"单位制"保障逐渐向"社会化"保障过渡,改变传统体制下单位对企业职工的基本生活和养老、医疗等方面大包大揽的局面。在单位制保障体系下,由国家扮演着社会保障制度的确立者、保证者的角色,再由国家和单位共同扮演着社会保障的供给者与实施者的角色,养老与医疗保障实行的是现收现付模式。自1986年以来,中国社会保障的发展趋势已经明显地体现出社会化保障模式的特点,[1] 养老、医疗与失业保险从现收现付模式逐步向统账结合的部分积累模式过渡,[2] 虽然国家仍然主导着社会保障制度的建构,但构成中国社会的各个组成部分都必须共同分担社会保障责任。国家通过社会化的方式实施社会保障制度,目标在于建立一个独立于企事业单位的社会保障体系。

---

[1] 郑功成在《中国社会保障制度变迁与评估》一书中认为,中国50多年来的社会保障制度的重大变迁,即是由国家—单位保障制向国家—社会保障制的发展,近十年实际上处于两种制度模式的转型阶段,是新旧制度交替时期,待新的社会保障制度通过深化改革最终定型后,就自然地过渡到国家—社会保障型社会保障制度。

[2] 1995年,国务院发布了《关于深化企业职工养老保险制度改革的通知》,确立了社会统筹和个人账户相结合的基本养老保险模式,1998年,政府颁布了《关于建立城镇职工基本医疗保险制度的决定》,开始在全国建立城镇职工统账结合的基本医疗保险制度,1999年,国务院又颁布了《失业保险条例》。

但是，在从现收现付模式向统账结合模式的转变过程中，新旧体制的衔接存在着很大的困难，如何处理旧体制与新体制建设之间的关系问题一直是学术界争论的焦点。而对于下岗失业人员来说，从旧体制向新体制的转变更为艰难，新旧体制衔接是否顺利直接影响到他们社会保险的接续。

在现收现付的模式下，单位对职工的基本生活和养老、医疗等负全面责任，而实行社会化的保障模式之后，从具体的制度规定来看，是假设职工通过市场再就业有能力缴纳各项社会保险费。从单位制保障向社会化保障过渡，其中隐含的一个内在逻辑是，下岗失业人员在没有失业以前可以依赖原有的单位；离开单位之后进入市场，那么也就意味着通过市场再就业可以保证社会保险的接续，实现从单位制保障顺利地向社会化保障过渡。但在实践中，制度实施并没有制度假设的那样顺利，一方面，单位体制遗留的问题并没有得到很好的解决，另一方面，在市场经济体制下，下岗失业群体再就业之后的合法权益也得不到相应的保障，新旧体制两方面存在的问题直接影响到他们社会保险的接续。具体来看，存在以下几方面的问题。

第一，部分国有企业下岗职工无法顺利并轨。随着计划经济全面向市场经济转型，社会保障也要从单位制保障逐步向社会化保障转变，但顺利转变的一个重要前提是原有单位体制遗留下来的问题得到很好的解决，下岗失业人员能够顺利地从"单位人"转变为"社会人"。但在调查中我们发现，单位制遗留的问题仍然很严重。问题主要存在于两个方面，一是企业原来没有为下岗职工缴纳，或者拖欠职工的养老、医疗、失业等社会保险费，二是企业无法与下岗职工解除劳动关系。

由于社会保险强调的是权利与义务的对等关系，只有履行了缴纳费用的义务，才有可能在失业之后享受救济。但是在目前的状态下，企业不缴或者欠缴保险费的现象很普遍。在调查中我们发现，在 C 市一个老工业区里，大多数企业都因效益不好而拖欠职工的保险费。另外，导致许多国有企业下岗职工不能顺利并轨的原因还在于企业无法与职工解除劳动关系，经济效益比较好的、现在仍然在生产的企业一般都能与下岗职工顺利解除劳动关系，但是在我们调查的企业当中，大部分国有企业都处于停产、半停产状态，企业没有能力拿出资金与职工解除劳动关系。从下岗失业人员缴纳养老保险费的情况来看，是否和单位解除劳动关系直接影响到他们的缴纳情况，在已经买断工龄的下岗失业人员中，55.6%的人缴纳了基本养老保险费，而在还没有买断工龄的人中，则只有24.4%的人缴纳了基本养老保险费。

第二，集体企业下岗职工进入新体制存在困难。这主要表现为几方面：首先，大部分集体企业下岗职工享受不到失业保障，从80年代中期开始实行的社会保障体系改革主要是围绕国有企业下岗失业职工制定的，非国有企业下岗职工并没有被纳入进来。我们调查的数据显示，国有企业下岗职工中有50.1%的人办理了失业证，而在集体企业下岗职工中只有27.5%的人办理了失业证。其次，集体企业下岗职工实现并轨存在困难，三条保障线以及实现并轨的政策都是针对国有企业下岗职工设计的。在集体企业下岗职工与单位脱离关系时，政策上并没有规定企业需要给予职工一定的补偿，也没有要求企业补齐以前所有拖欠的各项社会保险费。所以，集体企业下岗职工与单位脱离关系时大部分都没有得到相应的补偿。最后，集体企业下岗职工补缴养老、医疗保险费存在困难，在实行统账结合的模式之后，大部分集体企业并没有为职工缴纳养老和医疗保险费；当职工下岗之后，养老和医疗保险的个人账户里并没有积累，所以大部分集体企业下岗职工需要把以前单位拖欠或未缴纳的部分补齐才能续保，在再就业困难的情况下，要缴纳这部分保费对集体企业下岗职工来说存在着相当大的压力。

第三，下岗失业人员再就业之后的合法权益得不到保障。在完善社会保障体系的具体试点实施方案中，养老、医疗等社会保险制度是按照职工在正规部门就业的标准设计的，所以规定下岗失业人员再就业之后，社会保险费用仍然由企业和个人承担。在这里，方案隐含了一个假定，即下岗失业人员都能进入正规部门就业，就业之后可以依靠企业与个人接续社会保险。但在实际生活中，下岗失业人员基本上都进入非正规部门就业，在社会保险立法还不完善的情况下，用人单位往往逃避为下岗失业人员缴纳社会保险费。在调查中，再就业人员反映企业不签订合同、不缴纳社会保险费的现象非常普遍，尽管政府明文规定私人企业招聘下岗失业人员必须签订劳动合同，并缴纳各项社会保险费，但在劳动力市场供大于求的局面下，这项规定很难得到有效实施。在我们的调查中，在缴纳了养老保险费的321人中，有260人表示由自己缴纳，占已缴纳人数的80.9%，而由单位和个人共同承担的只有28人，占8.7%，从这两个数据对比中也可看出，下岗失业人员的养老保险费主要还是由自己承担，再就业之后的企业并没有承担制度所要求的职责。

从单位制遗留的问题与市场机制存在的问题两方面来看，从单位制保障向社会化保障过渡并不顺利，旧体制存在的问题没有得到很好的解决，而新体制下又产生新的问题。新旧体制之间衔接不上，导致下岗失业人员断保、无保成为普遍的现象。

扩大覆盖面存在困难

对于是否需要扩大社会保险的覆盖面，无论学术界还是政府部门都取得了高度一致的意见，认为建立统一的社会保障体系应该是改革的方向。但存在争议的是，在现行缴费模式以及传统体制遗留问题没有得到很好解决的情况下，扩大覆盖面是否有益是值得商榷的。仲大军指出，当前我国实行的社保制度，基本上延续了计划经济时期国有企业职工的养老、医疗福利制度。改革开放后，表面上看是要扩大社保范围，实质是为了弥补社保资金的缺口，随着扩面的范围不断扩大，资金缺口会随之不断扩大。因此，扩面是为了应付眼前困难而不考虑后果的权宜之计，这种不遗余力地扩面征收社保费，只能加重日后的财政负担（仲大军，2000）。葛延风也认为，过高的缴费率会大大影响企业的人工成本及赢利水平，其结果必然是企业以各种方式逃避参保。扩面不仅不能从根本上解决问题，反而有可能给制度的未来安全带来更大隐患，简单扩大覆盖面只是推迟风险，同时也是积累风险（葛延风，2003）。

从他们的论述当中可以看出，在现有的保障模式下扩面，最终可能导致制度的不可持续。在这里，我们的讨论主要是制度在实践中运行的逻辑，下面着重分析扩大覆盖面在实践中到底遇到了怎样的难题。

第一，下岗失业人员的资格、身份直接影响社会保险覆盖面的扩大。在课题组的另一篇报告中提出，影响下岗失业人员缴纳养老保险费的因素中，制度因素最显著，个体因素次之，而收入因素的作用相对来说并不是很显著。制度因素作用显著表明当前下岗失业人员养老保险参保率低的问题主要是由制度障碍造成的；而制度性因素主要表现为是否与单位买断关系，以及原单位是否为下岗失业人员缴纳了养老保险费。但是在买断关系的人员中，国有企业的下岗职工有41.6%的人已经和原单位买断劳动关系，而集体企业下岗职工中只有18.5%的人买断了劳动关系，并且养老保险改革主要是围绕国有企业开展的，大部分集体企业都没有缴纳或者拖欠职工的养老保险费。所以，单位体制下形成的国有、集体企业职工身份直接影响到下岗失业群体的参保与续保，由于不同的身份而导致他们进入社会保障体系的条件也不同。

第二，广覆盖与高缴费的矛盾影响扩大覆盖面。葛延风认为，扩面难的原因有很多，比如有关组织及个人的社会保险意识薄弱、政府的行政能力不足等等，但从现实的情况看，最核心的问题还是缴费率过高（葛延风，2003）。在 S 市的调查中我们得知，下岗失业人员的基本养老保险是按照 18% 的缴费比例缴纳，2004 年的缴费数是 1766 元，医疗保险按 10% 缴纳，一个月应该缴纳 96.9 元，两项保险加在一起一年要缴纳将近 3000 元。但是在实际调查中，我们发现，下岗失业人员再就业之后工作不稳定，收入普遍比较低，再就业之后（含经营性工作）的月均收入为 547 元，大多数人的工资在 300 元左右（占全部已经工作人员中的 20.3%），而有 25% 的人月均收入在 300 元以下，50% 的人月均收入在 400 元以下。这就意味着大部分下岗失业人员一年的所有收入加在一起，才有可能为自己缴纳社会保险费。在下岗失业群体目前所处的生存状态下，要缴纳养老和医疗保险费存在非常大的困难，一大批低收入、非正规就业的人群将被排斥在社会保障体系之外。

第三，年轻的下岗失业人员不缴纳社会保险费的情况比较普遍。对于年纪比较大的下岗失业人员来说，由于年龄、身体条件、就业状况等因素的影响，在他们还能够承受费用的情况下，大部分人都会选择缴纳社会保险。而对于年轻的下岗失业人员，养老、医疗问题并不是生活中非常紧迫的问题，在他们还能够通过就业来保证基本生活的情况下，自愿缴纳各项社会保险费还存在一定的困难。在征缴下岗失业人员养老保险费的过程中，最难征缴的就是这部分人。我们调查的数据显示，在 30 岁以下的下岗失业人员当中，有 80.8% 的人没有缴纳养老保险费，30～40 岁的有 72.0% 的人没有缴纳，40～50 岁的比例为 62.7%，而 50 岁以上的比例为 64.5%。由此可知，年纪越轻，缴纳的人数比例越小。

能否保证年轻的下岗失业人员参加社会保险,这是影响到今后扩大覆盖面的一个关键性问题。导致年轻的下岗失业人员参保率低的因素很多,不仅仅在于社会保障制度设计本身,还包括劳动力市场机制不完善等多方面因素。所以要解决这一难题就不仅仅要加大社会保险的宣传力度,更应加强社会保险立法,完善劳动力市场机制。

普遍原则背后的公平困境

社会保险制度是统一按照职工在正规部门就业的标准设计的,既没有考虑到下岗失业人员内部的异质性,也没有考虑到下岗失业人员与在职人员之间的差异性。下岗失业人员内部的异质性有如下几方面:其一,在实际生活中,按照与原单位的关系进行划分,实际上存在着四类不同的下岗失业人员,即:国有企业失业人员、国有企业下岗职工、集体企业下岗职工、"放长假"人员(唐钧,2001:190~202)。这四类人员虽然都可以看做下岗失业人员,但是内部存在着很大的差异。其二,下岗失业人员再就业之后收入差别大,缴纳社会保险费的能力也不尽相同。但是社会保险是按照普遍原则征缴费用的,对这一点并没有过多的考虑。其三,下岗失业人员的年龄不同,对社会保障的需求也不同,但制度设计上也没有考虑这些因素。具体来说,这些问题在三大保险的设计中都有体现。

第一,在失业保险方面,主要表现在对失业人员的认定上。

在发放失业金、甄别失业人员资格时,基层工作存在着很大的困难,最主要的原因就在于社会保险机构和基层政府很难甄别失业人员的收入状态与就业状态。在中央颁布的政策中,对失业人员做了这样的界定:"失业人员是指在劳动年龄内有劳动能力,目前无工作,并以某种方式正在寻找工作的人员。包括就业转失业的人员和新生劳动力中未实现就业的人员。"[1] 这一概念与国际劳工组织的界定非常接近,并且政策上从"待业人员"向"失业人员"的转变,以及三条保障线向两条保障线的并轨,都说明政府在界定失业人员时逐渐与国际接轨。但是一方面由于这个概念界定非常笼统模糊,另一方面由于失业人员的就业方式一般都是灵活就业,收入和工作都不稳定,所以基层工作人员在具体操作的时候就很难按照这一界定进行工作。

在实际生活中到底哪些人应该领取失业救济金,评定的标准是什么?这些在失业保险制度具体操作过程中都很难界定,所以基层工作人员只能采取相对比较"省事"的做法,即按照一种身份的标准来界定失业保险救济的对象。但是,这种按照身份标准的界定并没有考虑到下岗失业人员内部的异质性。在调查中我们发现,下岗失业之后很少有人长年赋闲在家,一般都要出去打工或者干零活,他们的就业与收入状况存在很大的区别。这样按照普遍原则的操作方法,不仅达不到失业保险制度本来的保障意义,即保障最需要救济的人的基本生活,而且也使得失业保险基金运转非常困难。

第二,在养老、医疗保险方面,表现在缴费比例与缴费基数上。

在制度设计上,养老和医疗保险实行的都是统账结合的模式,假定由单位和个人共同承担保险费用。这是按照职工正规就业设定的标准,但对下岗失业人员来说,他们并没有企业可以依靠,所以制度设计上存在着两大问题。

一方面,下岗失业人员承担个人缴纳和社会统筹两部分费用。

S市的养老保险制度实施办法规定:职工个人缴纳本人缴费

---

[1] 引自劳动部的主页:http://www.molss.gov.cn/。

工资的8%，自由职业人员、城镇个体工商户业主按照缴费基数的18%缴纳，其中8%记入个人账户，10%纳入社会统筹调剂金。在这个办法实施的过程中，下岗失业人员没有企业为其缴纳养老保险费，所以都按照城镇个体工商户业主的缴纳比例缴费，实际上下岗失业人员既要承担个人账户的8%，还要承担本该由用人企业承担的10%的社会统筹部分。

S市的医疗保险实施办法也做了如此规定，规定没有再就业的人员，由个人以上年度全市职工平均工资为基数，按用人单位与职工个人缴费比例之和缴纳基本医疗保险费，而下岗失业人员的缴费比例基本上都是按照这一规定缴纳的。但是，正如前文所述，下岗失业群体再就业一般都是两种渠道，即灵活就业或自谋职业，而这两种就业方式都是没有单位可以依赖的。这样在征缴方式上，他们要承担两份责任，既要缴纳个人部分，又要缴纳社会统筹部分。

另一方面，以社会平均工资为缴纳基数。

S市养老保险实施办法规定，职工、自由职业人员、城镇个体工商户业主及其从业人员以本人月工资收入为缴纳基数，最高为上年全市职工月平均工资的300%，最低为上年职工月平均工资的60%；无法确定月工资收入的，以上年全市职工月平均工资为缴费基数。在医疗保险的具体实施办法中也做了类似的规定：没有再就业的以上年度全市职工平均工资为缴费基数。下岗失业人员都属于无法确定月工资收入的类型，按照全市月平均工资为缴费基数缴费。S市2003年的社会平均工资是969元，但是根据我们的调查，下岗失业人员的月收入普遍比平均工资低，他们再就业之后工作（含经营性工作）的月均收入为547元，大多数人的工资在300元左右。

所以，通过将制度规定与下岗失业人员的实际收入、工作状况进行对比，我们就会发现，按照统一的、以正规部门就业为标准制定的社会保险制度,并没有充分考虑到下岗失业群体实际的就业状态和经济承受能力。

依托社区执行制度的尴尬

目前,社会保障管理体制中存在着一个非常严重的问题,即基础设施薄弱的问题。在失业保险、养老保险与最低生活保障制度的执行过程中,对失业人员资格进行甄别、动员下岗失业人员缴纳养老保险费、对"低保户"进行家庭经济调查等工作都需要大量的工作人员,除此以外还有资金和场地设备的需要,但整个社会保障管理体制都不具备满足这些所必需的人力资源和物质资源(唐钧,2002)。所以,在制度具体执行的过程中,主管部门都把眼光投向了基层社区,制度的执行需要依赖社区才能得以完成。

在目前中国社会所有的社会组织中,社区距离居民生活最近,它们能够在第一时间比较准确地掌握居民的工作、收入状况以及"低保"申请者家庭的实际情况。但是在社会保障制度的具体实施中,依托社区来执行社会保障制度存在的问题仍然很突出。一方面,社区工作人员并非做社保工作的专业人员,他们对社会保障制度的认知非常有限;另一方面,社区掌握的资源有限,许多工作都无法有效开展。在调查了S市与C市20多个社区之后,我们发现社区在执行社会保障政策过程中存在着很大的困难。

第一,动员下岗失业人员缴纳养老保险费存在困难。在S市调查中我们了解到,下岗失业人员参加养老保险的人数并不是很多,随着并轨失业人员的养老问题日趋严重,政府加大了征缴养老保险费的工作力度。对下岗失业人员的费用征缴,主要依靠社区进行动员,上级政府每年都要分配指标到各个社区。但是一方面由于下岗失业人员没有经济能力缴纳,另一方面,有些年轻的下岗失业人员也不愿意参加养老保险，所以，给整个社区的工作带来了很大的困难。

第二，认定失业人员的资格困难。

前面也分析了，认定"失业人员"非常困难，但其中最困难的环节还是由社区来执行。实际上，社区工作人员对于社区内大多数居民是否就业、通过什么方式就业等信息基本上都能掌握，但是在做具体工作的时候仍存在着非常大的困难。

按照政策规定，只有具备了三种条件的失业人员才有资格领取失业救济金：①按照规定参加失业保险、所在单位和本人已按照规定履行缴费义务满1年、非因本人意愿中断就业的；②已办理失业登记；③有求职要求的。政策还明确规定失业人员在领取失业保险金期间重新就业的，停止领取失业救济金，同时停止享受其他失业保险待遇。尽管政策做出了明确的规定，但是明确的标准却无法涵盖现实生活中各种复杂的情况，所以在具体操作过程中，只能靠社区工作人员的"感觉"来界定哪些人可以享受失业救济。

第三，执行最低生活保障制度存在困难。

最低生活保障制度是为克服现实存在的贫困状况而设立的制度，它只有在个人或家庭由于社会的或个人的原因陷入经济困境、收入低于贫困线或最低生活保障标准时才会发生作用。能否得到社会救助的标准是申请者家庭人均收入是否低于贫困线或最低生活保障线，所以在整个制度执行过程中，关键是要对家庭经济状况进行调查。

在基础设施和工作人员都缺乏的情况下，社区承担了深入居民家庭进行经济状况调查以及日常管理等职责，但实际上这些工作需要专业的工作人员来完成，由社区来执行最低生活保障制度存在着很大的困难。对于"低保"的认定最容易引起社区工作人员与居民的冲突，许多居民都认为他们之所以拿不到"低保"，就是因为社区工作人员不给他们办理。但是社区工作人员有自己的苦衷，上面规定的限制条件非常苛刻，并且每年都有一定的名额限制，所以在认定的过程中，往往容易引起冲突和抱怨。

从上面的分析中我们可以看到，社会保障制度在具体实施过程中，缺乏相应的基础设施，基层也并没有一套行之有效的管理机制，只能依靠社区工作人员的"感觉"开展工作。这种工作模式存在的弊端是很明显的，直接影响到社会保障制度在实践中的顺利运行，造成制度目标与制度结果之间存在很大的偏差。

三 从目标人群的角度反思制度

制度作为一种规则的实践，抑或实践的规则，意味着其作用对象不是完全被动的承受者。同时，制度也不仅是外在的制约结构，它还内在于行动之中，是制度实践过程中各方参与者行动"结构化"的产物。制度从设计到实施的过程，是一个制度设计者与制度受动者互动的实践过程。制度所能取得的实际效果，是这样一个充满策略性的互动关系和过程的产物。因此笔者认为评价制度实施的绩效，不仅要从制度规则本身，更要以制度与目标群体的互动关系作为立足点，从目标人群的角度进行评价。那么从这一角度出发，可以从两方面来评价制度在实践运行中的绩效：一是分析制度是否满足了目标人群的实际需求，二是从目标人群的认知角度出发，分析制度是否易于目标群体理解。

"重保险、轻救助"的保障模式偏离实际需求

社会保障制度作为一种国民收入再分配的手段，体现的是社会公正与社会安全，尽管不同国家采取的社会保障制度模式不尽相同，但是从社会保障制度发展历程来看，有着共同的特点，即社会保障制度都是国家通过再分配权力来调节因市场经济生产社

会化所导致的社会不公平。在资本主义市场经济背景下，市场机制追求效益与利润最大化，是社会不平等的根源；但同时再分配机制具有一种抵消这种不平等的作用，两种经济整合机制的相互作用保证了市场经济的顺利发展，同时也保障了因市场机制而致贫的群体的基本生活，有利于社会的稳定与发展。

中国在20世纪末建立起来的社会保障体系，虽然在制度形式上采取了西方国家的模式，但是它建立的结构背景与西方国家存在着很大差别。中国是在社会转型的背景下建立起社会保障制度的，它的建立并不是作为一种补偿性机制来缓和因市场机制所造成的社会不平等，而是作为市场经济建立的一个重要组成部分，为建立和完善市场机制服务的。在资本主义市场经济体制中，市场和国家的再分配权力，对于社会不平等所起的作用是相反的——其中市场机制造成不平等，而社会保障制度则起缓和社会不平等的作用。在中国社会转型时期，社会保障制度并没有起到缓和社会不平等的作用，相反，通过设定社会保险的高门槛，其致使在改革过程中被排挤到体制之外的下岗失业人员，很难再进入社会保障体系，继而陷入越来越贫困的境地。

之所以会出现这样的情况，一个根本原因就在于中国采取的是以社会保险为核心的社会保障模式。国际上其他国家也有采取这种模式的，但是在采取以社会保险制度为核心的同时，这些国家的社会救助制度能够起到非常重要的补充作用。然而中国的社会救助机制，无论是覆盖范围还是保障水平都无法很好地起到作用，社会救助制度所处的地位以及发挥的功能都比较弱。

在调查中我们了解到，作为社会救助制度的具体表现，城市居民最低生活保障制度很难保障城市贫困群体的基本生活。主要表现为以下几方面。

第一，失业保险与城市居民最低生活保障制度之间的衔接存在困难，"低保"制度的救济范围有限。完善城镇社会保障体系的试点实施方案规定：国有、集体企业下岗职工及失业人员，家庭人均收入仍然低于当地城市居民最低生活保障标准的，可以享受最低生活保障待遇，实现"应保尽保"。但是，在我们的调查中，只有20.0%的人领取过"低保"救济金。并且在调查中我们发现，能够享受"低保"救济的人群，基本上还是传统体制下规定的"三无人员"（无劳动能力、无工作单位、无法定赡养人），以及长期患有疾病的下岗失业人员，有劳动能力但确实没有收入的下岗失业人员基本上被排除在外。

长期以来，中国传统的社会救济制度的对象一直是"三无人员"，除此之外，有劳动能力的失业者并不能得到社会救助。但是，在市场经济条件下，造成贫困的原因除了劳动能力的缺失之外，还有劳动机会的缺失；而在当前社会转型时期，后者往往是造成贫困的主要原因。但是在城市居民最低生活保障制度实施过程中，并没有考虑到在市场经济条件下，因缺失劳动机会导致个人和家庭收入丧失或中断而陷入贫困的现实。下岗失业人员都被认为具备劳动能力，所以大部分都被排除在社会救助之外，但是在再就业困难的情况下，有些家庭确实存在着贫困问题，他们对社会救助的需求没有得到应有的满足。

第二，救济标准过低，无法保证贫困家庭的基本生活。目前"低保"标准和补助水平，都仅能维持一个家庭的基本生活需要。C市的救济标准是一个人每月169元，S市为205元，按照一位社区工作人员的说法，"只能保证基本生活，保证饿不死，有口饭吃，要是想过得好点基本不可能"，并且很多低保户还无法拿到全额的救济金。如果家庭中有危重病人或子女上学，家庭支出就会大大增加，不少家庭都需要得到进一步救助，其中最为突出的是"低保"对象的大病医疗等问题。C市的某个社区，在64户申请"低保"的材料中，称家庭成员中有长期患疾病的就有63户，但是最低生活保障制度并没有对医疗做出进一步有效的救助规定。在调查中我们发现，对于下岗失业人员来说，最关键的问题还是日后的养老、医疗以及子女的就业、教育等问题。但是对于此，以社会保险为核心的社会保障制度并没有提供很好的解决方案，缺乏有效的救助机制。

第三，认定条件过于严格，导致很多失业人员被排除在外。由于"低保"救济标准定在只能维持家庭基本生存的水平上，在家庭经济调查时自然就把很大一部分下岗失业家庭排除在外。在调查中我们发现，"低保"有着严格的评选程序，先是由个人提出申请，然后由社区进行认定，认定的标准不仅仅是目前家庭的收入，还包括对家庭的装修、家具以及每月水电费、电话费等的核实，通过社区认定之后，再由街道审查，然后在社区内张榜公布名单，接受全部居民的监督。在居民监督下，评选出来的贫困家庭实际上与以往社会的救济对象（"三无对象"）并无二致，而大部分相对贫困的家庭都被排除在保障体系之外。

在上面分析的"重保险、轻救助"的社会保障模式下，下岗失业人员的养老、医疗保障问题并没有得到很好的解决，而这些问题又是下岗失业人员最担心的问题。尽管大部分人没有办理养老和医疗保险，但是他们对养老保险和医疗保险的需求却非常迫切，在个人没有缴纳养老保险费的人中，64.5%的人认为有必要办理这项社会保险，25.9%的人认为十分有必要办理这项社会保险，两者之和高达90.4%；在个人没有缴纳医疗保险费的人中，66.3%的人认为有必要办理这项社会保险，同时22.3%的人认为十分有必要办理这项社会保险。但是在实际生活中，由于各项条件的限制，两种社会保险的覆盖面都很狭窄，他们实际的需求并没有得到很好的满足。在没有养老、医疗社会保障的情况下，下岗失业人员对日后的养老、医疗问题存在着很大的忧虑。在问卷中问及："现在没有缴社会保险，您感到忧虑吗"，在没有缴纳医疗保险费的890人中，有86.1%的人表示忧虑和非常忧虑。同样,在问及养老保险时,在有效样本627人中,有87.9%的人表示忧虑和非常忧虑。尽管他们对日后的养老和医疗问题存在忧虑,但是在现有的社会保障模式下,大部分都表现出非常消极的心理,在问及对将来的健康问题如何打算时,超过70%的人表示"到时再说"或"没什么打算,得过且过";而问及以后的养老问题时,也有超过65%的人表示"到时再说"或"没什么打算,得过且过"。

从整个社会保障制度在实践中的运行情况来看,一方面社会保险的高门槛把大部分下岗失业人员挡在了社会保障体系之外,另一方面,缺乏有效的社会救助机制,导致社会保障制度实施的结果只能使少部分人受益。这也要求政府及早采取补救措施,把对下岗失业群体进行有效救助和服务的责任充分承担起来,解决下岗失业人员的后顾之忧。

复杂多变的制度与有限的制度认知

上文也指出过,制度从设计到实施的过程,都是一个制度设计者与制度受动者互动的实践过程。所以,要保证社会保障制度在实践中顺利运行,就离不开目标人群对制度的认知与认同,只有社会保障制度与目标群体之间进行良性互动,才有可能保证制度运行的绩效。

从目前社会保障制度运行的状况来看,制度与下岗失业人员之间的互动存在着很大的障碍。除了上文论述的一些客观条件的制约外,一个很重要的影响因素就是制度设计超出了下岗失业人员对制度的认知水平。在本次调查中我们了解到,他们的文化程度以初中居多,占59.6%,高中文化程度的占30.4%,具有大专及以上学历的仅占5.1%。另外,他们原来在工作单位从事的职业也影响到他们对制度的认知。从下岗前在工作单位的身份来看,普通工人占82.9%,办事人员的比例为6.5%,工程师为

1.0%，具有干部身份的比例为 5.6%，其他为 4.0%。对于他们来说，下岗失业之前，是单位统一负责各项社会保险的管理；一旦他们下岗失业，就完全变成了由个人来面对整个社会保险的缴纳与受益等问题，想让他们对整个社会保障制度有比较全面的认知是勉为其难的。

在问卷调查部分，我们对下岗失业人员关于社会保障制度的认知做了测定。在问及"您知道哪些与下岗失业人员有关的社会保障政策"时，对下岗职工基本生活保障制度表示了解一点的占 59.9%，而有 32.7% 的人表示一点都不了解；对失业保险制度只有 57.7% 的人表示了解一点，而一点都不了解的占 36.7%；对养老保险制度了解的情况稍微好一点，表示了解一点的占 67.4%，而也有 22.9% 的人表示一点都不了解；但是对医疗保险制度了解的仅有 2.0%。从这组数据中可以看出，繁琐的社会保障制度设计对于下岗失业人员来说，要了解其具体细则是非常困难的。

那么制度设计具体在哪些方面影响了下岗失业人员对制度的认知？

第一，制度缺乏连续性，频繁变动。在全世界的社会政策史上，也许从未出现过今天这样的情况：一项社会制度还处于初创时期，就迫不得已地被一改再改，经历频繁的变动。[①] 失业保障制度从 1986 年建立到 1999 年正式确立，短短的十几年时间内就变动了多次，覆盖范围、救济标准、对失业人员的认定、缴纳标

---

① 杨团指出，在全世界的社会政策史上也许从未出现过今天这样的情况：一项社会制度还处于初创时期，就迫不得已地被一再改革。边计划、边设计、边投产本来是计划体制时期中国基建工程中最忌讳的"三边"行为，如今却几无差异地重现在中国社会保障制度这个社会基础工程上。随着最近两年社会保障制度改革研究的突然升温，人们听到了许多不同的声音，社会各界开始密切关注这个对我们的现实生活和中国未来具有直接而深远影响的大事。参见杨团在"中国社保制度改革的框架思考——2002 年社会保障秋季论坛"上的发言，http://www.dajun.com.cn/shebaolutan.htm。

准等都发生了很大的变化。1998年国家设立了应急性措施，实行国有企业职工基本生活保障制度，该制度的建立，既缺乏制度上的连续性，性质也很难确定，最终实行不到几年就宣布取消。制度这样频繁变动的结果，就是对于下岗失业人员来说，很难把握政策的走向与发展趋势，也无法对自己的未来有比较明确的预期。

养老保险制度从建立之初到实行统账结合的模式，其中也经历了多次变动。对于为什么要做出这些变动，变动之后对下岗失业人员有什么影响，以及为什么要实行统账结合的模式，这些对于下岗失业人员来说，要完全了解非常困难。

第二，制度设计过于繁琐复杂。

失业保险制度在细则上不仅对下岗失业人员缴纳与享受保险的资格有繁琐的规定，而且在单位与个人的缴纳比例、不同类型的下岗失业人员缴纳的基数上都有繁琐的规定。这些繁琐的规定不仅不利于下岗失业人员了解制度信息，而且给基层政府的实际工作也带来了很大的麻烦。在调查中我们了解到，基层对于制度的操作带有非常强的随意性，比如前文分析过的对失业人员的认定，基本上就是按照某种"感觉"来界定的。

目前实施统账结合的医疗保险制度是社会保险中设计最为复杂的制度，似乎想要解决各个环节可能出现的所有问题。基本上每个市都出台了医疗保险的实施细则，对于这些细则，如果没有专门的医学知识是不可能完全掌握的，何况下岗失业人员的文化程度都不高。但从实施情况看，这样复杂的设计既不能让下岗失业人员了解制度规则，也远不能有效解决制度在运行中出现的问题。

至于最低生活保障制度，制度本身并不是很复杂，但是在各个地区实行的实施细则却复杂无比。低保户的资格认定涉及家庭状况的各个方面，要想获得"低保"救济，必须对家庭的收入，家具，每月水费、电费、电话费，自身的身体条件等方面进行全面审核。

制度与下岗失业人员对制度的认知之间存在的矛盾，直接影响到制度在实践运行中的绩效，所带来的负面影响也是非常明显的。

首先，导致制度缺乏公信度。下岗失业人员参与社会保障制度，其首要前提就是对制度要有明确的认知，并相信制度能够保证他们的基本生活。如果制度本身复杂多变，在运行中就会明显缺乏这种公信度。

对下岗失业人员来说，社会保障制度复杂多变的特性让他们根本无法对未来养老和医疗有比较可靠的预期。调查数据显示，在问及"就实际状况而言，您觉得现行的社会保障能使您的生活得到安心吗"，认为"基本能"或者"完全可以"的比例为9.6%，而认为"不能"和"完全不能"的比例分别为59.0%和17.6%，表示"说不好"的比例为13.7%。从他们对社会保障制度的评价中也可看出现行社会保障制度缺乏社会公信度。

其次，导致年轻的下岗失业人员缺乏对社会保障制度的应有认知，不缴纳保险费的情况比较普遍。对于年轻的下岗失业人员而言，养老、医疗问题并不是生活中最为紧迫的问题，在他们还能够通过（非正式）就业保证基本生活的情况下，要想把他们纳入社会保障体系则完全依靠他们对社会保障制度的重要性有比较明确的认知。在征缴下岗失业人员养老保险费的过程中，最难征缴的就是这部分人。调查数据显示，30岁以下的下岗失业人员当中，有80.8%的人没有缴纳养老保险费，30~40岁的有72.0%的人没有缴纳，40~50岁的比例为62.7%，而50岁以上的比例为64.5%。年纪越轻，缴纳的人数越少。医疗保险存在的问题更严重，基本上年轻的下岗失业人员都没有缴纳。

最后，下岗失业人员对制度没有清楚的认识，直接影响到他们对保障需求的利益表达。在实际生活中，单位拖欠、扣发下岗职工的基本生活费，拖欠养老、医疗保险费的事情经常发生，并且再就业之后用人单位不给职工缴纳社会保险费也是普遍现象。

但是由于下岗失业人员缺乏对社会保障制度的了解，他们很难清楚地知道他们到底应该享有怎样的权利，所以也就很难通过有效的方法和渠道表达出他们的利益诉求。

我们的调查数据显示，在没有办理失业证的被访者中，83.5%的人不知道失业证办理需要的条件。在询问没有办理的原因时，39.6%的人表示"单位不给办"，38.7%的人表示"不知道该怎么办"，认为自己"不符合办理条件"的占11.4%。在追问为什么没有领取失业保险金的时候，41.5%的被访者表示"不清楚这项政策"或者"不知道找谁"、"不知道怎么领"、"没人告诉、不知道"、"不知道有这项待遇"、"没人管"等等。

从上文的分析中可以看出，对于下岗失业人员来说，一方面他们的认知有限，另一方面他们再就业之后的收入和工作都极不稳定，所以他们更需要稳定而持续的社会保障制度。而社会保障制度要在实践运行中取得比较好的绩效，也需要在制度设计的时候考虑到下岗失业人员的具体认知水平。只有制度与目标人群之间实现良性的互动，才有可能保证制度持续而高效的运作，否则只能导致一方面下岗失业人员对保障的需求日益高涨，另一方面大量的下岗失业人员被排斥在保障体系之外。

四 制度约束中的选择逻辑与参与行为

在制度本身存在约束以及对制度的有效认知存在困难的前提下，哪些具体的因素影响了下岗失业人员的选择逻辑与参与行为呢？研究发现，目标人群自身的收入只是一个外在的约束性变量，而非起到决定性作用。与之相比，真正对目标人群的参保行为产生影响的是诸如"是否买断工龄，是否领取失业金"等制度性因素，以及下岗失业人员的自身素质。这些影响参与行为的因素揭示了这样的事实：面对社会保障制度时，下岗失业人员的参保选择实际上是在制度与收入双重约束下所进行的对自身生活的自我博弈。

影响参保行为的因素分析

从逻辑上说，下岗失业者是否选择参加保险，或是选择优先参加何种保险的行为在很大程度上是受制于其收入水平的。但在实际调查中我们发现，由于失业者的收入普遍较低，这种相对的同质性降低了收入因素对失业者缴费行为影响的显著性。

统计分析表明，相对而言，收入因素在决定下岗失业者是否缴纳养老保险费的问题上并不是最显著的因素，只是起着一个外在的预算约束的作用。缴纳与不缴纳，虽然是在收入水平的约束之下做出的，但很大程度上并不主要是由收入因素决定的。下岗失业人员会在可能的范围之内，尽量压缩其他开支以缴纳保险费，"值不值"的计算极力压缩了甚至超出了"能不能"的空间[①]。部分下岗失业者经过"核计"后，为了解除后顾之忧还是在有限收入的强硬约束之下缴纳养老保险的费用。

除了收入之外，事实上还存在着诸多其他因素左右着下岗失业人员的选择。我们可以看到，同样的制度安排作用于类似经济背景下的个体却产生了不同的选择结果。本研究的调查结果也证明，是否参加保险，实质上是下岗失业人员在其所面对的机会结构与个体特征之间做出的权衡性选择，而前者正是制度形塑的结果。具体而言，控制收入因素之后可以看到，影响该选择的因素主要有两个方面。

其一，是否买断工龄、是否领取失业金、在原单位是否享受保险等制度性因素。根据本次调查统计模型的输出结果，控制性别、年龄、收入等个体因素，已经买断工龄的下岗失业人员缴纳养老保险费的发生比是没有买断工龄的 2.62 倍。领到失业救济金的下岗失业人员缴纳养老金的发生比要比没有领到失业救济金的高

---

① 具体参见本课题研究论文《制度与参与：下岗失业人员缴纳基本养老保险行为研究》。

出1.56倍，在原单位享受养老保险的下岗失业人员要比不享受养老保险的下岗失业人员缴纳养老保险费的发生比高出1.41倍。

其二，个体特征，特别是影响其在劳动力市场地位的特征。当下岗失业人员具备相似的制度参与的资格能力时，个体特征，如性别、年龄等，往往就会成为影响其是否参加保险的重要因素。本研究已有调查数据显示，在已经买断工龄的下岗失业人员中，男性中缴纳养老保险费的比例为47.9%，而女性中这个比例则达到63.5%。如果对女性下岗失业群体做进一步分析，我们可以发现，年龄因素则构成进一步区分的变量。其中，46岁以上的女性缴纳养老保险费的比例要高于46岁以下的女性15个百分点，即已经买断工龄、年龄在46岁以上的女性群体在整个下岗失业群体中缴纳失业金的比例最高，达到75.0%。同样，男性下岗失业人员中也存在年龄因素导致的选择差异，46岁以上下岗失业人员缴纳养老保险费的比例要高出46岁以下人员20个百分点。

据此，我们可以得出两点结论：一是制度性因素严重制约着失业者在社会保险行为选择上的机会结构。当同样的制度安排遭遇到不同的实践语境时，制度往往在客观上为目标对象设定出种种区隔，继而导致社会保障体系产生出一定的排斥作用，客观上令相当一部分失业人员被过滤在社会保障体系之外。二是个体所具有的一些差异性社会特征也是促使其做出不同选择的动因之一。不同的失业群体会因为他们所处生命周期的时点不同，或是所扮演的性别角色的差异而做出不同的选择行为。这种差异性在46岁以上的、买断工龄的女性下岗失业人员中体现得尤为突出。[1] 这个

---

[1] 买断工龄、年龄在46岁以上的女性下岗失业人员，其法定退休年龄较之于男性要早，虽然同样经历了下岗失业，但由于制度规定和背景特征的原因，她们自身的生命历程和职业生涯之间的裂痕容易弥合，且较之男性而言，女性往往需要更强的生活稳定感和安全感，因此，较多女性选择参加养老保险，这就是她们利用制度本身所做出的策略性选择。

结果体现了下岗失业人员面对一定的约束（包括制度以及收入因素）时制度参与行为的适应性和策略性。

作为博弈过程的参与行为

调查表明，下岗失业人员中仅有35.5%和5.4%的个人表示已经缴纳了养老保险和医疗保险费。不过，这并不是因为他们没有认识到保障的重要性，实际上，接近90%的人表示因为没有参保而感到忧虑，然而他们中的绝大部分并没有选择缴纳保险费。

随着生命历程的向前推进，每个人都会面临衰老、病痛等状况，而养老保险和医疗保险就是为应对这些状况而做出的制度安排。下岗失业群体在普遍低水平的收入约束之下，并不具备承担所有保障费用的能力，深陷选择的两难境地。通过调查我们发现，他们中的绝大多数选择了首先缴纳养老保险费。当问及未缴纳医疗保险费的原因时，"小病挺着，大病等死"就是相当多没有缴纳医疗保险费的下岗失业者所表达的态度。这表明他们对此并不是没有充分的重视和风险估计，而是他们在面对可能的风险时采取了一种截然不同的行为逻辑：与疾病比起来，衰老的风险是确定无疑的。尽管制度规定下岗失业者必须缴纳养老保险费之后才能办理医疗保险手续，但二者悬殊的参保率表明，在对养老保险与医疗保险的权衡中，下岗失业者往往会为了应对未来必须面对的现实问题，而不得不将自己的生命历程暴露在一种由疾病带来的风险之下。这样的生存逻辑带有很强的赌注味道——他们寄希望于没有疾病来袭。[①] 这同样表明了，面对社会保障制度时，下岗失业人员在特定生存状态下的行为选择和制度参与的独特模

---

① 在调查中，他们普遍反映现在生活中最担心的就是得病。在医疗产业化的背景下，对疾病的担忧，普遍存在于下岗失业人员中。正如有的下岗失业者所述，"现在下岗职工最怕的是有病。很多个人因为钱也不多，也没有去交（医疗保险）。一有病，一家子整个儿拖累了，原来还能吃饭，有病就完了"。

式：一种制度与收入双重约束下对自身生活的自我博弈。

总之，在下岗失业人员微观行为选择的问题上，我们看到的不是个体根据经济理性进行自由选择的结果，也不是相关制度单方面的决定，而是一个制度环境—收入约束—策略选择共同导致的综合结果。这些因素共同作用，协力塑造了下岗失业人员之社会保障制度参与的轨迹与特征，并由此折射出社会保障制度运作的实践逻辑。

五 结语与政策建议

从近几年社会保障制度实施的成果来看，已经取得的成绩还是值得肯定的。特别是从 2000 年开始实施完善社会保障体制改革之后，制度建设与具体实施都取得了实质性的突破。但在肯定成绩的同时，我们也应注意到社会保障制度在实践中存在的问题。而这些问题，也应该是下一步努力的方向。

我们并没有从文本本身去评价制度实施的绩效，而是转变了分析视角，从制度运行的结构背景、制度与制度实施对象的关系入手，揭示制度在实践运行中存在问题的因果关联。我们认为，社会保障制度改革是在社会转型的结构背景下进行的，是整个社会经济体制改革的重要组成部分。所以，它在实践中的运行就不仅仅受到社会保障制度本身的影响，而且受到整个社会结构中各要素的综合影响。评价一项制度的绩效到底如何，不能仅仅限于对制度设计本身进行分析，还需要从制度实施对象的角度进行反思。

从养老、医疗、失业保险与城市居民最低生活保障制度的规定本身来看，完善社会保障体系方案中对下岗失业人员都做出了特殊的制度安排，目的在于保证下岗失业人员能够在离开原单位之后再次被纳入社会保障体系中。但是实际的情况是，下岗失业人员无保、断保的现象普遍存在，有很大一部分人都没有进入现行的社会保障体系。

制度目标与制度实施的结果之间何以存在如此大的偏差？从整个社会结构关系来看，至少存在以下四个方面的原因：其一，新旧体制衔接不顺畅，直接导致了下岗失业人员从单位制保障向社会化保障过渡存在困难；其二，由于缴费率过高等原因，扩大社会保险的覆盖面存在一定的困难；其三，社会保障制度按照普遍原则的设计偏离了下岗失业人员实际的经济承受能力；其四，依托社区执行社会保障制度的措施也影响了社会保障制度在实践运行中的绩效。

从制度与目标人群的关系来看，社会保障制度的设计并没有从下岗失业人员的具体需求出发，而是实施了"重保险、轻救助"的保障模式，同时复杂易变的制度设计也导致了下岗失业人员对制度的认知存在一定的困难。因而，在制度与目标群体之间很难形成良性的互动。所以我们主张，在进行社会保障制度设计时，既要合理地解决体制转轨中出现的问题，保证下岗失业人员以平等的身份进入社会保障体系，又要考虑到他们实际的经济承受能力，以下岗失业人员的实际需求为制度设计的出发点，平衡好社会保险与社会救助之间的关系。只有这样，才有可能逐渐消弭制度与实践、制度文本与目标群体实际需求之间的张力。

在此，对如何能够更好地保障下岗失业人员的基本生活，在制度设计上提出三方面的政策建议。

第一，妥善处理新旧体制衔接中出现的问题，保证下岗失业人员顺利进入社会保障体系。当前的社会保障体制转轨，首先面临的一个重要问题是如何确认并补偿下岗失业人员在原来体制下，对原有的社会保障体系缴款并逐步积累形成的社会保障权益。这一权益事实上也就是政府对于劳动者的社会保障债务，只不过在原来的体制下，这些社会保障债务是隐性的。因为中国长期实行低工资制度，劳动者在获得工资之前已经扣除了社会保障资金，但是在原来现收现付的体制下，这些社会保障资金并没有以基金的形式积累起来，而是用于进一步的国有投资，并形成国有资产。中国当前进行的社会保障体制转轨，必然会使原来政府承担的社会保障隐性债务显性化（周小川，2002）。

在这个转轨的过程中，最为理想的方式就是由政府承担全部的社会保障债务，以保证被排除在社会保障制度之外的下岗失业人员能够顺利地进入社会保障体系。现行统账结合式的养老和医疗保险，缴费比例都过于依赖用人单位，但是在传统体制遗留问题没有得到很好解决，且劳动力市场机制不健全的情况下，过分依赖企业是不现实的。现实情况是，大部分下岗失业人员都是按照个体工商户业主的缴费比例缴纳养老保险费的，下岗失业人员承担了太重的社会统筹部分。所以我们主张，应通过政府补贴社会统筹部分的办法来推动他们参保、续保。

第二，转变以社会保险为核心的保障体系，强化城市居民最低生活保障制度的建设与发展。

唐钧等人在分析失业保障制度设计存在问题的基础上，提出了一套替代现行失业保障制度的模式，即"基础整合的失业保障方案"，所谓"整合"，是指将失业保障同一系列的促进就业的社会政策融合为一体，还将其同社会救助、社会福利服务和社区等其他社会保障方式融为一体。[①] 从他们的分析中可以看出，他们提出的解决方案实际上是要转变现有的以社会保险为核心的理念：失业保障制度应该是社会保险与社会救助相结合，失业、养老、医疗保险以及社区服务、再就业相结合的方案。所以，基于下岗失业人员目前收入水平低、再就业困难等现状，我们主张针对下岗失业群体的社会保障制度放弃现有的以社会保险为核心的

[①] 参见唐钧《基础整合的失业保障方案》，他指出，基础整合的失业保障方案可以分成失业的资金保障和就业的服务保障两个部分，并且他也对此方案做了可行性分析。见景天魁主编《基础整合的社会保障体系》，第 190~202 页。

模式，而大力强化社会救助制度，保证最低生活保障制度真正成为能够保障下岗失业人员基本生活的最后一道安全网。

第三，建立多层次的社会保障体系，保证下岗失业群体的实际需求得到满足。

从现行的社会保障模式来看，养老、医疗保险的模式都是以正规就业群体的标准而设定的，缴纳比例与基数对于下岗失业人员来说都相当高。但是下岗失业人员一般都是灵活就业，收入和工作都极不稳定。这种基于普遍原则建立起来的社会保障制度，并没有考虑到下岗失业人员的实际就业状况与经济承受能力，其结果必然是大部分下岗失业人员没有被纳入社会保障体系，而没被纳入的这部分人是社会上最需要保障的群体。这样看来，按照他们实际收入水平和经济承受能力设计相应的政策措施就显得非常重要。所以，我们主张建立多层次的社会保障体系，对于下岗失业人员等低收入群体实行低标准的社会保障制度，保证他们都能进入保障体系中来。从目前就业发展的趋势来看，灵活就业已成为下岗失业群体主要的就业方式，这种现象在相当长的时间内不会改变。与之相应的，应当转变以正规就业人群为社会保险主要实施对象的观念，把灵活就业群体参保作为社会保险长期的发展战略和正常的业务管理内容，并据此思考和设计相应的社会保险政策及管理方式、方法，而不能仅仅将其视为一项临时性、阶段性的工作。

第二章 单位型社区的衰落与底层群体的形成

吴清军

查理斯沃斯（Simon J. Charlesworth）的《工人阶级经验的现象学研究》一书，描述的是英国的一个老工业区在去工业化过程中工人生活的景况，无独有偶，在我们调查的东北老工业基地 C 市的拖拉机厂社区，我们看到了惊人相似的一幕。一位退休职工在 2004 年向市领导反映情况的报告中这样写道：

目前职工的困境：我厂原有职工 10000 多人，1998 年以后，下岗职工 4000 多人，退休职工 3000 多人，2002~2003 年解除劳动合同的 1000 多人，退养的 500 多人，现在岗的 300 多人，下岗职工能够就业解决生活问题的仅占其人数的 20%，退养职工每月只能领到 176 元，退休职工虽然有"保命钱"，但很大部分要兼养下岗的儿孙们，尤为艰难的是那些年龄在 50~60 岁的人，他们既要奉老，又要抚幼，可挣钱无路，医疗保障至今尚未落实，一有病痛，职工十分揪心烦恼。由于生活极为艰难，职工家庭纠纷增多，离婚率不断上升，严重的是自 1998 年以来因为生活困难而服毒、跳楼、卧轨、自缢、拒医（难承担医药费）而亡的不正常死亡事件时有发生，这是十多年极为罕见的。（退休工人 LK 的报告——《关于 C 市拖拉机厂一些问题的报告》）

除此之外，我们在调查中还发现，很多职工失业在家无所事事，为了消磨时间整天打麻将；由于贫穷，生活压力大，这十几年得脑溢血、偏瘫的居民成倍增加；迫于生活压力，有不少下岗失业女工晚上出入色情场所，陪人跳舞或者出卖身体；还有一些下岗失业人员，找不到工作，为了麻痹自己，整天喝着劣质的白酒，浑浑噩噩地活着。这些现象在社区随处可见。从总体上来说，拖拉机厂社区的居民，不仅在物质生活上遭受着贫困，而且在生活方式、精神状态上也逐渐走向城市生活的边缘。

拖拉机厂社区是典型的单位型社区，居民都是拖拉机厂原来的职工和家属。时间回溯到20世纪80年代中期，当时工厂正处在兴盛时期，作为拖拉机厂的宿舍区，呈现的是另一番景象。一位下岗职工描述了当年欣欣向荣的景象：

> 在80年代后期的时候，拖拉机厂效益特别好，在整个C市都是有名的，汽车厂的效益都不如它。其他工厂的职工都羡慕拖拉机厂的职工，很多人想方设法想往里调，这片宿舍楼原来在整个市里都少有，拖拉机厂职工不仅福利待遇好，还有房，也不用愁工资。我记得过年过节什么都分，家里用大缸装豆油。早上工厂几十辆大车往外开，别人一看车队就知道是拖拉机厂的，特别气派。那时工人按时上下班，到月底就开工资，很少有打麻将的，平时业余时间工会会组织活动，看电影等等，我们工厂还有足球队，在全国都是有名的，还有篮球队。（CC-CCH20030316）

时隔20年，拖拉机厂社区从人人羡慕的社区逐渐走向了贫民区，那么在这20年中社区到底经历了怎样的转变？是什么因素导致了拖拉机厂社区从相对富裕的社区逐步走向城市边缘？又是什么因素导致拖拉机厂职工走向集体贫困，沦为社会底层？带着这些问题，从2003年开始，笔者先后四次进入社区开展实地调查，并且，从2005年8月到12月，笔者住进了社区，与社区居民进行了广泛的接触，与居民一起体验底层贫困的生活。所以，这里的资料都来自与居民的深度访谈和参与观察的记录。

一 案例背景：工厂社区 20 年的转变历程

贫困不仅仅是一种简单的对人们的某种生活状态的表述，从社会整体的视野看，贫困还是一种社会结构和社会过程的反映，背后隐含着深层的社会原因。所以，拖拉机厂社区从相对富裕向贫困的转变，其背后是与整个社会结构转型密切相关的，是随着 80 年代中期以来的国企改制、就业制度、分配制度、社会福利制度改革等制度性转变而来的。因此，本章在描述拖拉机厂社区居民贫困状态之前，有必要简单地介绍一下拖拉机厂在过去 20 年中的转变历程。

C 市拖拉机厂始建于 1958 年，曾是国家大型农机重点骨干制造企业，国家 500 家最大工业和机械工业 100 家最大工业企业，该省规模效益最佳企业之一，主要生产轮式拖拉机。在计划经济体制时期，职工依托单位，实际生活不平等程度并没有扩大。由于拖拉机厂是大型国有企业，相比于其他工厂的职工，拖拉机厂的职工在生活与心理上都存有优越感。70 年代末期 80 年代初，工厂为了解决职工配偶与子女就业问题，先后成立了三个厂办大集体企业，即拖拉机厂配件厂、劳动服务公司与修建公司，所以到 80 年代末期，大部分家庭的所有成员都是拖拉机厂的职工。

随着城市经济改革的推进，拖拉机厂在 80 年代中期迎来了最辉煌的时期。1984 年拖拉机厂开始产品转型，从制造大型轮式拖拉机转向小型农用四轮拖拉机，当时正赶上农村经济迅速发展时期，小型农用拖拉机市场需求量大而产品紧缺，拖拉机厂抓住这一市场机遇大力发展小型农用拖拉机，所以才出现了文章开头部分所描述的繁荣景象。工厂效益好，职工工资与福利待遇也相应提高，拖拉机厂成为当时人人羡慕的单位。但好景不长，到 90 年代初期，拖拉机厂的效益迅速下滑，一方面由于在 1990 年与

1992年，迫于市政府的压力，拖拉机厂先后兼并了两个即将破产的企业，即C市工程机械厂与Y市柴油机厂，职工人数由原来的7000多人一下增加到12000多人，从此企业背上了沉重的包袱；另一方面，由于其他地区制造拖拉机的乡镇企业开始兴起，挤占了大部分市场；再者，拖拉机厂内部管理混乱，经营不善，企业效益逐步下滑，工人的福利也慢慢减少，职工的生活开始艰难起来。但是，一直到1997年6月份，拖拉机厂还能每月给职工开出工资，职工生活虽比其他企业的职工困难些，但是勉强还能维持。从1997年7月开始，工厂举步维艰，再也无法给工人开出工资，一直到1998年9月，工厂拖欠大部分职工13个月的工资。1998年9月25～28日，忍无可忍的工人连续三天上街堵马路，要求工厂开工资、整顿拖拉机厂。迫于工人的压力，市政府与拖拉机厂最后做出决定，国营职工每人每月开176元，上班的职工上班一天加6元，对于集体企业所属职工，拖拉机厂采取放任不管的政策。

到1999年，下岗分流政策已经在全国推行，拖拉机厂从1999年3月份开始执行"下岗分流、减员增效"的政策，大批职工被裁员下岗回家，自此拖拉机厂不再生产拖拉机，而是对外加工零活，需要的职工人数仅仅在1000人左右。2002年工厂成立"拖拉机集团有限公司"，把下岗工人和原来工厂拖欠的债务扔给拖拉机老厂。有限公司的各个车间实行承包制，在岗工人实行按件计酬的工资制度，一般工人每月工资在500元左右。截至2002年末，在册职工9592人，下岗职工4946人，在岗职工4646人（工厂在统计的时候把退养的和拿不到下岗补贴的职工即放长假的职工，全算成在岗职工）；工厂在年底拖欠养老金4500万元，拖欠职工工资累计达16个半月，总计4493.3万元。实际上这个统计数据仅仅包括了国有企业部分，而厂办大集体企业放长假职工还有2000多人未包括进来，他们既得不到下岗补贴也得不到相应的补助。2003年工厂实行买断工龄的方案，分两批把全民所有制合同工全部买断。

到2005年5月，在职职工人数为1836，退养职工人数为1036，下岗职工人数为3051，进入统筹人数为5354（退休人员），其中在职职工中有管理人员298人，工人1490人，这1490名工人都在各个私人承包的车间上班，收入低、工作也不稳定；退养职工和下岗职工共4000多人都处在放长假状态，这批职工随着两年下岗政策的结束，每月176元的补助也被取消了，这部分人现在就等着工厂最后破产，期待着或许他们还能得到一笔补偿费。

二 贫民区——走向社会底层的生存状态

从上面描述拖拉机厂20年的转变历程可以看出，拖拉机厂社区一步步走向贫困是与拖拉机厂效益紧密联系在一起的，当工厂走向破产的时候，社区居民也逐渐走向城市边缘和社会底层。对于贫困的现象可以从许多方面进行描述，本章主要从两大方面来描述拖拉机厂社区居民的生存状态，一是描述他们物质生活上的贫困，二是描述他们文化或者说是生活方式上的底层状态。

（一）物质生活上的贫困

对贫困的界定，一直是社会科学界争论的议题，但是我们也看到，争议较多的问题主要集中在致贫的原因、反贫困的策略以及贫困线的界定等方面。不论从哪个角度去认定，一个最基本的层面就是贫困者在物质资源上的匮乏。所以本章描述社区居民的贫困生活状态，首先要描述他们物质生活上的贫困，下面分几方面进行描述。

1. 收入低或者没有收入

按照社区居民与拖拉机厂的劳动关系，可以把居民分成几类，一是退休人员，他们一般都有退休金，但是用职工的话说，他们的退休金还要养活下岗失业的儿孙；二是买断劳动关系的合同工，他们的人数只有将近 2000 人，这些人员都是 1984 年之后进入工厂的比较年轻的职工，由于年轻，他们一般还能在市场上实现再就业；三是仍在岗的职工，有 1490 人，他们虽然在岗，但是与在市场上就业没有区别，都在私人承包的车间工作，按件计酬，每月工资在 300~600 元；四是国有企业放长假的职工，由于下岗政策被取消，他们走出再就业中心之后就没有了生活补助，他们的人数最多，现在还有 4000 多人，并且都是 1984 年之前进入工厂的，年龄大致都在四五十岁，再就业比较困难；五是集体企业放长假的职工，他们从企业经济效益不好开始就放假回家，没有任何补偿与保障，有 2000 多人。

在这五类人员中，只有买断工龄的失业人员，因为年轻还有可能在市场上实现再就业，生活相对宽松，而其他四类人员生活都比较贫困，这主要表现在几方面。

（1）下岗、放长假职工再就业之后工资收入低。由于年龄偏大、文化水平较低，以及缺乏新技术，他们在市场上只能找到一些保洁、力工、打更、看车、保安等技术含量低、工资水平也低的工作，或者从事摆地摊、开修车铺、修鞋铺等个体小买卖。在调查中我们了解到，他们每月只能挣 300~500 元，即便是这样的工作，按照退休职工的说法，能以此类工作实现再就业的下岗职工也只占总人数的 20%。

一位 49 岁的下岗职工说：

我在家实在待不下去了，太困难了，就扛把钳子到马路上等活，平均下来一天能挣 10 块钱，有时候一天能挣 30 多块钱，但是

干了几天又要等几天，等的这几天就一分钱都没有。(CC-WJ20051113)

（2）找不到工作，或者工作不稳定，经常没有收入来源，这在社区内是非常普遍的现象。再就业工程一直是东北各级政府主抓的工作，但是鉴于下岗职工的实际情况，能够实现再就业的职工人数并不理想。下岗职工找不到工作，也就意味着没有收入来源。另外，由于劳动力市场不规范，下岗职工再就业后的合法权益也常常得不到保障，不仅工资待遇低，而且更为主要的是工作不稳定，经常被辞退或者被开除，相应的收入来源也就不稳定。

一位44岁的集体企业放长假职工说：

我有两年没找到工作，那时你知道有多苦，每天我跟我媳妇就吃四五块钱（的饭），没什么菜，每顿两个馒头，吃点自己腌的白菜，烟都买不起，我抽自己卷的，买点烟丝就行了。(CC-CCH20030316)

（3）"老养小"——退休职工用退休金养活全家。退休职工虽然有退休金，但是他们要用"保命钱"养儿孙们。在调查中笔者发现，有退休老人的家庭，基本生活还能维持，退休职工不仅要给下岗放长假的儿女们提供生活费用，而且还时常要抚养第三代，特别是承担第三代的教育费用，本应老有所养的人变成了被"啃老"的对象。那些家里没有退休职工，又无生活来源的职工家庭就更为困难。

一位每月开1700多元退休金的职工（因为他参加过解放战争和抗美援朝战争，所以他的退休金比较高）说：

我是每个月1700多元的退休金，但我还是要抱怨，我三个儿子、三个儿媳妇都在拖拉机厂，全下岗了，都指望我这点钱，还有三个小孩，这点钱怎么养活这一大家子？我有两个女儿也是

拖拉机厂的下岗职工，女儿我根本顾不上。（CC - C××20051110）

2. 消费水平低

随着工厂不开工资，收入来源无保证，大部分家庭在衣、食、住、行等日常生活层面都存在困难，食品消费与衣物消费水平比较低，基本维持在温饱水平。按照他们惯用的说法是："现在只能维持，要想吃好、穿得体面基本不太可能，反正现在是饿不死，冻不着。"

一位49岁的国有退养职工说：

现在大家都是维持，吃口饭，要说吃不上饭的人家也不多。就算你能找到工作，孩子的上学费用要花吧，冬天的采暖费要交吧，这几项下来就得几千元，每月就算你能挣500块，你也只能维持，想过好点基本上不可能。（CC - ×××20051206）

一位45岁的集体企业放长假职工说：

说出来不怕你笑话，我有七八年没买过新外套了，身上穿的都是原来工作时候的工作装。平时也吃不上好的，就吃饱饭吧。（CC - L××20031020）

一位30多岁的男失业工人说：

你看到刚才那个女的了吧，她是下岗的，她家两个月都没吃过肉，一点都不夸张。我们楼有个穷的，她丈夫死了，没钱买菜，每天到市场上捡点白菜帮子做菜。（CC - ×××20051211）

一位在社区内开食杂店的下岗女职工说：

从我们店里卖东西就能看出现在大家有多穷，前些年企业效益好的时候，东西卖得特别快，那时卖得最好的烟都是五块钱的。大家刚下岗的几年也还凑合，这两年彻底不行了，东西卖不动，大家抽烟都抽2元的"生命源"烟。(CC-×××20051214A)

另外一位开小超市的店主说：

从你进我家门到现在有两个小时了吧，你看有没有人来买东西，现在大家都没有消费能力，东西卖不动，我这里一天也挣不了20块钱。(CC-×××20051214B)

3. 有病无钱治

医疗、住房、孩子教育，一直是社区居民的三块心病，在这三大困难中，医疗首当其冲。由于拖拉机厂职工并没有参加医疗保险，所以医疗没有任何保障。从计划经济时代到1997年，拖拉机厂职工都可以在拖拉机厂职工医院享受公费医疗，家属也可以享受一定的优惠。但从1997年以后，随着工厂效益低下，医院的效益也开始不景气，大批医生下岗失业，2002年厂医院倒闭，2005年包括厂房和设备都卖给了私人。所以，自1997年以来，拖拉机厂职工和家属就从来没有享受过医疗保障。工厂实行挂账政策，工人看病先自己垫钱，然后到工厂挂账，等工厂有钱了才给予报销，但实际上能够报销医药费的职工非常少。一位退休职工在2004年张贴的公告上这样写道：

在计划经济时代，职工的养老、医疗根本不成问题，到时候了就正常退休，安享天年，有了病就上医院治疗，无论病有多大多重，你都用不着担心医疗费用问题。这就是广大职工所熟知的社会主义劳保待遇。进入市场经济以来，一切都变了，变得我们职工应具有的医疗保险也无影无踪，毫无着落；有了病就得花度日的生活费，说是工厂给报销，可是三年五载也报销不了一次，就是死了人，丧葬费也无处可领。而另一方面，医药费却成倍地上涨，一个普普通通的感冒，花二十几元就可以治好，上医院得用888元。……试问拖拉机厂职工能有几人承受得了医药重负？要有也是九牛之一毛，大海之一滴。在问道"有病怎么办"的问题时，80%以上的职工回答："小病买几片药对付对付，大病就得硬挺着，听天由命！"七八年来，拖拉机厂职工命陨于无钱医治者已有数人，如此无奈，何等悲哀！（退休职工LK张贴的公告——《莫让功臣空悲叹：拖拉机厂破产实录四》）

在调查中，笔者了解到，因病致贫的家庭在拖拉机厂社区很普遍，最困难的家庭基本上家中都有重病病人。在社区60多户低保家庭中，除了户主是残疾人之外，其他的家庭中都有重病病人。在他们每月的申请材料上写道：

我和爱人均系拖拉机厂职工，我今年42岁，妻子今年37岁，家中有一对双胞胎儿子，两岁多。我患有乙肝多年，由于单位效益不好一直硬挺没有治疗。我妻子双耳鼓膜穿孔需做手术，仅手术费一项就需要一万六千余元（不含床位费、检查费、治疗费、药费等其他一切费用）。由于单位效益不好，第一，本人拿不出此项手术费。第二，家中的双胞胎小儿子无人看管，造成有病不能及时医治，由于耳疾，时常伴有眩晕。希望社区能帮助我们解决一些实际困难，因为做手术看孩子都需要一笔费用。

因夫妻双方单位长期不开支，家庭无经济来源，本人身体多病，患有脑血栓、肾结石、前列腺炎、骨质增生、腰十二椎骨折，还要抚养两个孩子上学，还有一位80多岁的老母亲，每月也要照看几次，所以生活非常困难。（低保户HXY2005年12月20日向社区提供的申请书）

4. 教育负担重

在90年代中期之前，拖拉机厂拥有自己的子弟幼儿园、小学与中学,并且还有职业技术学校,拖拉机厂职工子女可以免费读书。到90年代中期,随着企业经济不景气,这些学校逐渐被推向社会。失去了单位提供的教育福利,在教育费用一直高涨的情况下,许多下岗失业人员家庭背负了沉重的负担,这也是造成有些家庭贫困的重要因素。收入低或者收入来源不稳定,给社区带来了新的贫困现象,即下岗、放长假职工家庭子女辍学率在这十几年中明显上升,或者有的家庭选择教育费用较低的学校。

一位35岁的失业职工说:

我儿子现在读二年级,我跟我爱人都有病,没工作,现在就靠我姐和我妈接济我们。现在就是孩子的教育费用太高,全家也就他花钱最多。原来想把孩子送到好点的学校,但是家里没钱,只能上拖拉机厂小学,现在名称也变了。你说现在老师也不好好教课,每天到4点就放学了,放学之后交钱的就留下来补课,刚开始的时候全班就我儿子一个人没钱补课,他一到放学就走了,其他的孩子都留下补课。我看着实在不忍心,你说我再穷也不能让孩子在别人面前抬不起头来。老师也来家里找过我,我把现在的状况说了,老师说也可以理解。后来我用一个大塑料袋把家里所有的硬币和一毛一毛的钱都装去了,总共就200多块,说起来心里都难受,那时家里就剩下那点钱了。其他的孩子周六周日都要报这个班那个班的,按道理应该按照他的兴趣报个美术、音乐班的,但是现在条件摆在这里,报班要花钱,我儿子一个班都没报。(CC-×××20040606)

一位退休职工养着一个孙子和一个小外甥女,他说:

我有退休金,但是这两个孩子还得我来养,他们父母根本就养不起,我每个月的钱有一大半都花在他们身上了。原来拖拉机厂孩子上学是不用花钱的,到了年龄就读书,现在什么都要花钱，学校也变着花样收钱，今天三块，明天五块，除了学杂费，其他的收费名堂就多了，什么课本费、补课费、资料费、试卷费，反正什么都要花钱，穷人的孩子咋还能上得起学？（CC－××20040605）

5. 住房紧张

80年代的时候，工厂还实行福利分房，职工按照工龄和职称加权平均记分，排队分房。按照工人的说法，那时总体上还算公平。进入90年代之后，随着工厂不景气，工厂再也没有盖过职工宿舍，所以大部分50岁以下的职工都没有分到住房，有些家庭被安置在临时过渡房（24平方米的平房）或者单身宿舍（楼房，21平方米）里，还有比较年轻的职工随父母一起居住（一般退休的职工都分到了房子）。

此外，住房最紧张的还是集体企业放长假的职工，在工厂集资建房的时候，并没有把他们算在内，因为他们大部分都是总厂职工的家属，所以没有房权，而是随总厂职工一起住。在1994年的时候，配件厂自己集资建房，建了两栋楼房，但是80%的集体企业职工住在不到24平方米的平房或者和父母一起住。在拖拉机厂居住区，由于多年不分房，并且居民又无力购买商品房，随着家庭人口的增多，住房变得越来越困难。有退休老人的家庭一般还能凑合住，但是没有退休老人的家庭或者集体企业职工家庭，他们的住房不仅狭小、阴暗，而且在采暖、采光方面都非常差。

一位39岁的下岗男职工说：

我爸原来也是拖拉机厂的国营职工，后来调到别的单位了，分了这个平房。前几年我爸就过世了。我妈是配件厂的，属于集体企业职工，她没有房权，也没分到房子。我也没分到房子，在工厂的时候我跟他们一起住。下岗之后我跟我爱人出去租房住，去年我出了车祸,爱人跟我离婚了,我在外边也租不起房,又搬回来跟我妈一起住。但是这房子小,就一间房,厨房是公用的,我就在后边搭了个棚。冬天没装暖气,我就用被子捂住,碰到冷的天,早上起来头发胡子露在被子外边的全白了。那有什么办法,原来没分到房,现在别说买房,就是租房都租不起,就这样将就吧。今年我用塑料纸把棚给捂上了,冬天要好点,不透风要好点。我有个女儿,我妈还有病,晚上也照顾不了她。我弟弟心疼我,就把我女儿接过去住了,他们俩口子在外边做买卖,还能挣点,在外边租房,我女儿在那边就不挨冻了。(CC-×××20051103)

以上从五个方面描述了社区居民在物质生活上的贫困,这种生活贫困在整个社区不是个别家庭存在的状况,而是大部分家庭的实际状态,贫困变成了一种集体现象。但是,这种物质生活上的贫困仅仅是 90 年代中期以来才发生的,在这十几年中,社区居民从相对富裕逐步走向了相对贫困,有些家庭甚至走向了绝对贫困。

(二)生活方式(社会生活)的底层化

查理斯沃斯在《工人阶级经验的现象学研究》中认为,在去工业化过程中,工人处于经济的边缘和被社会排斥的地位,他们的经济和社会地位明显下降,他们也不可能上升进入社会的中上层,在这种社会背景下,工人的生活方式和独有文化逐渐消失。面对工人在去工业化的过程中经历着从公共生活到日常生活的全面解体,查理斯沃斯感叹,他们"过去所熟悉的生活分崩离析了"(Charlesworth,1999)。在拖拉机厂社区,我们亦能够看到相似的一幕,社区居民由于经济贫困而导致他们生活方式的全面贫困,他们所熟悉的 90 年代以前独有的单位型社区的生活方式已分崩离析了，面对的是在市场经济中被抛入社会底层的生活方式。

在80年代，由于拖拉机厂属于大型国有企业，经济效益在全市首屈一指，拖拉机厂的职工能够按时开工资、工作稳定、工资高、福利待遇较好，在生活上是其他工厂职工所羡慕的；工人在心理上也存有相对优越感。随着企业一步步走向破产，原有的生活方式已荡然无存。工人所要面对的是物质上的全面贫困，而物质上的贫困也同时带来文化上的贫困，或者说是生活方式上的边缘化、底层化。美国学者刘易斯（Oscar Lewis）早在20世纪60年代就提出"贫困文化"（Culture of Poverty）的理论。他通过对贫困家庭和社区的实地研究，认为贫困文化实际上是社会中的贫困者与其他人在社会生活方面相对隔离，因而产生出一种脱离社会主流文化的贫困亚文化。处于贫困文化当中的人有其独特的文化观念和生活方式，其文化特质可以表现在个人、家庭和贫困社区等各个层次，这种贫困文化的特点可以通过贫困群体内部的交往而得以在圈内加强，并且可以世代传递（转引自周怡，2002）。在这里，我们将描述和分析目前拖拉机厂社区居民经过20年转变所形成的贫困文化。

1. 打麻将成为居民打发时间的主要方式

在社区中，许多下岗失业、放长假的职工由于找不到工作，在家里无所事事，聚众打麻将成为他们打发时间的主要方式。在调查中我们了解到，在社区内每两个居民楼就有一家所谓的麻将馆，这种麻将馆并非我们在市面上看到的那种娱乐场所，而是在食杂店内或居民楼内腾出的一两间房子，由麻将馆的老板提供桌椅和麻将，每打一场收2元钱。调查还发现，大部分打麻将的赌资都在每圈2角或5角，几圈下来也就输赢几块钱。从这么小的赌资也可以看出来，下岗失业人员打麻将并非真正的赌博，而是打发时间的一种方式。

在调查中,笔者走访了几家设在社区内的食杂店里的麻将馆,都是店主腾出一两间小房,摆上桌椅与麻将,就算是麻将馆了。在一家小食杂店内,笔者看到,这是一间低矮的小平房,面积不到 30 平方米,除了摆放货物的地方外,其余空间放上了三张小桌。每天从早上八点多开始,一直到晚上十二点多,这三张桌子基本上都有人。下面是店主所作的介绍:

到这里来打麻将的大部分都是拖拉机厂的下岗职工,他们找不到工作,总得找个事做,在家里闷着肯定要闷出病来。他们打麻将也不是要赌钱,每圈下来也就输赢几块钱,大点的打不了,打发时间而已。早上八点多开始就有人,一直到晚上十二点都有人。你来这个地方做调查还真来对了,天天都有人。你说像我这么大岁数的,上哪找工作,上了 40 岁就找不到工作了,不是他们懒,就是找不到工作。找不到工作在家里待吧,夫妻都下岗了,都找不到工作,那肯定会干仗,互相瞅着谁都不顺眼,没钱啊,肯定矛盾就多,还不如来打上两圈,打发打发时间。(CC-×××20031031)

2. 家庭纠纷增多、离婚率增高

在拖拉机厂社区,夫妻双方都失去工作的家庭不在少数,并且大部分家庭夫妻双方都是从拖拉机厂下岗失业的。在生活重压下,家庭纠纷明显比以前多。更为严重的是,最近几年社区内的离婚率与以前相比也大幅度上升。在调查中我们发现,大部分离婚的家庭都是女方忍受不了贫穷,抛弃儿女与家庭离开了社区。

一位 45 岁的下岗职工,他从 1994 年就不上班了,他说:

我 1994 年离的婚,就是没钱,我妻子移民到澳大利亚去了,跟人跑了,要是我有钱她也不会走,都是工厂给害的。(CC-L××20031019)

一位40多岁的放长假男职工说：

我跟我爱人都下岗了，我没有收入。她还好点，不是拖拉机厂的，是药厂的，一个月还给400多块钱。两个人都待在家里，肯定干仗。没钱，为生活发愁，两个人都来气。你看这些家具都是我们打架给摔碎的，电视机也给我摔了，家里的碗筷也是重新买的，两个人心里都憋得难受，看谁都不顺眼，就打起来了。（CC - TLJ20040604C）

一位退休职工告诉我们：

这几年拖拉机厂的离婚率出奇得高，原来离婚的很少，现在好像习以为常了。有些女的，看着实在穷得没法过，就跑了。你可以到区民政部门问问，看看拖拉机厂这几年有多少离婚的，就是一个字：穷。要是两个人都上班，每天到时上班到时下班，生活也有开支，那肯定不会有这么多离婚的，现在都在家里，事情就多了，弄不好就要离婚。（CC - ×××20031019B）

3. 迫于生活压力，部分下岗失业女职工卖淫

在调查中笔者了解到，迫于生活压力，有些下岗失业女职工经常出入舞厅、洗浴中心等色情场所。她们在舞厅陪人跳舞，每陪跳一支舞可收入15~20元，在洗浴中心的一般都是出卖身体。对于哪些家庭有人从事这项职业，这在社区都是公开的秘密。正如一位放长假职工所说："这都是被逼无奈才这样的，谁也不愿自己的媳妇去那种地方，去挣那种钱，都是生活穷，被逼的，都是没有办法，我们也不要说她们什么，要是你走到这一步，或许也会一样。"

一位下岗职工这么说：

社区里有好多男的做缩头乌龟，靠媳妇出去跳舞养着，他们

装出没事的样子,其实他们都知道自己媳妇在外边,经常夜不归宿,你说他们能不知道吗?有些外单位的人碰面也说:我在哪看见你们单位谁的媳妇在陪人跳舞。我就告诉他们,别这么说,都是走投无路才这样的,要是能找到工作,要是能有份像样的工作,也不至于去那种地方。拖拉机厂职工的媳妇有多少人去干这行,我们也不知道,但肯定是有,而且人数还不在少数。(CC-×××20051019)

4. 日常交往少,居民生活圈子封闭

拖拉机厂社区居民在这十几年中实际上经历了从公共生活到日常生活的全面改变。80年代原有的公共生活随着工人下岗失业早已消失,而在日常生活中,下岗失业职工的生活圈子逐渐封闭起来,原来的工友、朋友也很少来往。在调查中我们了解到,导致居民日常交往减少有几方面原因:首先是经济上的贫困,过多的人际交往会带来经济上的压力;其次,自1998年工厂开始实行下岗政策以来,很多居民有七八年没有在一起上班了,并且部分下岗失业人员迫于生活压力还要外出就业,七八年不同的经历也导致他们之间的共同话题逐渐减少;再次,下岗失业之后,生活和心理压力都增大,有些居民不愿意来往。随着居民之间日常交往的减少,作为典型的单位型社区也逐步趋于瓦解,原有的公共生活与人际交往在这十几年时间内都解体了。

一位退休女职工说:

现在亲戚朋友都很少有来往了,红白喜事都不参加,送100块钱吧,要是有这些钱家里还能撑上一段时间,买高粱还能买几十斤呢。(CC-×××20031019B)

一位下岗男职工说:

平时我也很少串门,没什么意思,大家都穷,也没什么好聊的。原来的工友大部分都不联系了,都下来七八年了。见面了大家都不说拖拉机厂的事情,一说就来气,说有什么用?我除了去麻将馆看看之外,也不太爱走动。(CC-×××20051011)

5. 家庭支持网络匮乏

20世纪70年代末80年代初,为了解决职工配偶与子女的就业问题,拖拉机厂开始兴办厂办大集体,先后成立了三个所属集体企业。到1982年,拖拉机厂又设立了职业技术学校,拖拉机厂职工的子女都可以进技校,然后分配到拖拉机厂工作。另外,职工退休之后子女可以顶替接班。通过以上几种方式,拖拉机厂大部分职工的子女与配偶都被安排进了工厂就业,形成了全家都在拖拉机厂上班的普遍现象。在调查中我们了解到,有一家居然有12口人在拖拉机厂上班,其中包括老夫妻俩、三个儿子与三个儿媳、两个女儿与两个女婿。当拖拉机厂经济效益好的时候,工作的人数多当然对家庭有益,但是一旦拖拉机厂走向衰落,那就无法转移风险,工厂实行下岗放假的制度,那么整个家庭都面临着下岗失业。按照工人形象的说法是:"拖拉机厂都是一窝窝的,下岗之后就是连窝端。"

由于家庭结构与职业结构的这种特点,下岗失业人员在再就业与生活接济等方面,来自家庭的支持非常少,因为全家都面临着下岗失业、找工作困难、生活不宽裕的问题。从这个角度说,他们的家庭支持资源非常匮乏。

一位退休男职工说:

我两个儿子都在拖拉机厂,一个在配件厂,一个在锻造车间,都下岗了。现在拖拉机厂一下岗全是一窝一窝地下。除了我这点退休金,他们谁也顾不了谁,谁也指望不了谁。(CC-×××20031019A)

一位下岗男职工说：

我在子弟学校毕业后就下乡了，我爸也是拖拉机厂的。我下乡抽调回来进了拖拉机厂。我们车间几十个人，父母都是拖拉机厂的，有十几个是一起下乡一起抽调回来的，现在都下岗了。我看他们的日子跟我差不多，都不好过。你说一家都是拖拉机厂的，现在都一起下岗了，谁来帮你？要是家里有一两个在外单位的就好了，至少还可以接济一下。（CC-YW20060721）

6. 自杀、非正常死亡人数增多

自1997年7月工厂开始拖欠工资以来，部分职工家庭就开始陷入困境。在拖欠13个月工资期间，社区内已经有两人因生活困难自杀。到目前为止，在过去的七八年时间里，有十几个下岗失业职工自杀，这在原来是从未出现过的现象。调查发现，这些自杀的职工一方面是因为生活与心理压力大，另一方面也因为这些人大都患有不治之症，因为没有医疗保障，为了不拖累家庭而选择了自杀的道路。

另外，在将近十年的时间里，非正常死亡人数也大幅度增加。在调查中我们了解到，有些职工背负着沉重的生活与心理压力，但一时又找不到好的出路，所以心里着急导致患上中风、偏瘫等病症。这几年得这种病症的人数大量增加，因患病而死亡的人数也在不断地增长。

一位退休职工介绍道：

就我们家跟前的几栋楼里，这五六年的时间里，就非正常死亡了十来个，年纪都不大，这在以前从没有过，好好的就死了。原来在上班的时候听说一两个年纪不大的人死了，大家觉得很惊讶，现在大家好像习以为常了，说起谁谁死了，大家也就那样了。这几年死的人太多了，心理压力大啊。前天晚上还有一个跳

楼了，从六层楼上跳下来的，听说是得了癌症，年纪也不大，刚50出头。(CC - K××20060722)

另一位放长假职工介绍说：

在1998年过年的时候，我们厂就有个女的自杀了，喝的农药，后被抢救过来了。实在是太穷了，没法过年。厂里知道后，赶紧过来了，给她们家买了两袋面粉，给了200块钱，这才把年给过了，要不然连年都没法过。(CC - MPZ20051104)

从上面描述文化贫困的六个方面可以看出，拖拉机厂社区20世纪90年代之前的生活方式和社区氛围已荡然无存了，原来上下班时熙熙攘攘的情景、工作时热火朝天的场面都已不复存在；取而代之的是，破败的厂区、杂乱的社区环境、居民精神上的萎靡。职工个人、家庭以及整个社区，都陷入了物质生活与文化意义上的贫困，职工个人的精神面貌、家庭关系以及社区内的生活方式都发生了根本性的转变。

三 制度制造贫困、生产底层：一种结构性解释

制度造成贫困是经典马克思主义理论的精髓。

社会政策导致的不平等是制造贫困的主要因素，制定政策本身、政策的失误或不合适的政策导向，都将引起不平等而导致贫困。奥科克（Pete Alcock）曾指出，"从政策决定问题的意义上来看，贫困的界定通常取决于应对贫困的各项政策，于是政策和贫困就好像学术圈内存在着的'鸡和蛋'的谜面，理解贫困首先就要去理解政策"。类似的论述也体现在文森特（Vincent）对20世纪英国贫困史的讨论中，他说，贫困和政策的相互作用决定了穷人在社会分层结构中的地位，穷人是由那些反映贫困的经济政

策创造和再创造的。因此，在文森特看来，治理贫穷状况的政策的历史，就是贫困本身的历史。而马克格拉杰（Macgregor）则从政策失误导向不平等，尔后产生贫困的角度去阐述自己的观点：如果政策是政治家决策的产物，贫困就相当于一个政策概念（转引自周怡，2002）。鉴于以上论述，本章在分析导致拖拉机厂社区居民堕入社会底层的原因时，将关注制造贫困的三方面制度因素：其一，正式制度匮乏和制度残缺；其二，非制度化的制度与政策滥用；其三，反贫困政策的设计与执行失误。那么，这三方面导致社区整体性贫困的制度因素，具体体现在关系到下岗失业群体切身利益的三大制度改革过程中。

（一）劳动关系改革

在没有实行下岗政策以前，拖拉机厂职工按照与企业的劳动关系不同可以划分成三种类型，即全民所有制正式职工、全民所有制合同工与集体企业职工。全民所有制正式职工指的是1984年前参加工作的国营职工，以及1984年之后分配来的大学生与退伍军人。全民所有制合同工是指1984年后国营企业招入的职工子女以及从外单位调入的一些职工，他们与企业每10年签订一次合同。集体企业职工主要是指在拖拉机厂厂办大集体企业上班的职工，他们与企业都没有签订合同，在80年代中后期，在拖拉机厂效益好的时候，虽然集体企业职工与国企职工在福利待遇与收入上存在差别，但是差别不大。全民所有制正式职工与合同工之间，并没有因为劳动关系的不同而在福利待遇与收入上有差别，但是到1999年企业实行下岗失业政策的时候，这种劳动关系上的差别就显现出来了。考虑到拖拉机厂在实行下岗失业政策时采取的不同待遇，这里将下岗失业政策区分成正式的下岗失业政策与非正式的下岗失业实施策略，但不管是正式的制度还是非正式的实施策略，其结果都导致了拖拉机厂职工集体走向贫困。

1. 正式的下岗失业政策

1984年前，虽然职工没有与工厂签订劳动合同，但是国有企业和工人之间存在着隐形的契约关系，工人接受低工资的同时，国家对他们承诺终身就业，并且还有公费医疗、福利分房、廉价子女教育、养老保障等一系列社会保障。1984年开始实行劳动关系改革，工人必须和企业签订劳动合同，但当时拖拉机厂还处在兴旺时期，谁也没有考虑到会有下岗失业的一天，所以绝大部分工人都没把签订合同当回事，他们认为这只不过是走个形式罢了。到1999年开始实行下岗政策的时候，职工终身就业的隐形契约关系彻底被解除了。

下岗政策是在"下岗分流、减员增效"的口号下推进的，但是，其结果除了造就一大批城市贫困者之外，工人下岗并没有解决国企普遍效率低下的问题，企业的效益并未因此而提高，反而是加快了企业走向破产的进程。在1997年7月至1998年9月这段不开工资期间，许多拖拉机厂职工家庭就已经陷入了贫困，工人因生活贫困曾经起来抗争。1998年9月拖拉机厂职工上街游行了三天。迫于工人的压力，工厂实行了新的工资制度，即每个国有企业职工每人每月176元，其中上班的职工每天再加6元，但是即便在工厂上班，一个月也拿不到350元。所以自1998年10月之后，有2/3的职工就开始不上班了，大部分都外出自谋出路。在1999年开始实行下岗政策时，实际上许多工人已经不在岗了，实行下岗政策只不过是把隐性的下岗现象通过政策显现化。从1999年到2000年，拖拉机厂职工分三批下岗，第一批把各个车间不在岗的职工和一些与领导关系不好的职工辞退了，第二批就开始整个车间全部下岗，到第三批下岗政策执行之后，除了剩下不多的几个车间（如销售、能源、总装车间等）和机关办公室之外，大部分职工都下岗了，10000多名职工就有8000多人下岗。

下岗职工直接进入再就业中心，领取下岗补助，第一年每月领取220元，第二年每月领取196元，第三年每月领取188元。三年之后，下岗职工必须走出再就业中心，实际上是企业不再负责他们每月的生活费。走出再就业中心之后，按照拖拉机厂做出的规定，下岗职工应该买断工龄进入失业状态。全民所有制合同工必须买断，因为他们是合同工，没有讨价还价的余地。合同工分两批买断，按照每个工龄596元的标准给予补偿，有部分合同工不愿意买断，但是厂方威胁，如果这两次不买断的话，以后买断的标准就没有现在这么高了。工人看到企业目前所处的状况，到2003年所有的合同工就都买断了。全民所有制正式职工在原则上是要求他们买断，但是如果执意不肯买断，工厂也没有办法强制，不过每月的生活费没有了，并且职工还要向工厂每月交25元左右的养老保险个人承担部分。

如此，从1997年开始拖欠工资，到后来下岗失业政策实行，在这五六年的时间里，大部分工人从工厂获得的收入每月不到400元。对于大部分家庭来说，工作期间的积蓄早已花光，如果不能在市场上再就业的话，他们的生活就会从拮据走向贫困，最后逐步沦为赤贫。

2. 非正式的下岗失业实施策略

除了正式的下岗失业政策之外，还有一种处在真正失业但不被认为是下岗或失业的状态，即"放长假"。在制度上对放长假并没有定性，因而其处于制度的真空状态。顾名思义，放长假指的是如果工厂有活干就让你上班，如果工厂没活就放假回家；既不办理下岗失业证，工厂也不提供任何补助。在实践操作中，这是一种非制度化的制度，也是制度执行者对政策的滥用。目前，拖拉机厂职工有两类放长假人员，一是全民所有制正式职工，二是集体企业职工。

全民所有制正式职工走出再就业中心之后，并未与企业解除劳动关系，但是下岗政策已取消或者在再就业中心已满三年，那么从2003年之后，他们就处在放长假的状态，一直到2005年基本上没有职工被招回工厂上班。他们不仅得不到工厂的任何补助，反而每月还要向工厂劳资科缴纳养老保险个人承担的部分。对于这部分职工来说，他们大多数都属于"4050人员"，再就业相当困难，但他们的身份很尴尬，既不属于下岗职工，也不属于失业人员，只是劳动关系仍然挂靠在工厂，等着企业破产最后得到一笔补助。

放长假的另一类人员就是原属集体企业的职工。国家从1998年开始制定下岗失业政策以来，就没有把集体企业职工考虑进去，集体企业职工一直处在制度的真空状态中。他们既得不到下岗补助、失业救济金、解除劳动关系补偿金，在再就业过程中也享受不到优惠，所有的政策都是针对国有企业职工的，他们从一开始失去岗位就处在放长假状态。在拖拉机厂的配件厂，从1992年起，就有不少职工开始放长假，一直到1996年，80%的职工都回家了，从那时开始他们需要自谋出路，从工厂得不到任何补助。所以，在整个社区，集体企业放长假职工是利益牺牲最大的群体，在工厂兴旺的时候，他们和国有企业职工干着同样的活，甚至因为是集体企业职工身份，总厂脏、累、差的工作都让他们去干，即便这样，他们的工资、福利待遇都比国有企业职工差。

不管是国有企业放长假职工还是集体企业放长假职工，现在他们都处在制度的真空地带，由于制度的缺陷而导致他们的生活更加贫困。

（二）社会福利制度改革

从计划经济时期一直延续到80年代中后期，拖拉机厂和其他国有单位一样，职工一直接受的是低工资、高福利的待遇。在厂区内有托儿所、幼儿园、子弟小学、中学与职业技术学校，还有理发馆、公共浴室、职工食堂、职工商店、厂办医院、图书馆、电影院、体育场等设备齐全的生活、休闲、娱乐设施；企业办社会，职工可以享受较高的福利待遇，职工家属也可以享受到优惠。其时虽然职工工资非常低，但是生活成本也非常低，生活无忧。在调查中当笔者问到那时工资那么低，生活是否拮据时，有职工回答："那时生活上基本不需要花钱，一个月除了买点水果零食之外，其他的消费工厂基本上都可以解决，看病不花钱，孩子读书不要钱，水、电、住房都不用花钱，连理发、洗澡、看电影都不要钱。"除了这些福利待遇外，在 80 年代中期，每当过年过节的时候，职工还可以分到面粉、豆油、猪肉、水果等，在企业效益好的时候，职工多的家庭甚至用大缸装豆油。

集体企业职工虽然在身份和心理认知上比全民所有制职工低一等，但是由于依靠总厂，企业效益也非常好，他们在福利待遇上并不比全民所有制职工差。虽然他们没有房权、不享受公费医疗，但是他们大部分是全民所有制职工的家属，所以他们也能够以非常优惠的价格享受到这些福利设施。

但是，到 90 年代中期以后，这一切福利待遇都没有了。在工作期间他们承受的是低工资待遇，所以到下岗失业的时候，一般的家庭都没有什么积蓄，即使有点积蓄，在 1997 年到 1998 年不发工资期间，很多家庭早就陷入了绝对贫困。所以，随着福利待遇的取消，而相应的社会保障制度又没有建立起来的情况下，他们的生活日渐走向贫困。在这里，主要介绍与他们切身利益紧密相关的三项福利制度的改革，从这三项改革中可以看出制度的变迁怎样直接导致他们进入底层生活状态。

1. 公费医疗改革

拖拉机厂原有自己的职工医院，属于市里甲级二等医院，在 80 年代以及 90 年代初期，当企业效益非常好的时候，职工医院的医疗设备和医疗水平也比较好。但是，随着企业经济效益下滑，医院也难以维持下去。1998年企业开始实行下岗政策，职工医院也开始把一部分医生和护士辞退回家，到2002年医院基本停办，而2005年初的时候，医院连设备带地皮全部卖给了私人。在这一过程中，职工实际上从1996年就失去了公费医疗的福利。取消公费医疗之后，拖拉机厂并未给工人办理医疗保险，按照厂里原来的规定，在厂外医院看病可以按比例报销，但是真正能报销的职工非常少，按照工人自己的说法是，只有领导干部才可以报销医药费。有些职工因病死了好几年，医药费也没能报销。在这期间，许多家庭因病致贫，有病看不起，最后出现因病而跳楼自杀等现象。

一直到2004年，拖拉机厂才根据市政府〔2003〕37号文件的要求，制定了《关于职工"基本医疗保险住院统筹"实施方案》。在方案中说明，"拖拉机厂目前效益差，职工收入低，全面参加基本医疗保险有一定困难，但是为了解决职工看病难，负担医疗费用有困难，工厂决定参加'基本医疗保险住院统筹'，同时参加'大额医疗费用救助'。缴费基数按照市职工每月平均工资60%的标准，工厂按职工月平均工资的4.9%缴费，职工按照2%缴费"。但统筹方案中也做出说明，"按市政府文件规定个人账户额度我厂进行医疗补贴，随每月工资做表，工厂没有能力承担时，进行挂账，日后处理。"这一条实际上要说明的是，如果职工想要参加基本医疗保险住院统筹必须缴纳个人账户的费用，并且先垫付工厂承担的部分，这笔钱等日后处理。另外，随着这个政策的出台，方案明确规定："此方案实施后，工厂不再办理医疗费新的借款和报销等事宜。"也就是说通过这一政策，工厂对工人所有的医疗费用一概不负责任。

实施方案出台后，一方面是方案本身的不合理性，另一方面，工人也无力承担高额的缴费，所以并没有工人参加基本医疗保险住院统筹。但是随着实施方案的执行，工厂把承担工人医疗费用的责任全部推脱了。正如一位退休职工在给市委、市政府领导的信中这样写道："拖拉机厂的困难，直接造成了职工家庭生活的多方面困难，如下岗子女找不到工作，孩子升学交不起钱，有了病就医更困难。小病到药店，大病没钱看，因此这些职工在伤心落泪。"

2. 住房改革

在 90 年代中期以前，拖拉机厂一直实行单位福利性实物分配式住房制度，职工按工龄与职称加权平均积分，排队分房。职工住工厂分配的公房，每月只是象征性地交点房租，房产属于单位所有，工人只有居住的权利，但那时工人并没有意识到分到手的房子单位还会收回去。在大部分人的意识中，这房子已经分给自己住了，那当然就是属于自己的了。工人的工资低，但是房子应该是对自己贡献的补偿。1995 年开始实行的住房改革政策取消了住房福利，按照市政府 1995 年 31 号文件的规定，全市的公有住房必须收回出售，或者直接出售给现住的单位职工。拖拉机厂 1996 年开始实行这一政策，单位把公有住房按照五种类型出售给已居住的职工，五种类型即成套住宅、非标准成套住宅、非成套住宅、非标准非成套住宅、简易住宅；每类住房分为标准价和成本价两种价格，工人购买后的房子的房产 100% 归个人，当时这样出售的房屋总数为 4188 户。从这个政策可以看出，房改政策实际上是对工人的又一次剥夺。工人在低工资待遇下得到的住房，现在又要收回再一次卖给他们，很多职工觉得这一政策不可理解、不可接受，但是工厂执行的房改政策是市房改办颁布的，他们也没有办法，要是不购买的话，就要搬出来由工厂出售给其他职工。在调查中我们了解到，此次购房，住楼房的家庭大部分都支付了 1 万~2 万元。而对于一个长期拿低工资的家庭来说，拿出这一两万也就等于花光了家庭所有的积蓄。

1997年市政府又颁布了新的房改政策,这次售房增加了优惠政策。按照文件规定,拖拉机厂应该返还职工部分售房款,但是工厂在2001年出台了新文件,文件称由于工厂已把1996年房改售房款用完,企业当时又非常困难,无法按市政府1997年29号文件执行,那么对于多收的购房款,在2001年底一次性返款30%,其余部分挂账处理,待工厂效益好转时,再分批、分期返还。但是,时至今日这笔钱也没有返还。对于普通的职工来说,这又是一次赤裸裸的剥夺,几次房改政策,带来的只是他们更加贫困的生活。

自1997年之后,工厂就不再负责工人的住房问题,也没再建过职工住房。在社会上住房已经走向货币化的形势下,原来没有分到公房的职工,他们再也无力在市场上购买商品房,只能住在狭小的平房或者原来的单身宿舍内。调查显示,年龄在50岁以下的职工绝大部分都没有分到住房,他们有的住在过渡性质的平房内,这些平房原来是给无房的职工临时性居住的,工厂当时允诺过几年后等工厂建了新宿舍再搬进去,房子面积只有20多平方米,但是没想到这一住就是20多年。当初分给他们临时性住房的时候,他们大部分是单身,现在很多一家三四口人都挤在狭小简陋的房间内。

3. 教育制度改革

医疗、住房与教育,被拖拉机厂职工认为是压在他们头上的三座大山,教育福利制度改革直接把许多职工家庭拖入贫困状态。在90年代之前,拖拉机厂建有从托儿所到中小学、职业技术学校一整套教育福利体系。职工子女可以享受到这些福利,他们从小学一直读到职业技术学校,毕业之后可直接进入工厂工作,在整个受教育期间不会给家庭带来经济上的负担。这也是为什么职工在低工资的情况下,整个家庭还生活无忧的一个重要原因。

90年代中期以后,在"减轻国企社会负担,提高国企经济效益"的口号下,国有企业开始把厂办学校推向社会,改变企业办社会的现象。到1998年,拖拉机厂已把中小学推向了社会,停办了托儿所和职业技术学校。中小学被推向社会,改变了原有的办学体制,这本应该是教育体制改革的趋势,但是,把学校推向社会并不意味着就要按照市场原则来办学校,也不意味着企业和政府对职工子女的教育可以撒手不管。但到目前为止,对下岗失业人员子女的受教育问题并没有相应的保障制度或具体措施给予解决。经过这样一次制度的改革,企业的负担是减轻了,但是导致的后果是职工的负担加重了,在拖拉机厂社区,因学致贫的家庭并不在少数,加上现在学校乱收费现象严重,对于每个家庭来说,子女的教育费用都是一笔不小的开支,甚至大部分家庭的最大消费支出就是孩子的教育费用。

在调查中笔者了解到,由于下岗失业人员以及放长假职工没有收入来源或者没有稳定的收入来源,有80%多的家庭的教育费用落在了退休老工人身上,正如这些老人所说的,他们不仅要养活儿子儿媳妇,而且还要养活孙子辈,承担高额的教育费用。一位退休老人在社区内张贴的告示中这样写道:"他们(退休职工)退下来时才几百块钱,虽经数度调整,如今也不过每月五六百元,就是这点钱也不能悉数用来'保命',因为儿女下岗难就业,因为孙辈学费贵,因为医药费用太虚高。"教育福利制度改革是减轻了企业的负担,但是减轻了负担的拖拉机厂的经济效益也没有好起来,而是在一系列的制度改革之后,加快了走向破产的步伐。但是,经过这一系列关系到职工切身利益的制度改革,其最严重的社会后果是由职工承担的,这导致了他们的集体贫困,并一步一步地进入社会底层。

（三）反贫困政策

自 90 年代中期以来，为解决因下岗失业而导致的城市新贫困问题，各级政府采取了一整套反贫困政策，从具体的政策形式上看，包括了下岗最低生活保障制度、失业救济制度、城镇居民最低生活保障制度、再就业优惠政策以及小额贷款政策等；从反贫困行动的基本目标上看，基本涵盖了消除贫困、预防贫困和缓解贫困等目标。但是，反贫困政策在实践中所取得的效果并不理想，在这十几年中，城市贫困人口不但没有减少，反而随着国有企业以及社会保障制度改革的推进越来越多，城市新贫困群体的规模也越来越大，其生活也越来越贫困。在这种情况下，已有很多学者开始对此进行反思，他们从制度设计以及制度的具体实施过程入手，对其中存在的问题做出很好的解释，他们认为由于制度设计上的缺陷与执行过程中存在的问题导致了反贫困政策并没有取得理想的效果，政策并没有帮助城市贫困群体摆脱贫困。笔者在实证材料基础上认为，有些反贫困政策不仅没有帮助贫困群体摆脱贫困，而且在一定程度上加重了他们的贫困，这在拖拉机厂社区可以明显地看出来，下面从两个方面来讨论这一问题。

1. "低保"政策

阿马蒂亚·森认为，贫困概念必须包含两个不同的要素，即识别贫困和加总贫困，所谓识别贫困，就是通过一定的方法将穷人从总人口中挑选出来，而所谓加总贫困，就是运用一定的方法将穷人所构成的集合的总体特征反映出来。森将贫困的识别和加总称为贫困概念的必要条件（阿马蒂亚·森，2001）。从森对贫困的概念界定中可以看出，反贫困的前提条件是要识别贫困，通俗地讲就是要把真正的穷人当成穷人来对待。但是，在拖拉机厂社区，在"低保"政策的实施过程中，真正的相对贫困人员并没有被当成穷人，在社会救助等方面都无法被照顾到。

拖拉机厂社区有将近5000户，但是真正能够享受"低保"的才60多户，当然这60多户是社区内最贫困的家庭，多因家中有重病病人。但是还有其他的4000多户呢，他们的生活也陷入了贫困，但是由于"低保"政策制定的标准，同样需要"低保"的家庭并没有被当做贫困群体来对待。

作为城市居民生活保障的最后安全网，"低保"救济的标准非常低，在2004年之前，救济的标准是每月每人169元，2004年救济标准上调，那也不过是205元，按照社区工作人员的说法："低保这些钱就只能保证你能吃上饭，当然了也只能喝上粥，要想生活过好点基本上不可能，要是有病就更没法保证生活了。"在进行家庭收入核查的时候，要把家庭所有的收入都计算在内，在拖拉机厂最普遍的做法是把退休职工的退休金也要计算为整个家庭的收入，并且有劳动能力而没有工作的居民不给予考虑，不稳定的收入或者无法准确估算的收入都按照市场模拟收入计算。通过这样折算家庭收入，实际上把许多生活困难，应该得到最低生活保障的家庭给排除在救助之外了。

这里实际上涉及城市贫困规范化定义的问题，在传统的城市救助中，社会救助的对象主要是"三无人员"（无劳动能力、无工作单位、无法定赡养人）。90年代中后期出现了城市新贫困阶层，但是对贫困的认定却缺乏明确和规范化的标准，政府官员、专家、公众对于贫困的理解也存在着很大差异。即使是在政府内部，不同部门对于城市贫困人口的理解也不一样，例如，劳动部门的"贫困人口"是下岗失业人员和离退休职工，民政部门的"贫困人口"是最低生活保障对象。那么按照民政部门认定的"贫困人口"标准，那些相对贫困的群体就被排除在社会救助之外，并且原有的单位给予的救助也因为有了最低生活保障制度而取消了。而在实际生活中，得不到救助的社区居民只会走向更贫困的境地。

2. 再就业优惠政策

从 90 年代中后期开始，为了解决下岗失业人员的生活保障及其再就业问题，国家实施了企业安置、个人自谋职业和社会帮助安置相结合的"再就业工程"，实现下岗失业职工再就业因此成为各级政府主抓的重点工作。再就业优惠政策是针对国有企业下岗失业职工提出的政策，优惠的对象很明确，必须具备两个条件，即是国有企业职工并办理了下岗证、失业证的人。但是，在实际生活中，在真正处于下岗失业状态的职工中，仅有一部分人办理了下岗证、失业证。所以，由于再就业优惠政策的制定与执行，在一部分下岗失业人员能够享受到再就业优惠的同时，更多处于实际无业状态的人员并不能享受到再就业优惠，他们在再就业过程中受到了不公正的待遇。这样的政策颁布，实际的后果虽然使一部分人实现了再就业，摆脱了贫困，但是更多的人无所依靠，找工作困难，最后导致他们的生活更加贫困。

在拖拉机厂社区有两类人员因为没有办下岗失业证而享受不到再就业优惠。一类是未曾办理下岗证的职工，拖拉机厂只有 1999 年第一批下岗职工办理了下岗证，而其后下岗的职工都没有办理下岗证，虽然他们也按照下岗职工待遇每月领取下岗生活补助，但是一直到走出再就业中心也没有办理下岗证；另一类是集体企业的下岗、放长假职工，如果从实际就业的状态来定义他们的就业状况，他们都处在真正的失业状态，但是再就业优惠政策是针对国有企业职工的，集体企业职工的再就业问题并没有被制度包含进去，所以从 1992 年开始出现放长假现象到企业彻底破产，这类人员都无法享受到再就业优惠。这两类人员因为不属于再就业政策规定的保障对象，所以在再就业的过程中受到了不公正的待遇。有些企业在招聘工作人员的时候明确规定下岗失业人员必须具备下岗证、再就业优惠证或者失业证，因为企业招收有这些证件的员工可以免交 30% 的所得税。在 2005 年推行的养老保险优惠政策中也明确规定优惠的对象必须具备失业证和再就业优惠证。所以可以看得出来，由于再就业优惠政策的出台，实际上造成了部分真正的下岗失业人员在再就业和享受社会救助方面受歧视与排斥，而受到的这些歧视与排斥也加重了他们的生活困难。

总而言之，从计划经济时代到 80 年代末期，单位一直是公有制企业（国有企业、集体企业）工人获取个人资源的主要渠道，甚至是唯一的渠道。工人与单位之间存在着依附与庇护的关系，个人、家庭以及单位型社区的生活水平、生活方式与企业的经济效益是紧密联系在一起的。自 90 年代中期开始的国企改制，虽然以提高企业经济效益为目标，但是，从工人的角度来看，改革的过程实际上是逐步切断工人与单位关系的过程。在这一过程中，工人失去了单位的依靠，而又无法从社会与市场上得到充分的资源，那么工人家庭、单位型社区走向贫困则成为必然。

在上文我们分析了一个单位型社区 20 年来从繁荣走向贫困的转变过程，当整个社区进入社会底层时，我们认为造成底层化的原因就不能追究到个人身上，而要从整个社会结构转型去分析致贫的原因。在本章中，我们把造成社区物质生活与文化生活贫困的原因归结为制度的变迁，具体体现在三个方面，即正式制度的匮乏和制度的残缺；非正式制度与政策的滥用；反贫困政策的设计与执行失误；正是这三方面因素的加总导致了社区整体性的贫困和下岗失业工人的底层化。

第三章　生命周期与社会保障：
下岗失业工人生命历程的社会学探索[*]

郭于华　常爱书

个体生命带有其社会世界的印记，剧烈变迁的时代尤为如此（埃尔德，葛小佳，1998）。当中国的人们谈及已经过去的 20 世纪时，他们中的许多人会不约而同地把个体经历同解放、反右、"文化大革命"、改革开放和市场转型等一系列历史事件联系起来。成功者或许将自己的成功归结为那段艰苦岁月的磨练，失败者则将自己的落魄归结为那段偏离常轨的曲折路途（米尔斯，2001）。本研究选择经历下岗失业的工人群体，将他们作为制度安排与实施的目标人群进行分析，不仅由于他们正面临一系列的生存困境和社会保障困境，也因为个体生命历程与重大社会历史事件的关联在这一制度的实际运作中呈现出来。

一　问题与理论

社会保障制度原本是按照人在生命历程中的不同阶段、不同需求而设置的：当人年富力强完全能够以劳动获得收入保证生计

---

[*] 本章是"下岗失业社会保障制度在实际中的运作研究"课题分报告之一。所用数据资料和访谈资料均来自课题组 2003～2004 年在 C 市和 S 市两地进行的问卷调查和个案访谈。调查中共发放问卷 1070 份，收回有效问卷 976 份，有效率 91.2%；访谈资料来源于课题组成员多次赴 C 市和 S 市两地进行田野调查所获约 50 万字的访谈素材。具体的数据分析详见本课题"基础报告"。

时，将其收入的一定比例存储积累起来，待他遇到意外、疾病和衰老来临时将这部分积累以适当方式补还于他，用以支持生命的完整过程。一个社会的社会保障体系是与人的生命周期紧密关联、由社会管理者负责安排实施的一整套复杂而精密的再分配机制，而社会人的生命历程的各个阶段和不同特点则是社会保障制度安排的根本依据。因而从被保障者生命周期的角度探讨社会保障制度的设定特别是其实际运作是一个不可或缺的视角。

周雪光等在《文革的孩子们——当代中国的国家与生命历程》一文中指出：近些年来，研究者们已经把越来越多的注意力投入国家在形塑生命历程中所扮演的角色问题上。在工业化的市场社会，正如马耶尔和马勒所指出的，"对于社会中个体的生活，国家已经担当了越来越多的责任"。他们探讨了国家行为影响个体生命历程的三种模式：规则与法律（如义务教育法），各种财政政策（如社会安全），以及服务供给（如与老年有关的社会计划）。通过这些社会政策，福利国家试图在工业化的市场社会中生产出一套制度化的生命历程。马耶尔和斯克费林观察到：福利国家通过医疗和失业保险，防止出现收入突然间大量丧失的情况；通过老年保险，在整个生命过程中对收入进行再分配，从而为生命历程提供了连续性。并且，福利国家还为在公共部门工作的人们提供了特有的教育—职业连接、稳定的雇佣关系，以及有条不紊的、带有可靠且不断增长的收入的职业生涯（周雪光、侯立仁，2003）。从中国目前下岗失业工人的现状来看，其生命历程正是在上述三个方面被打断了连续性。

我们选择从生命历程视角对中国东北地区"下岗失业社会保障制度在实践中的运作"进行探讨，正是出于对社会保障与生命历程之间这种内在关联的思考。在中国社会转型背景下，社会保障制度所面临的不仅是正常状态下的生命周期和生命阶段的过渡，而且是大量的紊乱失衡、急需社会支持的生命过程。

1. 生命历程理论（Life Course Theory）[①] 概述

20 世纪 60 年代迅速发展起来的生命历程研究（Life Course Research），将时间多面性同社会结构变迁以及社会制度安排融合在一起，它不仅从历史的角度关注个体的生活经历和体验，同时也从社会文化的角度关注各年龄层在社会结构中所处的位置。[②] 生活在同一时期、经历了相同历史事件的人们，因所处年龄段的不同会对时代有不同的体验、感受和记忆。对每一个个体而言，他/她对于"同一时间"的体会，仅与其同一年龄组的人们所共享。由此，现实中每一时刻就不再是同一时点——而是具有不止一个侧面的立体时间（A Temporal Volume），因为总是有不同的代、不同的年龄组在其不同的发展阶段上体验了这一时刻。这就是所谓"同时代人的非同时代性"（The Non-contemporaneity of the Contemporaneous）（曼海姆，2002）。

概括而言，生命历程理论主要包含四项范式性主题（Paradigmatic Principles）。

第一，人生与变化着的历史时空（Historical Time and Place）的相互作用。个体生命嵌入其所经历的历史时间和特定的地域，并为这一历史时空塑造，尤其是在急速变迁的社会中，出生年代的不同不仅将个体归入不同的出生组（Cohort），同时也将个体置于有着截然不同的限制与机遇的历史世界里。在此年龄的差异意味着社会变迁潜在结果的不同。

[①] 生命历程（Life Course）指的是一种社会界定的并按年龄分级的事件和角色模式，这种模式受文化和社会结构的历史性变迁的影响。生命周期（Life Cycle）概念把生命阶段和世代连接起来，将个体生活嵌入社会关系之中；但是它无法反映社会时间和历史定位的特点（埃尔德，2002：420~72）。

[②] 对此瑞雷（Riley）等在《年龄和社会》一书中有过详细论述。他认为，在某一时点上，不同的"代"所处的等级位置是不一样的，他将此定义为年龄等级（Age-hierarchies）。年龄等级规定了在某一年龄所拥有的生活机会、权利、特权和酬赏（Riley, 1972）。

第二，存在于主动选择与社会制约中的人类行动主体（Human Agency）。所有的自我都是由社会过程构成的，或者说是根据社会过程构成的，他们是诸个体对这个社会过程的反映（米德，2003）。同时，个体又能在已有的社会建制中能动地选择自己的行为，从而对社会结构产生影响。卡拉奇关于60年代美国青年参加政治组织的研究很好地体现了这一项主题（L. E. 卡拉奇，2001）。曼海姆将此解释为同一"代单元"（Generation Units）中的"代内冲突"（Intragenerational Conflict）现象。[①]

第三，生命过程中的时机（Timing[②]）。这一主题指的是生活转变和生命事件对个体发展的影响取决于它们在个体生命过程中发生的时间。有时，某一生活事件在何时发生甚至比这一事件本身更具意义。埃尔德对大萧条时期经济受损的家庭和个体的研究显示，大萧条时期的老年人、中年人和青少年对于大萧条的体验是不同的，同时，大萧条对于他们人生经历的影响也是不同的（埃尔德、2002）。

第四，生命存在于相互关联或相互依存之中（Linked Lives）。生命历程理论的最后一个主题显示，个体生活在一定的社会网络中，这种社会网络不仅表现为横向的人际关系网络以及这种网络中的关系资源，同时表现为纵向的历史文化承接。社会—历史的影响经由这一共享的关系网络表现出来，每一代人都不可避免地

[①] 曼海姆认为，同年龄的群体有着同样的历史地位，这种同代性注定了这一代人社会经历的潜在特殊界限和范围，使这一代人在性格模式上存在着同样的社会经历和思维模式，在行为上表现出同样的历史类别。他称之为"代单元"（Generation Units）。"代单元"体现了社会结构对个体行动的制约。同时，由于个体使用不同的方式逐步积累不同材料，用以描述不同的经历，还由于社会背景的差异，常常使人们对同一事件有着不同的解释。他称这种现象为"代内冲突"（Intragenerational Conflict）。"代内冲突"体现了个体行动者的能动选择对社会结构的影响。

[②] 生命历程理论中的"timing"一词在中文译文中包含两层意思：一是指个体生命历程中的某个特定时间，通常译为"时点"；二是指个体在特定时间中的某种境遇，通常译为"时机"。

受到他人生命历程中出现的生活事件的影响（E. H. 埃尔德、葛小佳，1998）。

基于个体的生命历程嵌入于一定的历史时空中，同时个体能够通过自身的选择和行动改变历史与社会结构的制约，重建自身的生命历程这一基本思想，研究中国和其他社会主义国家的学者们十分重视社会结构与制度安排在形塑个体生命历程中所扮演的重要角色。默怀霆和白威廉考察了国家政策对社会群体生活机会的影响（Whyte and Parish, 1984）；周雪光和侯立仁考察了社会主义国家中国家政策、生命周期与社会分层过程之间的联系（周雪光、侯立仁，2003）。本研究则试图讨论社会转型过程对个体生命历程的建构与制约作用，同时也将探讨这一过程对于社会保障制度运行实践的影响。如果说制度与政策的设置和运作体现了一种自上而下的视角，本研究则力图提供一种自下而上的视角，即从社会保障的目标群体的角度来审视个体生命历程同社会转型之间的互动关系。

本研究初步认为，一方面，当前社会的结构性变迁和制度安排不仅使下岗失业人员的生命历程发生了制度性紊乱，同时也限制了他们适应这种危机的方式；另一方面，个体生命历程出现的有悖于常态的紊乱、错位状态，又使得人们对于当前时段社会保障的诉求发生改变，影响到他们对于社会政策的感受和认知，进而显示出社会保障制度的文本层面与实践层面之间的裂隙，从而最终影响了社会保障制度的实际运行效果。

2. 研究对象的选择

本研究选择"4050 人员"作为主要研究对象。所谓"4050 人员"指的是女性 40 岁、男性 50 岁以上的大龄下岗失业人员。与其他年龄段的下岗失业人员相比，他们的受教育程度较低，技能较单一，再就业能力偏弱，家庭负担沉重。他们的特点常常被概括为"上有老，下有小，退休尚早，再就业已老"。根据中国劳动和社会保障部对 66 个城市的抽样调查，"4050 人员"占下岗失业人员的 28.7%。据此推算，全国的"4050 人员"有 300 多万。

具体而言，由于"4050 人员"的上述特点，他们在失业和再就业两个环节中都处于不利位置。首先，企业一旦进行裁员，无论从长远利益还是现实利益出发，"4050 人员"都会是企业、单位、机构裁员的首选对象。从企业的长远利益角度分析，由于"4050 人员"的技能单一、年龄偏大、未来为企业创造的财富价值相对于那些年轻人来说要少得多；若从企业的现实利益角度分析，企业裁减这一类人员不需要支付一笔昂贵的养老金，因为他们不属于退休人员，离退休尚早，因此就算他们目前的实际工作能力与年轻人相当甚至比年轻人稍强，他们绝对还是企业精简人员的首选对象。其次，劳动和社会保障部的调查还显示，目前用人单位很少招聘"4050 人员"，而要自谋职业和自主创业，他们的自身能力和资源又很难适应，因而失业周期往往会持续很长时间。下岗失业人员中一年以上没找到工作的占 74%，而失业周期最长的几乎全部是"4050 人员"。

选择"4050 人员"作为主要研究对象基于两方面的考虑：其一，这一概念在政府有关部门、社会各界和下岗失业人员中已经得到承认，并且达成共识——"4050 人员"已成为下岗失业人员中再就业最困难、生活最困难的群体。其二，在本次调查中，被访者年龄均值为 42 岁（标准差 6.57），其中年龄以 48 岁的最多。分段来看，45~49 岁所占比例最大，占 30.1%，其次是 40~44 岁年龄段，占 26.9%。从性别的年龄分布看，也相当符合"4050"这一年龄结构。这样一个年龄结构和分布特点显示出"4050 人员"在调查样本中所占比例是相当高的。

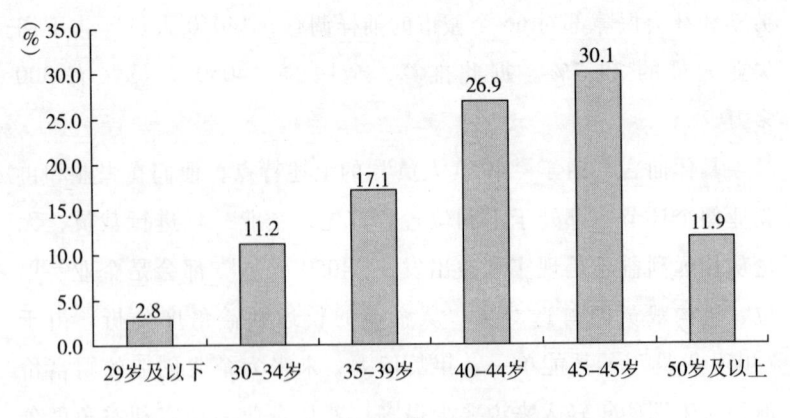

图 3-1 调查对象的年龄分布

（29岁及以下 2.8；30-34岁 11.2；35-39岁 17.1；40-44岁 26.9；45-45岁 30.1；50岁及以上 11.9）

而更为重要的还在于，这一群体的生命历程典型地体现着社会结构性变迁的特点，承担着市场转型的代价。

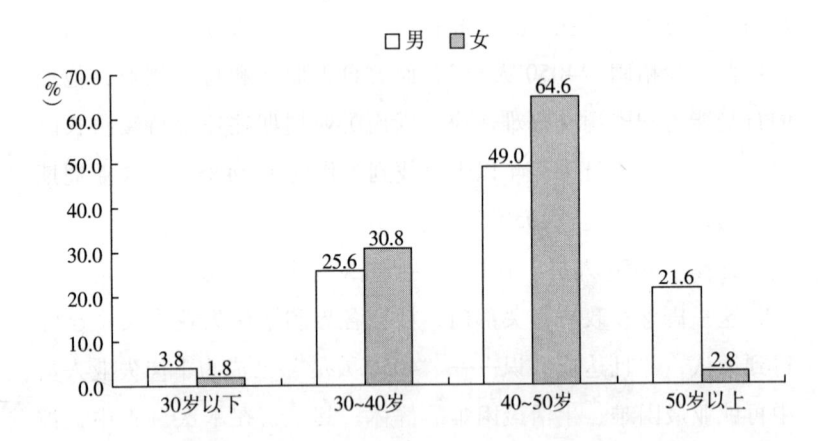

图 3-2 调查对象的分性别年龄分布

（30岁以下：男 3.8，女 1.8；30~40岁：男 25.6，女 30.8；40~50岁：男 49.0，女 64.6；50岁以上：男 21.6，女 2.8）

二 常态与变态

对于"4050"下岗失业人员来说，他们的成长经历、受教育经历、求职经历、就业经历、二次求职经历、婚姻家庭关系等都同一系列重要历史事件紧密地联系在一起，带有非常态性的特点。社会变革的历史和当前的制度安排,特别是20世纪末进行的大规模的企业所有制调整过程,使这一年龄段的下岗失业人员所经历的生活事件明显地不同于其他出生组成员,在当前时段(Timing)内,下岗失业导致他们的生活状态和生命阶段出现了迥异于常态的紊乱、错位现象,这同时也造成他们对于自身生命状态体验的失衡与混乱。

1. "4050人员"——在最年富力强的工作盛年阶段失去工作和生计来源

按照人们对生命周期的常规体验和常识性理解,40~50岁应该是一个生活相对稳定充实、生命正处于盛年的阶段。在这一时期,人们除了继续保持前阶段在家庭内和朋友间建立起来的亲密关系之外,还拥有相对稳定的职业和收入来源;无论在家庭中还是社会上都应当是一个"支柱"的形象。然而,作为"4050人员"的下岗失业工人,在这一生命阶段的生存状态和生命体验却完全不同于此。问卷调查显示,有74.8%的下岗失业人员下岗后没有固定职业;尽管64.5%的被访者表示当前(调查时期)有工作,但其中只有27.5%的人表示当前每月有相对固定的收入。在表示当前有固定收入的下岗失业人员中,43.3%的人表示有工资收入,19.0%的人表示有经营性收入,10.1%的人表示当前个人收入主要依靠社会保障政策的扶持。在家庭收入的调查中,被访者的人均月收入为218元(标准差195);人均月支出215元(标准差127)。收支大体相当,表明生活水平仅为"糊口"状态。

在最年富力强、经验和技能最佳的工作盛年阶段失去工作和生活来源,这与常态的生命历程在这个年龄阶段的应然状态截然不同。造成这种有悖于常态的原因需要从社会转型的背景和制度设置与实际运作过程中去寻找。20世纪90年代初的公有制企业的改制过程,使一大批"4050人员"几乎在同一时间失去了工作和生活来源,而这种丧失通常与他们个体的技术水平、文化程度、工作态度和身体状况等职业能力无关。

从下岗失业者自己认定的下岗原因来看,主要是企业层面的原因,49.0%的人认为是"企业经营不善",25.1%的人认为是"企业领导经营管理能力差"。其次是宏观经济层面的原因,26.6%的人选择了"行业整体衰落",23.3%的人选择了"整体经济环境不好",15.8%的人选择了"国家政策直接造成的"。归因于个人因素的比例较低:如归结为个人能力有限的为3.5%,与领导关系不好的为3.6%(见表3-1)。

表3-1 下岗失业者自己归纳的失业原因

原　　因	比例(%)
整体经济环境不好	23.3
行业整体衰落	26.6
企业领导经营管理能力差	25.1
国家政策直接造成的	15.8
与领导关系不好	3.6
技术工种被淘汰	3.5
企业人员多岗位少	12.8
企业经营不善	49.0
个人能力有限	3.5
偶然因素	2.0
说不清楚	4.2
其他	13.4
总　　计	182.8

个体的职业能力并不是导致其下岗失业的决定性因素,而当人们下岗之后寻找新的就业机会时职业能力却显著地重要起来,年龄、技术水平、文化程度和身体状况都成为再就业的制约条件。由于"4050人员"下岗时已逾不惑之年,因而不具备再就业的年龄优势;这一年龄段的人经历了"文化大革命"时期教育过程的非正常中断,不具备再就业的文化技能优势;而其成长过程

中物质匮乏、生活困苦的生命经历，还经常使他们不具备再就业的身体素质优势。正是"4050人员"所受到的年龄条件、文化技能条件和身体素质条件几方面的限制，使他们在面对再就业市场的时候处于明显的劣势地位。一位下岗失业工人道出了这种再就业的困境：

> 厂子有一次用了11个大客车拉了3000多人去劳务市场，说有好几千的岗位在等着呢。市委就叫这个厂子去了。11个车拉了3趟。你说去了多少人？去了那么多人，去了一上午，最后，只有3个报名的。人家一看你没文化，你不行；你年龄到了，你不行。人家岗位是不错，但一落实到用人那个单位上就不行。你有啥技能啊？你有啥文化水平啊？你有多大的年龄啊？完了身体还不好。这不都是问题吗？（访谈记录：yhsq2004fm）[①]

2. 养老变为"啃老"

如前文所述，由于个体生命历程存在于一定的社会网络中，每一代人都不可避免地受到与其相关的他人生命历程中出现的生活事件的影响。下岗失业人员个体生命历程的制度性紊乱，即他们的生命阶段与节奏有悖于常态的偏离特性也会向上一代和下一代分别延伸，影响代与代之间的关系，并造成整个家庭生命周期的非正常改变。

从下岗失业工人与其父母一代的关系来看，根据对调查问卷的统计结果，有78%的下岗职工未承担父母的赡养费用，同时有37.8%的下岗职工现在仍然靠父母的养老金提供部分生活资助。这与正常的生命历程即这一年龄段的中年人大多要承担对上一代

---

① 此项访谈记录来源于在C市某大型国有企业社区所得的访谈资料。这个大型国有企业由于下岗人员较多，2003年C市就业办特别针对该企业下岗失业人员举办了两次招聘会，每次招聘岗位都有1000多个，但招聘结果仍然不理想，绝大部分下岗职工无法应聘到职位。

人的赡养义务似乎恰恰相反。处于老年期的父母本应依靠退休金安享晚年，不再抚养已经成年的孩子，而是从下一代得到相应的赡养和照顾；处于 40～50 岁的成年人也理应经济自立，同时还应赡养已经步入老年的父母。但在当前这个时段内，在下岗失业人员群体中出现的却是生命阶段的错位现象。早已成年的孩子由于没有工作和生活来源，不得不依靠年迈父母微薄的退休金维持生活。与赡养老人相对应，东北地区的人们将这种现象形象地称为"啃老"，关于"啃老"现象，"4050 人员"和他们的父母都做出了相应的评价。

他们的父母是这样评价的：

现在都吃爹妈的，靠爹妈养活，家家现在都这样，哪家还没有一个两个的？都在家吃饭呢，都靠老的吃饭，老的给他们吃，给他们喝。（问：他们回来跟你们吃，你们没什么意见吗？）那有啥意见，那你不能把他饿死呀。我吃啥，他吃啥呗，我喝粥他喝粥，我吃干他也吃干呗。（问：他的老婆孩子也跟你们一起过吗？）那不得咋？那当爹妈的不都这样啊？那还能瞅着他饿着？现在这个社会不都这样吗？小的不都得靠老的吗？老的思想也得应承上去，应承不上去，你让他挨饿去？我们要求也不高，他们有饭吃，不找我们这帮老头儿老太太，我们就喊万岁了。（访谈记录：yhsq2004mm）

下岗失业者自己是这样表述的：

厂里我们这样的人多。我还算比较幸运，与父母住在一起，吃我父母的，要是我们三个人就过不活了。现在孩子上学难，上个好学校家里承担不起。她（妻子）也下岗了，没有（收入）。本来下岗的人一个月一人 150 多块钱，但我们享受不到，我们和父母住在一起，我们户口分不出去，我们也没有房子。……刚开始的思维与现在都不一样,大家都进入股市,人越多的时候,押的越多,下岗职工都去了,就赔钱。我的钱都被套进去了。现在我都快 40 的人了还吃父母的……(流泪)(访谈记录:LSD20020618)

(靠父母)有的时候是心里不得劲,但是不去,你咋整。大老爷们也窝囊。(问:要是有一天父母不在了怎么办呢?)这事儿谁能预料到啊?麻烦呗,这就只能走一步看一步了,社会发展都这样。我们的父母苦啊,年轻时跟国家遭罪,老了跟我们遭罪。(访谈记录:yhsq2004zm)

关于"啃老"现象,父母和下岗失业人员本身都表现出无可奈何的态度,他们自身都无力改变这种错位。作为子代的下岗失业人员生命历程的非常态的紊乱,直接影响到他们的父代对于自身当前生命阶段的体验。"年轻时跟国家遭罪,老了跟我们遭罪"是对这种制度性紊乱现象向上一代延伸的经典诠释。

3. 毕业即失业——"新失业群体"的产生

本课题提出的"新失业群体"概念,指的是那些在调查期内,初中、高中甚至更低学历毕业或肄业后处于失业状态的、年龄在 16~28 岁、没有国营或集体企业工作经历的拥有城镇户籍的年轻人。[①] 不难看到,"新失业群体"的存在,本身就是这一年龄段的人们生命历程错位和变态的表现。如果是常态的生命历程,毕业之后应该是就业,其后是结婚、生育等生命阶段的顺序发生。而毕业即失业不仅是当前生命阶段的非常态,而且会对接下来的生命过程产生很大影响。对于这种影响的程度和范围我们还所知甚少。

在我们调查期间,作为主要调查对象的"4050 人员",其子

[①] 关于"新失业群体"概念,请参考本研究项目另一专题"他们不再是孩子了——关于中国城市'新失业群体'现状的一份社会学报告"(吕鹏),其中有更为详细的讨论。

女年龄大体处于16~25岁（见图3-3），基本落在"新失业群体"的年龄范围内。他们中的一部分符合"新失业群体"的特征指标，即毕业后未能正常就业，处于毕业即失业的状态。关于"新失业群体"产生的原因，本课题的另一研究报告有专门讨论。这里我们主要关注的不在于形成"新失业群体"的若干社会因素，而是力图将"新失业群体"与其父代联系起来，从生命相互关联的角度分析"4050"下岗失业人员的生命历程对于下一代生命历程的重要影响。不难看出，下岗失业人员的生命历程发生的紊乱与错位，不仅向上对他们与父代的关系产生影响，也会向下影响他们子代的生活与生命状态。

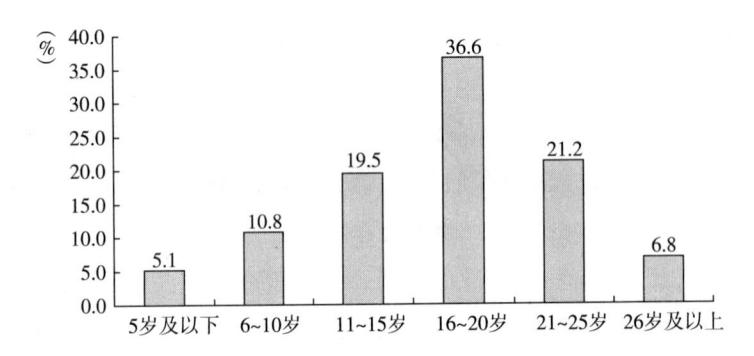

图3-3 调查对象子女的年龄分布

根据本次调查，从职业方面来看，在18周岁及以上的下岗失业人员子女中，34.6%的比例属于仍然在校的学生，28.8%的比例属于无业/待业人员，25.3%的比例属于在职人员（其中主要以普通工人/服务人员为主，占全部在职人员的65.6%），2.6%的比例属于下岗失业人员。

在问及下岗失业人员当前所担心的问题时，没有稳定收入、找不到工作首当其冲，成为被访者最关注的问题；其次，子女上学与就业占据显著的比例；对自身疾病和将来的养老问题的担心尤其值得关注。在子女就业问题上，40~50岁年龄段的被访者表现出更高的忧虑程度。

表3-2 不同年龄段下岗失业人群对子女就业的担心

年龄段	比例（%）	年龄段	比例（%）
29岁及以下	3.8	40~44岁	27.0
30~34岁	13.1	45~49岁	32.4
35~39岁	16.9	50岁及以上	23.3

访谈资料中还有两类现象尤其值得我们关注。

第一，由于"4050人员"以前的低收入状态和失去工作后经济拮据，在负担子代的教育费用方面发生困难，这可能成为影响子代教育的负面因素，即促使子代提前结束学业，进入劳动力市场。而教育程度偏低又使得这些孩子在就业市场中遭遇困境——难以找到较为稳定、收入较好的职业。这种情形在下岗失业人员的子女中是比较常见的。由于家庭的经济受损状况，迫使孩子们提前开始承担家庭的经济重任。在这一点上，父代和子代在教育程度不足、职业状况不理想的经历上有相似之处，而且上一代的生活境遇影响了下一代的生活经历和选择。在目前的下岗失业人员子女中，许多孩子是"今天工作，明天失业，后天又工作了"，频繁地更换工作、经常性地处在求职过程中，使得他们具有"新失业群体"的某些群体特征。

（问：为什么不让他继续念书呢？）供不起让他拿啥念啊？一年学费有多少啊？我拿什么供他？小孩十六七岁正是上学的时候，但就是上不起学，那咋整？我一个月才挣500多块钱，我哪来的钱给他交学费，一交就是三四百，吃饭都没钱，怎么读书。我想让他上学，但是也没招儿。（问：他干的是什么工作？）就临时工，一个月三四百块钱，老板一变脸就换地方。（访谈记录：yhsq2004bm）

第二，以"4050人员"为主的部分下岗失业工人出于不愿自身经历在孩子身上重演的考虑，对于子代比较娇惯和过分关爱，这也导致了子女独立生活能力的欠缺。"4050"这一代人一般都有较多的兄弟姐妹，而他们的成长过程又充满曲折和困顿，当他们自己为人父母时，成长的记忆和对家庭关系的感受都会产生特殊的影响。而且由于国家生育政策的限制，"4050"这一代人的孩子基本上都是独生子女。作为父母他们希望孩子有比自己好的生活，努力避免自身的痛苦经历在孩子身上重复，因而这些父母常常表现出对子女的极度关爱，尽可能为孩子做他们所能做的一切。而这种过分的关爱和娇惯，不同程度地导致了他们的孩子谋生能力的欠缺或减弱。不止一两位父母在访谈中涉及这个问题：

这孩子不咋做家务，小时候不让他做，都挺大了，西瓜籽都不会吐。瓜子也不会嗑，都是大人嗑好了给他。饭也不会做，袜子都不会洗，从小什么都没让他做过。总之别人干得下来（的事），他就干不下来。（访谈记录：XSHD-2）

我儿子1981年出生，初中没毕业的时候就去了职业中专，2000年中专毕业之后包分配，你知道给分到哪了？分到洗浴中心了，给客人拿拖鞋！一个月300元工资，后来不干了！这活干不了，换我我也不干，我儿子，我都没让他拿过鞋，他哪能受这份气？宁可不挣这300块钱！他在家里待了一段时间以后，在永生批发市场摆床子，做服装买卖，也做不来，后来就不让他干了。（访谈记录：XSHB-4）

4. 生命历程终点的提前来临：关于社会年龄的主观体验

生命历程理论的重要内容之一是关注年龄的社会意义，即对同龄组（Cohort）经历的社会性关注和对社会年龄的强调。所谓社会年龄指的是社会时间表和年龄的群体特征，它依据社会对不同年龄群体的社会期待和要求而制定。这种社会期待表明主要生活事件应发生的恰当时间,诸如入学、毕业、就业、结婚、生育、退休等生活事件都应该在一个合适的年龄段发生。如果生命历程的某一个阶段偏离了这样一个社会时间表的安排,就可能对当前生命状态和以后的生命历程产生一系列严重后果(Neugarten and Hagestad,1976)。埃尔德对大萧条时期的孩子们的研究表明,家庭经济困难不仅加速了孩子"长大成人"的过程,使他们提前进入成人角色,而且对他们日后的人格发展、情感状态和角色选择与认知都有深刻的影响(埃尔德,2002:89~114)。

"4050"下岗失业人员实际所处的年龄阶段应属于成年中期,按照埃里克森的人格发展八阶段理论,这一阶段的主要特征应该是:继续保持旺盛的生产能力和创造能力,过着充实和幸福的生活,并试图将这一切扩展到下一代,在抚养孩子的过程中生产和创造能提高下一代精神和物质生活水平的财富(埃里克森,1998)。

那么"4050"下岗失业人员对于自己的社会年龄实际上是如何体验和评价的呢?他们的切身感受是没有前景和生命终点的临近:"我现在的生活就是做一天和尚撞一天钟,得过且过";问卷调查显示,有61.9%的人抱持这样一种心理,分年龄段来看,不同年龄群体对此的赞同程度具有显著差异,年龄越大,持有这种心态的比例也越大(见表3-3)。

表3-3 下岗失业人员基本心态分析:
我现在的生活就是做一天和尚撞一天钟,得过且过

单位:%

	分段年龄				Total
	30岁以下	30~40岁	40~50岁	50岁以上	
不同意	63.0	37.3	22.3	15.7	26.9
说不好	11.1	15.2	8.8	13.0	11.2
同 意	25.9	47.5	68.9	71.3	61.9
Total	100.0	100.0	100.0	100.0	100.0

N = 974,Pearson Chi - Square Sig. = .000。

不少访谈对象也形象地描述了这种生命终点临近的感觉：

（我）40多岁就打更（值班看大门）去了，在毛泽东时代咋的也得50岁以后啊，年轻轻的就整成老头儿了。（访谈记录：yhsq2004zm）

现在我感觉两种人活得累：最有钱的人活得最累；像我这样下岗失业的，没有收入的活得最累。像我只能往死亡的边缘走，没什么太大发展，我四十八九的人了，没什么发展了，随时随地可以死。（访谈记录：ngjd2004ymm）

在我们的调查中还发现，人们常常回忆和怀念下岗前的生活，这种怀念与年龄有显著的相关关系，这种相关关系特别存在于男性下岗失业人员中。怀旧是埃里克森所指出的老年期的特征,[①] 而尚处于成年中期的"4050人员"已经提前预感到了生命历程终点的来临，他们在成年中期对于自我社会年龄的体验却是成年晚期甚至是老年期的，造成这种体验和感觉紊乱的根本原因还是其生命阶段的紊乱和错位。

心理学的研究表明，当一个群体或个体无法定义和解释其所处境遇时，他们将寻求新的解决方案和适应方式。这种适应包括对自我和他人的重新定位，对生活目标的重建和澄清等等（Bradburn and Norman, 1969）。问卷调查结果显示，当面对"下岗意味着人生经历中的一次重大挫折"、"下岗对人的自尊心是严重的打击"、"即使再努力，也不会根本改变现在的生活状况"、"下岗让人产生失落的情绪"等问题时，均有超过80%的下岗失业人员表示同意或非常同意。可见下岗失业这一事件作为一次重大的人生挫折，直接导致了人们自我认知的失调反

---

① 埃里克森认为，自我整合和绝望是老年期的主要特征。回忆往事，安享晚年，并从容面对死亡是这一时期的主要任务（埃里克森，1998）。

应,人们对于自我的社会年龄认知发生了紊乱,这同时也清楚地显示了社会转型和制度安排在形塑个体生命历程中的重要作用。

三 危机与适应

危机与行动主体对危机境遇的适应是社会学研究中的重要主题。对研究人类社会的学者而言,危机是想象力经久不衰的源泉(埃尔德,2002:13)。在对大萧条的孩子们的研究中,最令研究者着迷的问题之一是"他们中间的大部分人成功地消除了大萧条所带来的消极影响","出人意料的是,大萧条的这些孩子到中年的时候遵循的是一条具有恢复能力的生活轨迹。他们所做的比人们从其社会出身的角度估计得更好"。据此,埃尔德认为,大萧条除了使个人生活和社会制度为其付出代价,还有让人受益匪浅的一面,"即大萧条也是一种具有教育意义的经历,人们因此培养了新的社会适应性"(埃尔德,2002:12~18、3、422)。危机反映的是个人或群体的控制能力与现实情况之间的距离。面对危机所选择的行动揭示了那些令社会学研究者兴奋不已的、原本根植于日常生活中的社会隐秘。对于危机的适应实际上是个体或群体选择行为和重新配置资源的方式,它们体现了个体行动既嵌入于某种社会结构之中,同时又对这种社会结构产生能动作用这一主题。

在本章的讨论中,危机主要是指20世纪90年代开始的因结构调整而造成的大规模的下岗失业,以及由此引起的家庭经济受损状况。相对于上述研究者揭示的对危机成功适应的案例,"4050"下岗失业人员是如何对危机做出反应和适应性调整的呢?从对这一群体所处生命阶段的实际状况的考察中不难发现,在再就业过程中,他们以群体形式被拒斥于主流就业的可能性之外，经济地位处于严重下降状态；此外，下岗失业后，上述再就业的边缘地位也导致其社会地位的降低；同时由于他们的亲友也多面临同样的困境（一个家庭夫妻双方下岗或多人下岗失业的个案并不少见），他们原有的社会关系网络逐步缩小和封闭，他们也因而失去了最重要的社会支持来源。在以上因素的共同作用下，他们作为一个群体被排除在主流社会之外，如此整个外在的社会环境提供给他们适应危机的资源和选择就变得极其有限，因而所谓适应对他们而言经常是无可奈何的选择，或者不如称为对危机状态的无从适应。

1. 非正式职业：与生命周期紊乱相关联的再就业方式

经济受损的家庭在寻求解决谋生问题的方法时，主要有三种：减少开支、开辟可选择的或补充性的收入来源以及接受公共援助。关于下岗失业后如何再谋生计，从本次调查来看，有42.6%的下岗失业人员表示现在自己最主要的生活来源是工资收入或者经营性收入，主要包括"打工"、"摆摊"、"干个体"、"捡垃圾"等；14.2%的人表示依靠"以前的积蓄"生活；13.9%和15.1%的人表示靠父母资助和亲友资助；9.3%的人表示自己生活主要靠配偶的收入；17.2%的人表示靠最低生活保障、失业保险等社会保障生活。结合访谈资料，我们可以看到下岗失业人员的三种比较典型的谋生方式。

第一，"耗日子"：社会边缘性工作

冬天的时候烧烧锅炉，捡捡破烂，耗日子。（访谈记录：yhsq2004cm）

现在就靠收点儿破烂，捡点儿菜，勉强维持。一个月就几十块钱。（访谈记录：yhsq2004lm）

有工作都是打工，打工挣的刚够吃上饭。（访谈记录：

yhsq2004mm)

打零工呗,就是。走一步是一步,走哪儿吃哪儿呗。(访谈记录:yhsq2004zm)

"耗日子"就是过一天算一天地混生活,这类工作大都不计入正式职业范围。在访谈过程中,我们还发现为数不多的下岗失业女工从事"性服务"工作,这当然也应归入非正式就业范畴,而且也特别体现出与其年龄明显不符的就业性质——生命历程的紊乱状态。

第二,"傻子过年看街边儿(隔壁、邻居之意)":马路市场的生存方式

一部分找不到正式工作的下岗失业人员依靠无证经营、在街头巷尾做流动小贩谋取生计。这类经营的边缘性质更为明显。

哎呀,妈呀,看见城管来了,有耗子洞都钻进去。(城管)一看见西瓜,拉走,拉去分了。尤其到过节,中秋节、五月节,城管的都出来了,搜刮民脂。你看看那边那么多摆菜的,城管天天来为什么不抓呢?人家起个名叫占道费,那就是明摆着送钱。就你这西瓜,你要认识他,他嗖嗖嗖过,你要不认识他,你摆进屋里,他看见了,他都上屋里抢去。这些烤毛蛋的都是谁?不都是他们的七大姑八大姨吗?今天晚上要来查了,哇哇哇,电话来了,马上就收起来了。那就赶紧走,走得掉那就好了,走不掉就全被他们弄走了。有时候老百姓好,看见了就说,赶紧走,城管又来了,我们就赶紧走了。他要来了,我们就傻子过年看街边儿呗,看人家都收起来了我们就赶快收。看人家咋的,咱也跟着咋的,看人家过年,咱也知道过年了,这就叫傻子过年看街边儿。(访谈记录:yhsq2004mm)

第三,"摊上好亲戚":亲友扶持和公共援助

除了前一部分提到的"啃老"现象外，下岗失业人员的收入来源还包括配偶收入、亲友的扶持以及相关的社会保障和社会救助。

就是打临时工呗，一个月挣400多块钱呗。实在不行向亲戚朋友借呗，打欠条呗。交养老保险也是找亲戚朋友借，你上外面能借来吗？你没有偿还能力，谁借给你？我就是摊上好亲戚能借来钱，有一个好姐姐，有一个好妹妹，有一个好哥哥。我全靠向他们借点钱，要不是这样就供不起这个大学生。要是摊不上好亲戚，那我这日子还咋过呢？（访谈记录：yhsq2004xm）

在表示当前有固定收入的下岗失业人员中，问及个人收入主要包括什么时，45.9%的人表示有包括失业保险、下岗基本生活费、最低生活保障在内的社会保障金。

有学者在研究中国社会的结构性变迁时曾指出，一个断裂的社会正在悄然形成，越来越多的人被抛出主流社会（孙立平，2003a）。下岗失业人员在当前生命阶段所经历的正是这样一个过程。无论是"耗日子"的社会边缘性工作，还是流窜于马路市场的城市游击队，他们谋生的方式都没有进入城市主流的就业方式中。问卷调查的结果显示：下岗失业以后，63.7%的人打过零工，16.2%的人摆过地摊，16.4%的人干过个体，14.1%的人做过服务性工作，3.9%的人开过出租车。在他们自陈的工作种类中，"打工"、"摆摊"、"干个体"、"捡垃圾"成为最主要的就业形式。还有部分下岗失业人员谈到，由于找不到合适的工作，他们将下岗后买断工龄的钱投入股市，但基本上都是血本无归；还有少数人参与博彩业如购买彩票或参与其他赌博形式，但可以想见这些都不能带来生活状况的改善。社会边缘性职业与主流职业相比最大的特点在于工作的不稳定性和工资收入很低并且没有合法的保护。由于就业市场中年龄障碍、知识技能障碍和身体健康障碍的存在，依靠社会边缘性职业的收入和寻求社会援助成为下岗失业人员谋生之路上仅有的选择，由此主流社会的大门也随之向他们关闭。而当国家进一步深化经济体制改革，进一步彰显市场经济特征时，也就意味着这些人被愈加彻底地抛出主流社会。

2. 失业后的家庭关系和社会交往

问卷调查的结果显示：在问及"下岗失业是否影响到家庭关系"时，表示"没有影响"的占26.0%，表示"有影响"的占43.3%，表示"影响很大"的占28.2%，表示"不好说"的占2.5%。"有影响"和"影响很大"两项相加占到71.5%。在问及"下岗失业是否影响到被访者在家庭中的地位"时，51.2%的人表示地位"降低了"，44.8%的人表示地位"没有变化"。在问及"与下岗前相比，和家人谈心的次数有没有变化"时，44.2%的人表示"减少了"，45.5%的人表示"没有变化"，6.8%的人表示"增加了"，3.5%的人表示"不好说"。关于下岗对家庭生活状态的冲击，超过半数（52.8%）的人认为生活"差了许多"，30.5%的人认为"差了一些"，11.9%的人认为"差不多"，4.8%的人认为"好了一些"或者"好了很多"。

下岗失业不仅使他们的生计变得困难，更糟糕的是原来建立的社会关系网络也有逐渐缩小和封闭的趋势。根植于"差序格局"中的"关系"不仅维系着社会成员间的情感联系，更是人们最重要的一项社会资本。在某些情境中，这种社会资本甚至比经济资本和文化资本更有效用。例如在寻找职业的过程中，关系资本不仅是信任的基础，"强关系"也往往对应了职业选择过程中的强效应（边燕杰，1998）。而个体的社会关系网络一旦封闭，就意味着失去了赖以生存的最重要的社会资源。调查显示，下岗失业人员面临的正是社会关系逐渐弱化的过程。

（1）婚姻关系

经济受损对于婚姻关系的影响是显著的。埃尔德在论述大萧条对婚姻的影响时指出：失业和收入的突然丧失破坏了婚姻中原有的互惠关系，包括相对的贡献和配偶间的期望，使得在严格受限的消费中做出艰难的抉择成为必要。这些为配偶之间中伤性的批评，无休止的争吵和敌意的出现留出了空间（埃尔德，2002）。在家庭经济情况较好的时期，丈夫或妻子的缺点通常是可以容忍的，而一旦家庭进入某种危机的时候，这种缺点就会被放大，夫妻双方越来越感到对方难以容忍，最终导致婚姻关系的危机。这一点在我们的访谈中得到了印证。

前一段时间我们离婚了，到现在也没结合呢！我自己过。下岗前的关系挺好，一般不吵。我们俩从结婚到现在从没红过脸，我们是一个单位的，她是临时工，我是正式工。我下岗后，她能挣来钱，我挣不来钱，那不吵怎么办？就从这厂房一扒，我就不上班了，成天在家东游西逛，下岗之后就经常吵，我退休没保障，人家退休有保障啊，她让我去找厂里的人，我找也找不明白，我说那你去找，她还不去，给我气的，我说我也不找啦。就这样吵啊吵的，就离婚了。她担心我岁数大了，没劳保，能总这么咕噜吗？这不就开始吵，就离婚了。（访谈记录：yhsq2004fzp）

前面引述的关于家庭关系变化的数据也在一定程度上说明家庭关系紧张的加剧。

（2）亲友关系

几位访谈对象谈道：

我17岁就参加工作了，也就是为了给家里减轻负担。我们姊妹兄弟7个，靠我爸一人，生活根本维持不了。现在我们哥兄弟几个，去要钱都要不来。一开始亲戚朋友还给借点，现在别人看见我都躲着我。我就说，狼崽子，我（当初）把工资全都交给家里了，现在我一个人这样，他们都不帮我。那时候我工资条都

往家里交。(访谈记录:yhsq2004cm)

我现在交的朋友,一般都是酒肉朋友,真正办事的真少。谁有钱谁厉害,有钱就有朋友,没钱就没朋友。谁有钱谁拿(付账),我一般很少拿,我也没钱,都是当老板的、个体户拿钱。吃一顿就是五六十块钱,也不一定,有时候一二百块钱。(问:你们一般几个人一起喝?)一般就七八个,八九个人。我一顿白酒能喝七两,啤酒十瓶吧。也就是解解乏,这些都是酒肉朋友,有了困难,都帮不上忙的。(访谈记录:yhsq2004zp)

问卷调查中,一项分析下岗失业职工社会交往情况的统计得出了以下数据(见表3-4)。

表3-4 下岗失业职工社会交往情况分析

单位:%

	增加了	没变化	减少了
与下岗前比较,您与街坊邻居的社会交往发生了什么变化?	13.5	52.3	34.2
与下岗前比较,您与没有下岗的同事的社会交往发生了什么变化?	0.9	29.2	69.9
与下岗前比较,您与已经下岗的同事的社会交往发生了什么变化?	7.6	34.6	57.8
与下岗前比较,您与亲友的社会交往发生了什么变化?	8.3	54.0	37.7

从表3-4可以看出,均有超过30%的调查对象表示在下岗后与街坊邻居、亲友和以前的同事之间的交往变少了,与同事的交往减少得尤为明显。这在我们的访谈中也得到了证实。无论是婚姻关系,还是亲友关系、同事关系都有逐渐疏远的趋势。下岗失业人员与外界的交流和沟通在逐步减少,在访谈中我们发现,有很多被调查对象的社会活动圈仅仅局限在自己所居住的社区内。

我已经好几个月都没出去过了,走在外面看见花花绿绿的世界心里也不好受。我一般也不和其他同事来往,就连我哥哥他们那儿我也不愿意去,看见别人生活那么好,自己总觉得不得劲。我也不让他们来,我的条件不好啊,谁都有个面子,我现在每天就是和街坊邻居聊聊天,做做饭,我也不愿意出去逛。(访谈记录:yhsq2004wm)

恶化的生活状态与缩小的社会交往范围构成了一个恶性循环,一些下岗失业人员越来越将自己封闭在一个狭小的交往圈内,他们的社会关系网络也随之渐渐封闭。

3. 身体与疾病

许多研究表明,个体健康不仅与其自身的生理因素有关,同时也与诸多的社会因素联系在一起。之前在生命阶段的痛苦经历会在后来阶段的身体和心理上打下烙印。正如埃尔德所研究的"童年经济受损对于成年后健康的影响"所表明的,大萧条对于人们日后身心健康方面的影响是通过经济状况、社会地位、家庭关系特点等一系列社会因素而间接发生的(埃尔德,2002:341~359)。对于"4050"下岗失业人员来说,他们成长时期相对艰苦的生活环境和他们下岗之后的生存压力、心理焦虑程度都是比较直接影响其健康状态的原因。问卷调查发现,被访者对于找不到工作的归因有19.0%是身体健康原因,而且,年龄越高,回答越集中于年龄和身体方面的原因(见表3-5)。

表3-5 健康不佳——找不到工作的原因之一

单位:%

年龄段	比例(%)	年龄段	比例(%)
29岁及以下	0	40~44岁	22.1
30~34岁	4.0	45~49岁	22.4
35~39岁	14.9	50岁及以上	20.0

我（的病）就搁农村得的，我的胆结石就搁农村得的。吃不好就总胃疼，那时候以为是一般的病，也没上医院，农村也没有医院。农村不是有大烟吗？吃点那个就好了，抽了半年之后，又复发了，后来到医院一检查，腹膜炎，医院给我打打针，当时就好了，也没动手术，当时也不发烧，也没咋的，当时也没当回事儿，就给耽误了。回城以后，一年两次，年年住院，那就没招了，身体就这样拖垮了。后来就得其他的病，都是肠胃的，一个接一个，身体素质不好了，前两年走路不小心，一滑倒，就腰椎间盘突出，又上医院动手术。（访谈记录：yhsq2004 wm）

"4050人员"中许多人的身体和心理出现提前衰老现象，不难想象，这与他们生命历程的前期经历有关——20世纪中到后期的一系列历史事件对这一代人的健康有着重要影响。无论是营养不良的生长发育期，还是上山下乡的经历以及后来相对恶劣的工作环境（有不少人从事的是高温高热、有毒有害的强体力劳动），都在该出生组成员的身体上留下印记。我们在访谈中常常听到这样的话："我在某某事件中落下了某种病根。"除此之外，下岗失业这一事件本身也是影响其身心健康的重要因素。许多研究表明，生活变化越剧烈，焦虑程度越高，健康状况恶化的可能性越大（Hinkle and Wolff, 1957）。而处于底层的人更容易焦虑和不满（Bradburn and Norman, 1969）。在访谈中，有被访者明确表示，"心累，身体跟着也累"。图3-4显示了下岗失业人员对当前和未来各种困难的忧虑。

从图3-4可以看出，对于年纪较轻的下岗失业人员来说，"没有稳定收入"、"找不到工作"和"住房困难"是最令他们忧虑的事情，寻找稳定的职业是这一阶段的主要任务，因而他们对于收入和工作问题显得非常敏感。对于"老无所养"、"子女就业"和"无钱治病"等问题的忧虑程度是随年龄增长逐渐上升

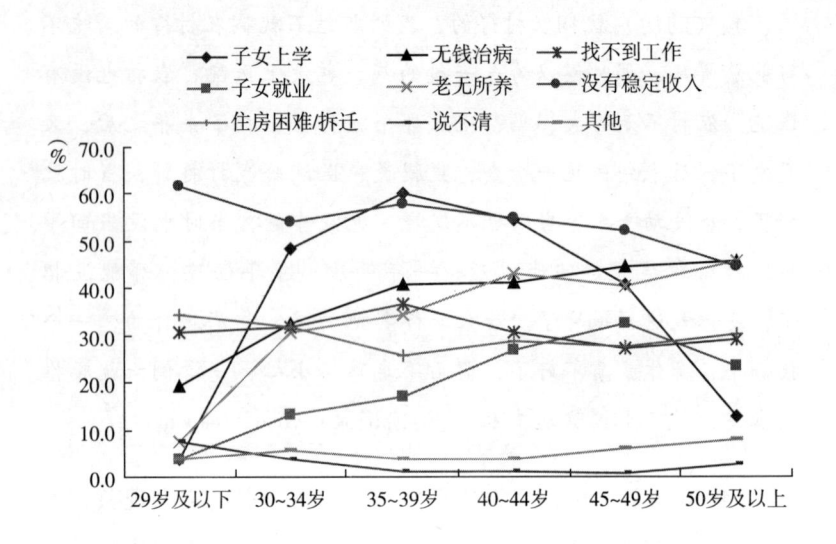

图 3-4 不同年龄段下岗失业人群对生活中困难的忧虑

的。在所陈述的七类下岗失业人员感到忧虑的事情中，有三类事情在"4050"这个年龄段达到或接近峰值，它们分别是"无钱治病"、"子女就业"和"老无所养"。

生活困境和由此而产生的心理焦虑共同影响了下岗失业人员的健康状况。而无论是"4050人员"的早期生活经历，或是近期的艰难生活处境，都与更大的社会结构转变和制度安排息息相关。或者说这些结构性因素在影响个体的身心健康方面扮演了重要的角色。

4. 将希望与依靠寄托于下一代

在面对危机个体能力无从改变现实状态时，生活期待的转移也是适应危机的一种常见方式。下岗失业人员更多地将改善生活的希望寄托在他们的下一代身上。这种对未来生命历程期望的转移并非个体现象，而是比较普遍存在的群体现象。许多被访者表达了这样的看法：我这辈子已经完了，现在能做的就是在孩子身上使劲了。

表3-6 对子代的投射与关注

单位:%

	很不同意	不同意	说不好	同意	非常同意	总计
家里再困难，也要供孩子上学	0.8	2.2	4.2	50.4	42.4	100
这辈子也就这样了，我把希望完全寄托在孩子身上	0.6	9.6	9.2	52.0	28.5	100

英格尔斯（Inkeles）在研究社会变迁与社会性格的关系时指出：经过急剧社会变迁的父母，都会寻求用与本人成长迥然不同的方式来教育孩子，在实践中有目的地进行调整，以训练孩子更好地适应父母眼中变化着的世界的能力（Inkeles, 1955）。下岗失业的父母对于孩子教育过程的关注，不仅是希望孩子们不再重复他们的生活轨迹，更是希望通过孩子来改变家庭的境遇。

我对她的期望可高了。在这一片好好学的没几个。我就发这狠，那前儿吧，咱们没赶上好时候，那时候我们学习好也是那样，学习不好也是那样，学好学不好以后的生活都那样。那时候没人跟我们说，要好好学习。我就跟孩子说，我要是赶上你这个时候，两个人中有一个成绩好的，我就是那个（好的），我都得去拔尖儿去，我就是没赶上好时候。（问：你平时都怎么教育你的孩子好好学习呢？）那就是你不学习，你将来就没有出息，咱家就全完了，咱们就靠你了。你要是学习不好，将来没有工作，这一个家就全完了。她毕业以后，我想我的生活不可能就像现在一样。我现在没有钱，我就跟我孩子说，我就是拉饥荒也要让她读书，我们全家就指望她了。（访谈记录：yhsq2004wm）

将自身未能正常进展的生命历程投射到子代身上，将无法实现的生活理想寄托于子代，也是一种无从选择的适应方式。

四 体验与认知

本章前两部分"常态与变态"、"危机与适应"主要着眼于社会转型与相应的制度安排在形塑个体生命历程中所扮演的重要角色,接下来的两部分将试图从制度①的目标群体的角度讨论个体对于制度实际运作的感受与认知,并由此探讨制度设定与制度实践的关系。生命历程理论的四项范式性主题都体现了这样一个思想:个体或群体的生命历程不仅嵌入于一定的社会历史结构,同时也对此结构产生能动作用。社会保障制度既是按照人在生命历程中的不同阶段、不同需求而设置的,个体的生命体验和对于制度的认知及其行动选择也会对制度过程发生影响。因而,从保障对象的角度理解和分析保障制度的内容和实践过程是研究社会保障不可缺少的一个方面。

1. 对自身生命历程的总体体验:挫折感与疏离感

问卷和访谈都明确显示,强烈的挫折感和疏离感是"4050"下岗失业人员在当前生命阶段最主要的体验。

表 3-7 基本心态量表

单位:%

	很不同意	不同意	说不好	同意	非常同意	总计
我怀念下岗前的生活	0.5	7.1	8.4	58.7	25.3	100
下岗意味着人生经历中的一次重大挫折	0.3	6.7	7.2	65.6	20.2	100
下岗让人产生失落的情绪	0.5	8.0	4.5	71.0	16.0	100
下岗对人的自尊心是严重的打击	0.6	12.0	9.5	61.1	16.7	100
我现在的生活就是做一天和尚撞一天钟,得过且过	3.9	23.0	11.2	50.6	11.3	100
现在我觉得能把握自己的命运	7.1	45.1	23.8	21.7	2.3	100
下岗后有一种被社会抛弃的感觉	2.1	13.1	8.9	61.3	14.7	100
下岗前,有单位让我觉得生活有保障,心里踏实	2.2	8.2	3.8	65.1	20.8	100

---

① 在本章中具体体现为社会保障制度。

续表 3-7

	很不同意	不同意	说不好	同意	非常同意	总计
艰难的生活常常使我觉得灰心丧气	3.1	17.6	11.8	58.6	8.8	100
生活上的重大难题总是可以克服的	4.0	18.7	21.9	51.5	3.8	100
下岗后,对将来的生活感到茫然,不知道以后会怎样	1.2	11.3	10.4	65.1	12.0	100
虽然下岗了,但我仍然相信凭自己的能力能改善自己的生活	7.0	34.8	21.7	32.2	4.3	100
即使我再努力,也不会根本改变我现在的生活状况	2.7	22.1	17.9	48.1	9.2	100
现在的社会对下岗工人非常冷漠,没有实际的关心	0.8	11.7	12.6	54.7	20.2	100
下岗后,有时我觉得自己在世界上是孤零零的一个人	2.6	21.2	10.7	58.1	7.5	100
周围很多人都下岗了,所以我也不觉得下岗有什么不好意思的地方	2.4	9.4	10.2	71.1	7.0	100
我对下岗职工现在的处境感到愤愤不平	0.5	9.8	13.7	59.6	16.5	100
下岗像一块石头,经常压得自己在人前抬不起头来	3.0	29.6	12.8	47.5	7.1	100

不难看出,怀旧、挫折感、无助、失落、孤独、愤懑、怀疑、麻木,是下岗失业人员普遍的心态。如果对疏离感做具体分析,可以看到,76.0%的下岗失业人员下岗后怀有一种"被社会抛弃的感觉",这种心理与年龄呈现显著的相关关系,40 岁以下和以上两个人群怀有这种心理的比例差异显著。

表 3-8 年龄与社会疏离感

单位:%

		分段年龄				Total
		30 岁以下	30~40 岁	40~50 岁	50 岁以上	
下岗后有一种被社会抛弃的感觉	不同意	48.1	20.0	11.9	11.3	15.1
	说不好	11.1	13.8	7.0	6.1	8.9
	同意	40.7	66.2	81.1	82.6	76.0
Total		100.0	100.0	100.0	100.0	100.0

N = 973, Pearson Chi-Square Sig. = .000。

将自己的一生体验为失败的经历,而这一失败过程的每一阶段都与这半个世纪的社会历史事件相伴,这是许多"4050人员"的共同感受。

像我们这个年龄段的最遭罪了,什么事情都赶上了,"文化大革命"、上山下乡没念书,后来又是下岗,日子反正就没好过。(访谈记录:CQ31517)

(我这一生过得)挺累,没意思,稀里糊涂地过来的。(问:你一天也没干什么活,怎么就累呢?)待着都挺累。像你们上班忙忙碌碌的多高兴啊。空虚,空虚就感觉到累。心也累,身体不好,身体也累。(访谈记录:yhsq2004wm)

值得关注的是,"4050人员"中许多已下岗多年。截至调查日期,下岗时间5年以下的,占37.2%,6~10年的占37.0%,10年以上的占25.7%。在5~10年甚至10年以上的时段内,他们的心态也有一个变化的过程,经历了从刚下岗时的焦虑、惶恐到愤懑、失落,直到逐渐麻木的过程。一些无望再就业的下岗失业人员以喝酒、赌博度日。一位时年48岁的下岗失业人员这样表达自己无奈和麻木的心态:

(问:那您医疗保险都交了吗?)没有啊!没有钱交那个,暂时吃饭都顾不过来啊!我就听天由命,要是小病就顶过去,阑尾炎什么的,不死的,自己挺着,凑合着吧。要是得什么肝炎,甲肝乙肝,也别治了,治好了弄个肝硬化什么的。给社会减轻点负担,反正中国13亿人口,还有。(问:那未来几年您是怎么个打算呢?)那没什么,绝对没有。就是混日子,没设想,混混沌沌过日子,今天把门打开今天看到太阳了,明天也许看不到了。(问:那您现在有什么担心吗?)没有担心,担心啥?担心父母身体怎么样?担心儿女找不找得到工作?不用担心,生死有命,富贵在天！反正呢，我还没到山穷水尽，我自己本身还没有病。身体不能说是特别好，没有一些杂病，偶尔出去还能干点，还没到山穷水尽。现在对于下岗呢，只能说是无奈、叹息。你说愤怒，已经过了那个愤怒的年代了。心理上最近感觉无奈，主要就是无奈。（访谈记录：DBQ20040705）

刚生下来就挨饿，该上学就罢课，该毕业就下乡，该工作就下岗（访谈记录：yhsq2004sm），这可谓"4050"一代对自身生命历程紊乱与错位的最准确概括。

2. 对社会保障制度的认知："我们是被国家抛弃的一代吗？"

"4050"下岗失业人员经历了中国社会从计划经济向市场经济体制转型的全过程，这也是保障制度从单位制向社会保障的转轨过程，而他们承载了这一转型和并轨的主要代价。就此而言，社会保障制度的设定应该以他们的现实生存状态即其生命历程的动态与变态为依据。因而从制度的目标群体对制度和政策的感受与认识来研究制度，是了解制度实际运作的必不可少的重要内容。

调查表明，虽然69.9%的下岗失业工人认为了解社会保障政策对自己有用，但他们对相关政策主动接受的程度较低，只有39.2%的人主动了解过这方面的政策。74.2%的人下岗后没有去过有关部门咨询本人社会保险的状况，61.9%的人表示不了解本人现在社会保险费缴纳的具体情况。下岗失业人员对于关系到切身利益的相关制度和政策的消极态度，一方面与前述对自身生命历程的体验和社会疏离心态有关，另一方面，更是有关制度的实际运作并没有真正起到支持、改善其生存状态的作用所致。

在问及"对目前国家制定的针对下岗失业职工的社会保障政策评价如何"的问题时，23.6%的人认为"好"，3.2%的人认为"很好"，二者比例之和为26.8%；认为"差"和"很差"的比例分别为 27.1% 和 14.5%；认为"一般"的比例为 31.6%。而在问及"对现在下岗失业职工社会保障的国家政策在实际中落实得怎么样"的问题时，认为"好"和"很好"的比例分别为 2.9% 和 0.3%；认为"差"和"很差"的比例分别为 41.8% 和 30.0%，两项比例之和为 71.8%；认为"一般"的比例为 25.0%。从调查结果来看，对针对下岗失业职工的社会保障政策的评价要明显高于对这些政策在实际中落实的评价（见图 3–5）。[①]

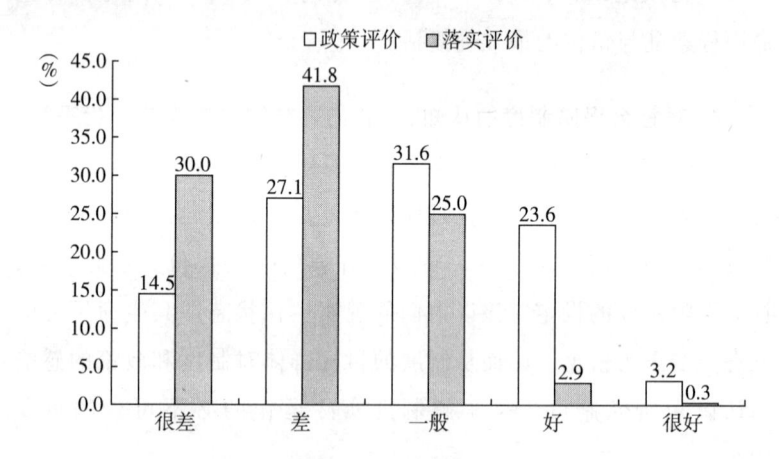

图 3–5 下岗失业人员对社会保障的政策评价与落实评价

	很差	差	一般	好	很好
政策评价	14.5	27.1	31.6	23.6	3.2
落实评价	30.0	41.8	25.0	2.9	0.3

上述对于制度实践的感知和评价导致许多"4050 人员"的被抛弃感。

我跟你说句实话，别看那时候生活苦点，我认可。现在吧，我就是富了，我也不认可。我们在单位，我跟你说，我们都是好工人，我们也是拿得起放得下的人。国家难的时候，我们不能跟国家要。现在国家富了，国家倒不管我们了。（访谈记录：yhsq2004bm）

[①] 关于对办理下岗证、再就业、基本生活保障、单位和个体缴纳社会保险费、低保等具体社会保障政策的认知和评价，可参考本课题基础报告的数据，此处不赘述。

你看干了一辈子工作，到后来是这个下场。这不等于拉完磨杀驴吗？（访谈记录：yhsq2004cm）

有什么担心的？稀里糊涂呗，沈阳又不是就我一个，像我这样的人老（多）了，不都活着吗？土豆下来吃土豆，茄子下来吃茄子呗，能活着就是胜利！关键就是别得病！得病你就完蛋！根本就看不起！你就耗死拉倒！（访谈记录：GRC20040630）

下岗失业工人对社会保障制度与政策的不了解、不关心和否定性评价、普遍体验到的挫折感与疏离感，恰恰显示出制度设计与制度实践之间的距离。下岗失业工人实际生存状态的表达和心理状态的宣泄所体现出来的正是制度文本与制度实践之间的裂隙。

五 制度与实践

通过上述对下岗失业工人生命历程和心理过程特点的分析，我们可以获得一些关于制度设置与制度实践的感觉。一项保障制度只有同社会现实相适应，只有与目标群体的基本诉求相吻合，才能实现制度预期的社会功能。这就要求制度与制度的目标群体之间在实践中建立良性的互动关系。当前针对下岗失业的社会保障制度所面对的不仅是稳定社会中正常的生命历程，还有转型社会中大量的非常态的生命历程。以"4050人员"为主的下岗失业工人对社会保障制度的诉求与制度实践之间的张力，影响了社会保障制度的运行和绩效。

1. 常规制度与有悖于常态的生命历程：社会保险还是社会救助？

当前社会保障制度的设定是与个体的正常生命历程相联系的。针对"4050"下岗失业人员社会保障制度的一个基本的逻辑是：通过再就业工程促进他们的再就业，通过收缴各类社会保险费实现对他们的社会保障，这是一种"再就业就是最好的保障"的思路。如果按照社会人的常态生命历程来看，这样的制度设定大体是没有问题的。然而"4050"这一代人的生命历程并不是一种常态的过程，而是因社会转型、制度并轨等重大社会历史变迁而发生紊乱、错位、丧失的生命过程。根据常态生命历程而制定的社会保障制度面对的却是变态的生命历程，因而制度在实践中的运作会遇到很大的困境。

首先，对"4050人员"来说，下岗失业之后再就业的希望渺茫。年龄、身体、技能几方面因素都是他们再就业的障碍。问卷调查显示了他们对自己找不到工作的归因，分年龄段来看，被访者对于找不到工作的归因与年龄段关系密切，年龄段越高，回答越集中于年龄和身体方面的原因；年龄段越低，越倾向于文化、技能、经济环境方面的原因。值得注意的是，在35岁以上的年龄段，选择找不到工作是由于年龄因素的比例已经超过50%，与劳动力市场上的所谓"35岁现象"符合。

表3-9 找不到工作的归因

单位:%

原因	29岁及以下	30~34岁	35~39岁	40~44岁	45~49岁	50岁及以上	合计
健康不佳	0	4.0	14.9	22.1	22.4	20.0	19.0
文化程度不够	57.1	52.0	31.9	24.2	20.6	16.0	25.7
缺乏相应技能	42.9	40.0	17.0	14.7	9.3	20.0	16.6
没有相关工作信息	28.6	16.0	8.5	12.6	7.5	4.0	9.7
经济不景气，工作机会太少	42.9	32.0	19.1	17.7	9.3	1.0	15.7
无人帮助	14.3	20.0	14.9	13.7	4.7	4.0	10.0
年纪大了，不好找工作	0	24.0	51.1	52.6	68.2	66.0	56.2
自己不想找了	14.3	16.0	12.8	8.4	8.4	14.0	10.6
政策限制	0	0	8.5	0	2.8	2.0	2.4
其他	0	12.0	6.4	11.6	13.1	14.0	11.5

按照个体正常的生命历程，认定 40~50 岁的人还具备工作能力是没有问题的。然而在当前的社会背景下，失业和不能再就业主要是制度性、结构性因素决定的，个体的职业能力是次要的。因而，将社会保障制度能够运行的前提逻辑放在"4050"再就业工程上是不切合实际的。现实中也不难发现，"4050 工程"和各种"再就业工程"的实际效果并不理想。问卷结果显示，在参加培训的下岗失业人员中，半数认为培训对再就业"没有用"，20%认为"有用"，其余 30%表示"不好说"。根据本次调查结果，75.4%的被访者原单位再就业中心没有给其提供过就业信息，24.5%的提供过就业信息。

其次，从下岗失业人员缴纳有关社会保险费的情况来看，缴纳的比例很低。根据本次调查，去除表示养老保险费由单位缴纳或者由个人和单位分担及其他特殊情况，在表示个人承担社会保障的下岗失业人员（N=777）中，35.5%的人表示个人缴纳养老保险费；表示个人缴纳医疗保险费的比例更低，只有 5.4%。从未缴原因来看，大部分是相对于收入的费用标准问题。在未缴养老保险费的人中，76.1%的人表示"费用高缴不起"，7.5%的人表示"不知道怎么办理"。在缴医疗保险费的人中，71.5%的人也是如此表示，12.5%人表示"不知道怎么办理"。对这两种社会保险的缴纳情况，从被访者自陈原因来看，有相当比例是由于单位原因，如"等待企业破产给缴"，"认为应该由单位缴"，或者是集体企业社会保险问题悬置等。①

从"4050 人员"的现实状况来看，在再就业与享受社会保障之间构成一种悖论关系：不能再就业何来稳定的收入？没有稳定

---

① 关于未缴费原因，收入并不是最重要的影响因素。从下岗工人认为最重要的社会保障项目——养老保险的缴纳情况来看，制度环境、收入约束和策略选择共同限制了保险费用的缴纳。详见本课题分报告《制度与参与：下岗失业人员缴纳基本养老保险费行为研究》。

的收入如何缴纳费用相对较高的社会保险金？不缴纳社会保险金又如何能享受社会保障？在这样一个循环中，针对下岗失业人员的社会保障制度的运作和绩效受到极大的挑战。

在前所未有的中国社会的剧烈变革过程中，"4050"下岗失业人员是社会转型、制度变迁的代价的主要承担者，这清楚地体现在他们被打乱的生命历程之中。面对这样一代人的实际生存状况和诉求，在帮助、扶持他们的社会保障和再就业安排中，更应该偏重社会保障；在相应的带有社会救助性质的社会保障和市场化运作的社会保险中，更应该偏重社会救助性质的社会保障。这不仅仅是顺应下岗失业人员的实际诉求、改善他们的生存境遇、有利于社会稳定的政策措施，更是关系到社会公正的根本性问题。

2. 静态的制度设计与动态的生命历程：再过十年又如何？

从前面几部分的分析可以看出，生命历程是一个连续性的、动态的过程，前一阶段的生命经历和体验会对于后一阶段乃至整个生命过程有重要的影响。而与此过程相伴随的利益诉求和表达也是变化的。作为生命扶助与支持的社会保障制度应该以目标对象的动态生命过程为依据来设计和实施，应该将目光放得更长远一些。

以"4050"下岗失业人员为例，再过10年，他们就是"5060人员"。不难预计，随着年龄的增长，人们的就业动力会进一步让位于获得社会保障的要求；今天的"4050人员"还能从事一些社会边缘性工作，10年之后他们还能以此为生吗？现在他们中的一部分还有老可"啃"，待他们的父母一代过世后，他们将何以依靠？他们目前尚身体健壮，10年后疾病缠身时又该怎么办？在他们生命历程的下一个阶段，无疑将非常需要养老保险和医疗保险，但是按照目前的制度安排和他们仅有的"理性选择"，他们那时能够获得这些保障吗？更让人忧心的是，"4050"现象并不是一种个别的现象,而是千百万人的生活和生命现象,是会影响到全社会和每一个社会成员的社会事实!虽然人们不时听到唱给下岗失业者的"看成败,人生豪迈,只不过是从头再来"之类的鼓励之歌,但事实上他们自己最清楚,生命历程不可能"从头再来"!

  以生命历程理论为分析框架探讨下岗失业问题和有关社会保障的制度安排,能使我们获得贯穿个体生活事件与宏大社会历史变迁的眼光。较之生命历程理论的创始者们的研究,中国 90 年代以来的社会转型过程提供了更多的国家与制度形塑个体生命历程的重要内容;而且更具社会意义与学术意义的是,个人生活史和对此历史的感受与认知揭示了作为文本的制度(制度与政策的制定)与作为实践的制度(制度运作与政策的实施)之间的距离和复杂微妙的关系。总而言之,社会保障制度与政策的制定要与动态的生命历程相适应,要具有目标长远一些的前瞻性,要能够应对可能出现的社会危机和隐患。而关键的问题在于要将普通人的生活和生命放在有关制度的思考、决策和实施的核心位置,而这也应是社会学研究最深厚的动力来源。

第四章 制度与参与：下岗失业人员缴纳基本养老保险费行为研究

毕向阳

一 问题提出

随着国有企业改革的深入，大批工人下岗，进入庞大的失业大军。根据政府部门的统计，1998～2003年，国有企业累计下岗职工2818万人。官方衡量失业水平的指标"全国城镇登记失业人数"到2003年底达到800万人，与此对应的登记失业率达到4.3%，上升到近年来的最高点。[①] 在下岗失业人数连年递增的同时，再就业率呈现连年递减的趋势。1998年的再就业率是50%，但到2001年再就业率只有30%，2002年是15%左右（蔡昉，2003）。再就业工程所取得的成效之所以不十分理想，除了宏观的社会经济因素之外，下岗失业职工群体自身的特点是一个重要的原因。下岗失业人员作为一个弱势群体，由于自身的素质和客观的外部环境，在再就业问题上极为脆弱，面临较大困难。客观现实表明，再就业工程对于解决当前中国如此严重的失业问题作用是有限的，在这种情况下，针对下岗失业人员的社会保障问题

[①] 引自国务院新闻办公室《中国的就业状况和政策》白皮书（2004）。需要指出的是：2004年4月26日，劳动和社会保障部官员在国务院新闻办公室的记者会上指出，目前的城镇登记失业率只指事业人员登记形成的失业率，不包括国企和集体企业下岗职工，以及大批的进城农民工；如果加上国有企业下岗职工，城镇登记失业率会达到7%。

就成为一个十分重要的问题（孙立平，2003c）。

然而，目前我国社会保障制度面临着覆盖群体过窄、覆盖率低的问题。以社会保险五大险种中最重要也是最普遍的基本养老保险（以下简称养老保险）[①] 为例。有关统计数据表明，2003年，有11646万在职职工参加了养老保险，加上虽未参保，但按现行办法退休时由财政承担退休金的机关事业单位在职人员2578万余人，在退休时可以得到基本养老保障的人数共有14224万人，只占目前2.56亿城镇就业人员的55.5%。[②] 也就是说，有近一半的城镇就业人员没有参加养老保险。养老保险覆盖面问题对下岗失业群体来说更为突出。[③] 普遍来说，下岗失业人员与原来企业彻底脱离关系后，需要自己缴纳养老保险费，但由于再就业相当

[①] 按照定义，基本养老保险亦称国家基本养老保险，是按国家统一政策规定强制实施的、为保障广大离退休人员基本生活需要的一种养老保险制度。国家通过基本养老保险政策，为广大人口的职业生涯和生命历程的某种连续性提供制度保证。从这个意义上说，基本养老保险构成了社会转型背景下一种连接国家与个体、涉及广泛的制度化关系。这对于职业生涯和生命历程出现断裂的下岗失业人员来说，具有特殊的社会与历史意义。从单位再分配体制下的就业福利模式到包括养老保险在内的各项社会保障制度的建立，构成了当代中国社会转型的重要部分，体现了一种国家与个人生活际遇之间的新的制度性变化。因此，对有关福利政策和社会保障制度变迁及其实践的研究，可以丰富我们对当代中国社会转型的理解。

[②] 引自中华全国总工会书记处书记董力在全国政协十届常委会第六次会议上的发言：《加快社会保险立法 完善社会保障体系》，出处：人民政协全国委员会办公厅网站（http://www.cppcc.gov.cn/），2004年7月27日。值得注意的是，在2004年9月首次发表的社会保障白皮书中，只有绝对数字和增长数字，而没有相对比例。参见国务院新闻办公室《中国的社会保障状况和政策》白皮书，2004年9月。

[③] 关于下岗失业人员社会保障覆盖度的问题，公开的统计数据总是显得扑朔迷离。如一则《J省36.5万下岗失业人员接续养老保险关系》的报道（http://unn.people.com.cn/GB/14780/21697/2334851.html）称："J省养老保险续保人数大幅增加。截至2003年末，J省下岗失业人员接续养老保险关系人数累计达36.5万人，同比增长1倍，全省养老保险实际缴费人数占参保人数的比例达90.8%。"在这则报道中，无法获得下岗失业人员中缴纳养老保险费的准确比例，因为其中存在偷换概念的问题，先只提供下岗工人接续养老保险的绝对数字，而后面那个比例又是针对普通人群，且基数是参保人数。另外，报道的数字也只是累计数字，没有明确的年限范围。根据本次在C和S两市的调查结果，在下岗失业人员中，个人缴纳养老保险费的比例约为35.5%。

困难,在下岗失业人员中有相当比例的人处于完全失业状态,即使实现再就业,也多属于非正式的灵活就业,一般与用工单位无劳动合同,有些虽然签订了劳动合同,但用工单位不予参保,不履行缴纳养老保险费的义务,养老保险缴费完全由个人承担。按一般说法,下岗失业人员收入较低而且不稳定,再缴纳养老保险、医疗保险等基本社会保险费用无疑相当困难,造成相当比例的下岗失业人员无法为基本养老保险制度覆盖(王积全,2004)。这种状况无疑对这个群体的生存问题乃至社会稳定造成巨大的威胁。

那么,如何才能扩大养老保险这一基本社会保险制度对下岗失业人员这一特殊目标群体的覆盖面呢?所谓"广开就业门路"、"就业就是最好的保障",所谓"降低门槛、低进低出"、"低水平、广覆盖",所谓"强化征缴、应收尽收",所谓"做实个人账户,向部分积累模式转变",所谓"加大宣传力度、扭转参保观念"、"加强基金管理、理顺管理体制",如此等等,无疑都有其合理性和必要性。但除此之外,如果考虑到不仅作为制度的目标群体,而且作为制度参与者的下岗失业人员自身,还需要弄清楚以下几个层层相关的具体问题:下岗失业人员缴纳养老保险费的行为究竟受哪些因素的影响?各因素对缴纳养老保险费有多大的重要性?下岗失业群体内部是否存在一定的结构性差异,从而导致制度在他们各自身上显现不同的效果?在缴纳养老保险费用的问题上,各种因素通过怎样的机制和逻辑在实践之中交织成为当前的外在效果?然而至今,有关下岗失业人员社会保障问题的研究主要还是一种制度层面的"宏大叙事",缺少对下岗失业人员缴纳养老保险费的制度参与行为的经验研究,尤其是一种着眼于个体与制度之间实践关系的实证研究。

二 已有研究与本研究的立场

到目前为止，关于我国社会保障问题的研究虽然涌现出大量成果，但是多数属于一般性的理论探讨，或者是应用性的政策研究。

葛延风在《改革与发展过程中社会保障制度的建设问题》一文中，从制度的层面上指出了当前我国社会保障制度（包括养老、医疗和失业保险制度）中存在的种种问题，并就下一步的改革方向提出了政策建议。比如对于养老保障制度，需要解决老职工的养老金来源问题，用国有资产存量偿还对老职工的养老金负债，在此基础上建立完全的个人账户制度（葛延风，1998）。"中国社会保障体系研究"课题组在长期调查的基础上得出结论认为，中国社会保障体系的问题在于制度设计的不合理，这种状况使得政府、企业和个人都未能从现行制度中获益，老百姓对社会保障制度心存疑虑（"中国社会保障体系研究"课题组，2000）。

更多学者的分析侧重于与下岗失业相关的社会保障制度在执行过程和实施结果方面的问题研究。如有研究者认为，严峻的失业问题迫切要求我们建立比较完善的社会保障体系，但是目前的社会保障体系与此目标还相差甚远，具体的问题在于社会失业保障体系脆弱、涉及面狭窄、保障水平低以及失业救助与再就业培训失调等（刘厚平，1999）。有研究者则用调研资料说明，在目前下岗职工基本生活保障政策的执行中，仍存在着一些亟待研究和解决的问题，如下岗职工基本生活保障基金来源缺乏保障、优惠政策不落实、运营秩序不规范、办法措施不主动以及政治责任感不强等（郭军，2000）。杨团总结出中国养老保险制度的九大问题，如保险基金入不敷出、覆盖率低、非正式部门投保难、公众信用危机、管理体制存在弊端等等，并由此从制度层面提出了若干对策建议（杨团，2000）。

上述研究大多集中于两个方面,一是对制度和规则本身的合理性探讨;二是关注制度的实施结果和所遭遇的实际问题。虽然关注取向不同,但总的来看,二者都集中于制度的层面,较少涉及制度的目标群体自身对制度的参与问题。与以往这些对社会保障的制度研究的旨趣不同,本研究采用的是一种"实践社会学"(孙立平,2002)的立场,首先把下岗失业人员中缴纳养老保险费的问题看做一种实践形态的社会现象与过程。由此立场出发,我们认为,评价一项制度的效能,不能停留于制度的文本和设计本身,也不能只做简单的最终效果评估,而需要着眼于制度与制度的目标对象之间实践的互动关系。这是因为,制度从设计到实施的过程,都是一个制度设计者与制度目标群体互动的实践过程,制度所能取得的实际效果,便是这样一个充满策略性的互动关系和过程的产物。在这种实践关系中,行为者对制度的参与构成制度赖以运作的必要条件,影响着制度的实际运作和最终绩效。尤其对于基本养老保险这样一项以足够人口覆盖为基本运作前提的涉及广泛的社会保障制度来说,目标群体的参与更是具有极其重要的意义。①

另外,作为制度目标群体的下岗失业人员,当他们与原单位脱离关系之后,以对单位的高度依附为特征、涵盖其职业和生活几乎全部方面的再分配体制及相关制度在他们身上发生了抽离,个体不得不独立地面对市场机制,这个制度性变迁的过程重塑了他们置身其中的机会结构。面对不同于以往的生活保障制度,在某种意义上,他们具有"自由"选择的权利,既可以选择参与也可以选择退出,包括因收入和制度的原因客观上无法参与或者所

---

① 劳动和社会保障部部长郑斯林在国际社会保障协会第 28 届大会关于"中国社会保障的可持续发展"特别全会上指出了中国社会保障制度面临的几方面问题,包括人口老龄化、城镇化以及灵活就业人员社会保障覆盖率低的问题(参见《中国社保制度面临严峻挑战》,2004)。从现实和目标群体的角度看,当前我国养老保险制度所面临的这些严峻挑战,本质上都属于制度参与的问题。对于这些问题,不仅需要从制度设计方面反思,还需要从目标群体的制度参与角度进行检讨。

谓"用脚投票"式的不参与，而此时国家也不再可能以组织化动员的手段（孙立平等，1999）对他们的参与行为进行强制。所以，当前在对社会保障状况尤其是下岗失业人员的社会保障状况进行研究时，如果缺乏对制度实践中主体性因素的关注，那么这个制度不仅是不全面的，而且也不符合制度与这些特定行为主体之间不同以往的关系模式，以及新的模式下这些行为主体地位所发生的深刻变化。

基于上述认识，本研究的目标在于利用调查数据分析下岗失业人员缴纳养老保险费的制度参与模式，从社会保障制度和作为其目标群体的下岗失业人员互动的实践出发，以对下岗失业人员的行为逻辑和日常生活为观照对象，解释面临各种结构约束和客观限制的下岗失业人员的制度参与问题，以此来展示针对下岗失业人员的社会保障制度与下岗失业人员的行为策略之间互动的逻辑与机制，为社会保障制度的改进与完善提供参考。

三 研究假设

下岗失业者在缴纳养老保险费等问题上的参与行为究竟受到哪些因素的影响？不同的理论视角可能对此会有不同的关注点。

根据制度主义学派的基本观点，主体的行动必然受制于制度的安排。处于转型特定情境下的下岗失业人员所面对的制度框架[①]是极具历史性的，不断推进的国有企业改革虽然通过下岗、并轨、买断等一系列的制度安排将大批原来处于体制内的工人抛向市场，从而彻底改变了他们的生活机会结构，然而制度转型存

[①] 这里的制度不限于社会保障制度，而是指国家制定的与下岗失业人员有关的各项制度，包括下岗失业、并轨买断、再就业等等。这些制度为下岗失业者营造了一个制度环境，形塑着他们的生活际遇与机会结构，影响着他们对社会保障制度的参与行为。

在着路径依赖，工人在下岗失业的过程中实际上存在种种差异，尤其体现在对某些制度的参与资格和能力等问题上。譬如，集体企业的工人与国有企业的工人相比，下岗失业后仍然会受到不同的政策待遇，部分人员参加基本养老保险的资格问题久拖未决。另外，制度设计与制度实践总是存在相当的距离。按照政策规定的某些事情，在现实中往往不能得到切实执行。比如，某些企业长时间集体放假，既不生产也不破产，工人无法得到买断的补偿，无法按照规定领取失业救济金。① 总之，相关制度为下岗失业者设定了基本的框架，对下岗失业人员缴纳养老保险费的行为具有决定性的作用。

以微观经济学的视角来看，从理性人的假定出发，缴纳养老保险费是事关个体与家庭基本生存安全、影响长远的投资性行为，涉及对收益、成本、风险性的权衡，即使不假定行为主体必然会根据自身的禀赋条件和预算约束求得效益的最大化，也必须承认，无论下岗失业者存在怎样的偏好，基本养老保险对于普通城市就业人口来说都是一种必需品，且带有一定的国家强制的性质，他们无论如何是不会轻易处置的，因此需要把下岗失业者缴纳养老保险费的行为看做一定约束下理性选择的结果，可以给出某种合乎逻辑的解释。与此紧密相关的是，可以认定，收入水平是决定下岗失业人员是否缴纳养老保险费的关键因素。一般来讲，尽管下岗失业人员受社会支持网络因素的影响，但他们的算计和选择行为难以突破家庭收入这一预算约束的边界；而且，在养老保险费用支出相对固定的情况下，收入水平高低对于个体是否选择缴纳养老保险费具有决定性作用。在此方面一些调查研究和下岗失业人员自身的陈述也肯定了这一点。所以，在研究这个

---

① 如果说第一种情况是特定制度安排设置出明确的身份门槛，那么后一种情况则属于制度实践塑造出模糊的身份。就目前情况来看，这种模糊性与明确性一样，将相当部分下岗失业人员过滤在社会保障制度之外。

群体缴纳养老保险费的行为时,我们把收入水平视作对下岗失业人员行为产生决定性作用的重要因素。

从社会理论的角度讲,尽管下岗失业人员面临着制度安排的种种约束,但我们不能将下岗失业群体看做完全被动的制度承受者。在社会学的理解中,制度作为一种规则的实践或者说实践的规则,具有一种所谓的"结构二重性"(吉登斯,1998),这意味着制度的作用对象不是完全被动的承受者,制度也不是外在的制约结构,而是内在于行动之中,是制度实践过程中各方参与者行动"结构化"的产物。为了以统计方式展示出这个效应,模型中引入若干刻画主体特征的背景变量。我们认为,尽管下岗失业群体是一个同质性较高的群体,但其中也存在一定的分化和差异,如性别、所处生命周期的不同阶段,家庭收入等。可以想见,这些因素透过不同行为主体具有能动性的实践,对其缴纳养老保险费的行为会产生差异性的影响,从而造成养老保险制度在下岗失业者群体中显现出不同的效果。

由此,我们就下岗失业人员的养老保险费缴纳问题,分别从制度因素、收入因素和个体因素三个方面提出如下研究假设:

第一,与下岗失业人员有关的宏观政策对下岗失业人员缴纳养老保险费的行为构成结构性制约;

第二,收入因素对于是否缴纳养老保险费具有重要影响,有必要单独强调收入水平对下岗失业人员缴纳养老保险行为的约束和决定作用;

第三,在双重约束下,不同背景特征的下岗失业人员在缴纳养老保险费问题上,具有一定的自主性,实际选择的差异影响到制度实施的效果。

进一步,我们将这些假设操作化为以下具体有待验证的命题:

第一,下岗失业人员个人缴纳养老保险费受制度因素的显著影响；

第二，收入水平对下岗失业人员是否缴纳养老保险费的行为构成条件和约束，显著影响缴纳养老保险费的选择行为；

第三，缴纳养老保险费与否的下岗失业人员背景特征具有显著差异。

不论是基于制度主义的立场，还是理性选择的解释，抑或是一种对结构与主体二重性的强调，这些假设都不是各自独立的，而是彼此交织、整合一体的关系，统一于一种对养老保险制度与下岗失业者参与其间的实践关系的观照。为了表明这一点，我们将三方面的因素同时纳入模型，用概率方程的形式表示如下：

$$L(p) = f(I_1, I_2, I_3)$$

其中，p 代表缴纳养老保险费的发生概率，I_1 代表制度因素（Institutional Factor），I_2 代表收入因素（Incoming Factor），I_3 代表个体因素（Individual Factor）。

下面我们使用来自"下岗失业社会保障制度在实际中的运作研究"课题的数据资料对此模型进行验证并对结果做出解释。

四 资料来源

问卷调查在东北地区的 C 市和 S 市进行，分别完成于 2003 年 11 月和 2004 年 4 月。受客观条件限制，调查缺乏市级层面有关下岗失业职工在全市空间分布的资料，未严格按照预定的概率比例原则进行抽样。在实际执行中，我们在 C 和 S 两个城市，分别选取了传统工业分布广泛、下岗工人居住集中的两个城区和一个城区，然后按照人口比重抽取了街道和社区居委会。在社区一级，使用等距抽样抽取符合条件①的下岗失业人员。调查共发放问卷1070份，经认真核实，最终获得有效问卷976份，有效率91.2%。

访谈资料取自课题组成员多次赴C、S两市田野调查所获得的50万字的访谈素材。

五 基本状况描述

根据调查结果，我们对下岗失业人员的基本生活状况和养老保险费缴纳的总体情况做一简单的描述，以便人们对此有一个总体的把握和了解。我们也将根据研究假设从中选择模型的解释变量。

1. 样本概况

本次调查的下岗失业人员，男性占47.6%，女性占52.4%。年龄均值为42岁（标准差6.57），其中年龄以48岁的最多。分段来看，45~49岁所占比例最大，占30.1%，其次是40~44岁年龄段，占26.9%。文化程度以初中居多，占59.6%，高中文化程度的占30.4%，小学及以下文化程度的占4.6%，具有大专及以上学历的仅占5.1%。在政治面貌方面，群众占绝大多数，为89.9%，中共党员占5.4%，团员占4.6%，民主党派占0.1%。被访者下岗前原所在单位属于国有企业的占58.6%，集体企业的占35.9%，其他形式的占6.3%。从下岗前在工作单位的身份来看，普通工人占绝大多数，比例为82.9%，办事人员占6.5%，工程师为1.0%，具有干部身份的比例为5.6%，其他为4.0%。这些数据表明了下岗失业人员作为一个弱势群体其"政治资本"、

---

① 主要条件包括：有本市常住居民户口，没有办理离退休手续，有下岗失业经历，曾在国有或集体企业工作过。

155

"社会资本"匮乏的普遍状态。而且,在受教育程度、职业身份等方面同质性较高。

2. 职业状况

从调查来看,下岗失业人员参加工作时的年龄集中在 17~21 岁,占被访者的 65.2%。虽然下岗者年龄偏大,但从下岗当年的年龄分布来看相当分散。在本次调查的样本中,下岗当年的年龄均值为 35.7 岁(标准差 7.73)。分年龄段来看,下岗当年年龄在 30 岁以下的占 23.3%,30~40 岁的占 42.1%,40~50 岁的占 32.5%,显示出下岗政策对各年龄段群体的普遍影响。截至调查日期,下岗时间 5 年以下的占 37.2%,6~10 年的占 37.0%,10 年以上的占 25.7%。截至调查日期,32.7% 的下岗失业人员已经买断工龄。C 市买断工龄的比例为 15.0%,S 市这一比例已经达到 55.7%。简单来看,下岗失业人员买断补偿均值为 8340 元(标准差 8500)。从分布看,25% 少于 4000 元,50% 少于 7000 元,75% 小于 10000 元,90% 小于 15000 元。

根据本次调查,66.5% 的被访者下岗失业后找过事儿做,33.5% 的人表示没找过。64.5% 的下岗失业人员表示当前有工作,35.5% 的人表示当前没有工作。从被访者的回答来看,下岗失业以后,63.7% 的人打过零工,16.2% 的人摆过摊,16.4% 的人干过个体,14.1% 的人做过服务员的工作,3.9% 的人开过出租车。从被访者自陈的工作种类中可以看出他们所从事的具体工作一般属于非正式就业的灵活就业形式。

3. 收入状况

根据本次调查,下岗失业人员家庭人均月收入 218 元,区间估计为 206~230 元(95% 置信度)。从分布来看,20% 的家庭人均月收入低于 100 元,60% 的家庭人均月收入低于 200 元,75% 的家庭人均月收入低于 300 元,90% 的家庭人均月收入低于 400 元。总的来看,下岗失业人员家庭收入普遍呈现较低的水平。家庭人均月支出 215 元，区间估计为 207～223 元（95% 置信度）。20% 的家庭人均月支出低于 125 元，50% 的家庭人均月支出低于 200 元，80% 的家庭人均月支出低于 300 元，95% 的家庭人均月支出低于 400 元。从均值来看，下岗失业人员家庭收支处于基本平衡的状态。

从调查来看，41.1% 的家庭存在着夫妻同时下岗失业的问题。统计分析的结果表明，夫妻"双下岗"的家庭人均月收入显著低于只有一人下岗的家庭（p = 0.000）。在本次调查中，有 58.5% 的下岗失业职工没有办理失业证。从调查来看，在办理了失业证的人中，已经有 58.0% 的人领取了失业保险金。另外 42.0% 的人尚未领取过失业保险金。调查表明，在有父母健在的被访者中，78.0% 的不给父母赡养费。相反，有 37.5% 的下岗失业人员表示父母给自己一定的资助。在父母有退休金的下岗失业者中，这个比例超过半数，占 51.0%。这些数据大致反映了下岗失业人员中存在的所谓"老养小"问题的普遍性。

4. 养老保险费缴纳状况

根据本次调查，去除表示养老保险费由单位缴纳或者由个人和单位分担及其他特殊情况，在表示个人承担社会保障缴费的下岗失业人员中，有 35.5% 的人完全由个人缴纳养老保险费（有效样本数 777，95% 的置信度下误差不超过 ±3.3%）。这个比例明显低于全国城镇从业人员养老保险约 55% 的参保率。从调查结果来看，54.5% 的下岗失业人员下岗前在原单位享受养老保险，而当前只有 35.5% 的下岗失业人员个人缴纳养老保险费。根据交叉统计的结果推断，有 56.0% 的下岗失业人员中断参保。

调查结果表明，下岗失业者个人是否缴纳养老保险费用，主要不是一个观念差异的问题，因为超过半数的下岗失业者都认为缴纳养老保险费是必要的。在没有缴纳养老保险费的人中，有 64.5% 的人认为有必要办理这项社会保险，25.9% 的人认为十分有必要办理这项社会保险，两者之和达 90.4%；有 45.0% 的人对自己将来这方面会遇到问题表示忧虑，42.9%的人表示十分忧虑，两者之和达到87.9%。当问及"哪项社会保障对您来说最重要"时，67.7%的人表示养老保险最重要。这些数据表明，在下岗失业人员的认定中，养老保险作为一项涉及深远的基本社会保险制度具有重要的地位。

从下岗失业人员自身阐述的未缴纳养老保险费的原因来分析，大部分是相对于收入的费用标准问题。在未交养老保险费的人中，76.1%的人表示"费用高交不起"，12.5%的人表示"不知道怎么办理"。从被访者自陈的原因来看，有相当比例是由于单位原因，如"等待企业破产给交"、"认为应该由单位交"（实际没交或者不清楚交没交），或者由于是集体企业或者国有企业尚未清算破产从而导致职工社会保险问题悬置。

六　模型与方法

1. 研究设计

（1）基本思路

为了判别哪些具体因素（包括制度因素、收入因素和个体背景因素）对下岗失业人员是否缴纳养老保险费具有显著的影响，我们首先采用二分类多元 Logistic 回归分析方法筛选出对作为因变量的缴纳养老保险费与否影响显著的自变量，并以数量化的统计模型形式在有统计控制的条件下检验这些自变量各自变化对因变量的作用幅度，比较不同自变量对因变量的贡献率大小，进而对影响是否缴纳养老保险费的因素依据其贡献率大小进行排序。

在此基础上，为了更直观地展现缴纳与不缴纳养老保险费的下岗失业人群各自的背景特征，我们进一步采用判定树中的 CHAID（Chi－square Automatic Interaction Detector，卡方自动交互检测）方法对调查数据进行深入挖掘，廓清养老保险费用缴纳在不同背景特征下岗失业人群中的分布状况。

（2）变量选择

因变量：个人是否缴纳养老保险费。

自变量包括了制度层面和个体层面（包括收入因素）的因素。

在制度层面，包括是否买断工龄、是否领到失业金、原单位性质、在原单位是否享受养老保险、所在城市等变量。这些变量都包含着作为个体的下岗失业者无法控制的结构因素。

在个体层面，包括性别、年龄、家庭人均月收入[①]、下岗年头、当前有无工作、父母是否给予一定资助。这些变量刻画了不同的下岗失业者个体的背景特征。

2. Logistic 回归模型

（1）变量预处理

在 Logistic 模型中，因变量为当前个人是否缴纳了养老保险费，缴纳的赋值为1，没有缴纳的赋值为0。

自变量中的离散变量经过虚拟变量处理。性别以女性为参照类，当前是否有工作以没有工作为参照类，夫妇是否双下岗以非双下岗为参照类，当前是否领到失业金以没有领到失业金为参照类，在原单位是否享受养老保险以不享受为参照类，原单位性质以集体企业为参照类，父母是否给予一定资助以不给予资助为参照类，城市以 S 市为参照类。

为了便于结果的比较，年龄均以 5 岁为单位、下岗年头以 3 年为单位。另外，从分布来看，家庭月人均收入呈严重偏态分布（偏态系数 S＝4.431），我们取自然对数，使之整体服从正态分布。

[①] 有鉴于调查所揭示的下岗失业人员中工作及收入的极其不稳定状况，我们主要选择了家庭人均收入水平作为自变量，这不仅在于对下岗失业人员来说，家庭人均月收入稳定性要强一些，也在于这样更符合当代中国城市家庭作为共同生活和基本收支决策单位的实际情况。我们在调查中规定，家庭人口指的是经济上一起核算、没有分家的人口。

（2）筛选变量

首先，为从三个方面寻找解释能力最强的自变量并尽量降低自变量间多重共线性影响，采用 SPSS 中 Logistic 回归自动筛选显著自变量的方法（Backward：Conditional），建立最优的逐步回归方程。分步回归概率临界值 0.05 进入，0.10 剔除。经过计算，最终模型中剩余性别、是否买断、在原单位是否享受养老保险、家庭人均月收入（自然对数）、年龄（5 岁）、是否领取养老金六个变量，剔除了城市、当前有无工作、是否双下岗、单位性质、下岗年头、父母是否给予一定资助几个变量。[①]

（3）最终模型

为了排除不显著变量的干扰，我们采用变量全部进入（Enter）的方法重新构造因变量与 6 个显著变量的 Logistic 回归方程。

---

① C 和 S 两个城市在国有企业和社会保障改革进程方面存在一定差异，简单从列联表来看，S 市下岗失业人员缴纳养老保险费的比例为 45.9%，显著高于 C 市 25.2% 的比例（p = 0.000），显示了社会保障试点改革的效果。但通过变量筛选，城市被从模型中剔除，这表明当控制某些制度性变量的时候，这个代表了改革进程差异的空间变量对养老保险费缴纳的影响是不显著的。在剔除的变量中尤为值得注意的是当前有无工作这一变量，其对下岗失业人员是否缴纳养老保险费的不显著性，从一个侧面表明下岗失业者当前的工作基本上无法提供由非个人承担的养老保险费。从本次调查结果来看，绝大多数表示"找过事儿做"的下岗失业人员所从事的都是所谓"灵活就业"的非正式职业，工作和收入稳定性很差，无法提供养老保险。从模型剔除的变量看，下岗失业人员原属单位的性质对养老保险费是否缴纳的影响也不显著。这说明复杂的现实情况中可能存在决定养老保险费缴纳的更直接的制度性因素。比如，模型中所纳入的是否买断、在原单位是否享受养老保险等。事实中也存在所谓"国有带集体"（也就是大型国有企业内部的集体性质单位）的工人能够享受到与国有企业职工在买断等问题上差不多的待遇的情况。夫妻是否双下岗和父母是否给予一定资助与家庭人均月收入高度线性相关，从模型中剔除也在预料之中。

另外值得注意的是，被剔除的候选自变量还包括下岗年头。根据调查数据来看，下岗年头与是否缴纳养老保险费存在显著的相关（p = 0.000），下岗年头越长，个人缴纳养老保险费的比例也越低。不过这里模型自动筛选的结果剔除了这个变量，而且当控制代表某些制度性因素的变量后，下岗年头对是否缴纳养老保险费的作用整体上来说并不显著。从实际意义上讲，这意味着某些制度性资格可能是导致缴纳养老保险费与否的决定性因素。

输出结果见表 4-1。

表 4-1 最终模型中的变量

	B	S.E.	Wald	df	Sig.	Exp (B)
是否买断（买断）	0.964	0.190	25.638	1	0.000	2.622
在原单位是否享受养老保险（享受）	0.881	0.183	23.174	1	0.000	2.414
是否领到失业金（领到失业金）	0.940	0.203	21.545	1	0.000	2.561
性别（男）	-0.600	0.180	11.156	1	0.001	0.549
年龄（单位：5岁）	0.271	0.070	15.235	1	0.000	1.312
家庭人均月收入之自然对数	0.308	0.132	5.408	1	0.020	1.360
常数项	-5.375	0.993	29.300	1	0.000	0.005

用方程表示即为：

$$\text{logit } p = \ln\left(\frac{p}{1-p}\right) = -5.375 + 0.964 \times \text{Buyout} + 0.881 \times \text{Annuity} +$$

$$0.940 \times \text{Dole} - 0.600 \times \text{Sex} + 0.271 \times \text{Age} + 0.308 \times \text{LnPerincome}$$

其中，p：缴纳养老保险费的概率；Buyout：是否买断（未买断为参照类）；Annuity：在原单位是否享受养老保险（不享受养老保险为参照类）；Dole：是否领取失业救济金（未领取失业救济金为参照类）；Sex：性别（女性为参照类）；Age：年龄；LnPerincome：家庭人均月收入之自然对数。

（4）模型评价

从输出结果看，-2 Log likelihood = 776.015，Model Chi-Square = 156.369，df = 6，Sig. = 0.000，统计显著，说明模型整体检验十分显著。从预测分类表来看，模型整体预测正确率达到 72.6%。[1] 分别来看，各自变量均在 0.05 水平显著，肯定了各自

---

[1] 研究模型预测准确能力为 72.6%，表明在是否缴纳基本养老保险费问题上如果继续提高模型的预测正确能力，还需要从其他方面寻找原因。实际的调查发现，下岗失业者对相关制度知识和信息的把握存在相当大差异；对制度以及个体自身前景预期的确定性也有一定不同，这势必会对是否缴纳养老保险行为造成影响；某些心态和价值观念的差异、下岗失业人员之间在此方面的相互影响也可能是在养老保险问题上导致不同行为结果的原因。这些因素不包括在本次研究模型中，有待进一步的调查分析。

变量对于因变量的作用。

(5) 模型解释

是否买断、是否领到失业金、在原单位是否享受养老保险这三个变量代表了影响下岗失业人员缴纳养老保险费的制度性因素。根据模型输出的发生比率（Odds Ratio），已经买断工龄的下岗失业人员缴纳养老保险费的发生比是没有买断工龄的 2.62 倍。领到失业救济金的下岗失业人员缴纳养老保险费的发生比要比没有领到失业救济金的高出 1.56 倍。在原单位享受养老保险的下岗失业人员要比不享受养老保险的下岗失业人员缴纳养老保险费的发生比高出 1.41 倍。

在特定的转型背景下，这些制度层面的变量反映了下岗失业者在制度框架中的不同定位，代表了他们有差异的资格能力。是不是买断工龄的结果体现了下岗失业者所在企业改革的进程差异，以及企业是否有能力给工人买断补偿。[1] 另外，买断补偿所得对下岗失业人员来说也构成一笔收入，从对下岗失业人员的访谈来看，被访者中常有人强调"买断补偿不够交养老保险费"，可见二者之间存在紧密的联系。在原单位是否享受保险，表明了下岗失业人员下岗之前所在企业的性质和实力，下岗之前享受养老保险者，下岗后续交的可能性无疑要高于情况相反者。是否领取失业保险金同样代表了某种从原体制中继承而来的资格；另外，每月 223 元持续两年的失业保险金也同样构成一笔相对稳定的收入。[2]

---

[1] 这是就下岗失业人员群体内部而言，当然如果比较在职工人与下岗失业人员这两个不同群体的话，是否买断工龄则起着相反的作用。

[2] 需要指出的是，是否买断、下岗前在原单位是否享受养老保险、是否领到失业金三个变量之间相关性显著（p = .000），表明了一种制度之间的连贯性。不过尽管如此，变量间相关程度很低，模型多重共线性检验的指标离一般要求的临界值较远。从实际意义上来讲，这表明三个变量分别代表的制度安排在实践中的效果并不是严格一致的，而是参差交互的，对部分下岗失业人员来说，意味着存在一种由制度营造的空间。

家庭人均月收入对是否缴纳养老保险费具有正向作用,家庭人均月收入每增加1.7倍,缴纳养老保险费的发生比就提高36.0%。家庭收入高意味着预算约束的相对宽松,降低养老保险费用在家庭收支中所占的比例,这无疑为下岗失业人员缴纳养老保险费提供了更多的可能。

从结果看,根据模型,男性下岗失业人员缴纳养老保险费的概率要低于女性。男性下岗失业人员缴纳养老保险费的发生比只有女性的58.8%。可见在控制其他变量的情况下,女性下岗失业人员比男性下岗失业人员缴纳养老保险费的概率显著高。按政策规定,女性由于退休时间早于男性,而且一般来讲女性求稳定的心理要强于男性,因而形成总体来说女性下岗失业人员缴纳养老保险费的比例显著高于男性的状况。

年龄对缴纳养老保险费具有正向作用。从发生比来看,年龄每增加5岁,缴纳养老保险费的发生比就提高31.2%。从实际意义上讲,年纪大的下岗失业人员距离法定退休年龄较近,养老问题也更迫切,而且如果买断工龄的补偿相对丰厚[①]的话,可以基本支付缴纳买断至退休这段时间养老保险的支出,这些因素使得年纪大的下岗失业人员缴纳养老保险费的比例自然高于年轻的群体。

从最终模型来看,制度因素、收入因素和个体因素都包含在其中,表明三方面因素对下岗失业人员缴纳养老保险费的行为都具有显著的决定性作用。

(6)各自变量贡献率的比较

模型中自变量的回归系数均为偏回归系数,表示在控制其他变量时,某自变量对因变量有独立作用。那么相对来说,哪个变

---

① 根据统计结果,工龄与补偿呈现显著的线性关系,但是工龄只能解释补偿金7%的变差。在补偿金问题上,工龄并不是决定性的因素,各单位具体的补偿金标准对于下岗失业人员最终获得多少买断补偿更为关键。

量对自变量作用更大呢？在肯定了三个方面因素的显著性作用之后，我们可以通过比较各自变量标准化的回归系数，来进一步探究这个问题，从而深化对这个问题的理解。我们使用如下公式（郭志刚，1999）求得各自变量的标准化回归系数：

$$\beta_i = b_i \times \frac{S_i}{\pi \div \sqrt{3}} \approx b_i \times \frac{S_i}{1.8138}$$

其中，β_i 为第 i 个自变量的标准化回归系数，b_i 为第 i 个自变量的非标准化回归系数，S_i 为第 i 个变量的标准差，$\pi \div \sqrt{3}$ 为标准 Logistic 分布的标准差，近似等于 1.8138。

根据上述公式，经计算得到表 4-2。

表 4-2 模型自变量的标准化回归系数

自变量	b	s	β
是否买断（买断）	0.964	0.482	0.256
在原单位是否享受养老保险（享受）	0.881	0.500	0.243
是否领到失业金（领到失业金）	0.940	0.442	0.229
性别（男）	-0.600	0.499	-0.165
年龄（单位：5 岁）	0.271	1.30926	0.196
家庭人均月收入之自然对数	0.308	0.70336	0.119

通过比较变量的标准化回归系数，可以看到，在这 6 个变量中，对下岗失业人员缴纳养老保险费作用最大的是是否买断工龄、在原单位是否享受养老保险、是否领到失业金，其次是年龄和性别，然后是家庭人均收入水平。

（7）小结

从以上模型可以看出，在下岗失业人员中，个人缴纳养老保险费的概率，当控制其他变量时，已经买断工龄的群体高于没有买断的群体、在原单位享受养老保险的群体高于不享受的群体、领到失业金的群体高于没有领到失业金的群体；女性群体高于男性群体、年纪大的群体高于年轻的群体;家庭人均月收入高的群体小于家庭人均月收入低的群体。

比较而言,作为制度性因素的是否买断工龄、在原单位是否享受养老保险以及是否领到失业金是决定下岗失业人员是否缴纳养老保险费的最重要因素;其次是性别、年龄等个人背景变量。值得注意的是,收入因素在决定下岗失业人员缴纳养老保险费与否的问题上,相对来说并不是一个十分显著且重要的变量。当然,并不能就此得出结论认为家庭收入在决定下岗失业者是否缴纳养老保险费问题上并不关键。实际上,下岗失业者缴纳养老保险费的行为严重受制于收入水平,然而在这个群体中普遍低收入的高同质性降低了收入因素对下岗失业者在决定是否参与养老保险制度上的显著性。下岗失业者对收入的强调遮蔽了其他因素对是否缴纳养老保险费的作用。在下岗失业人员生活普遍处于生存边缘化的水平[①]下,在是否缴纳养老保险费的问题上,相对来说,

---

[①] 下岗失业者生存状态的边缘化,伴随着市场取向的国有企业改革的整个过程。改革之前,中国社会处于一种总体性的制度安排之下,国家通过单位、公社等总体性组织垄断着几乎全部资源与机会。国家为工人提供就业机会、工资收入、免费医疗、住房条件等生存保障,工人对国家保持合法性认同,这种庇护主义的关系网络形塑了工人的生存策略。而历经多年的国有企业改制,已经彻底打破了传统再分配体制下工人对国家的组织性依附和庇护主义关系,彻底改变了这个群体的生存保障原则。失去庇护的下岗失业工人不得不自己缴纳社会保险金,个体必须为自己的生存保障负责。从他们当前的生活状态来讲,贫困化的处境接近于一种"安全第一"的"道义经济学"(斯科特,2001)的原则。当然,这并不是道义经济下生存伦理的原本意义。恰恰相反,他们脱身其中的企业单位和再分配体制才构成一种现代意义上"道义经济"。然而,斯科特在研究前资本主义农民反抗行为时提出的这个概念,在运用到处于社会转型的当代中国下岗失业群体时仍然具有启发意义。只不过,这里传统的社会主义父爱主义的道义经济的伦理意涵已经消退殆尽,对它曾经的受众来说只剩下严峻的生存的现实(陈峰,2000)。从这个意义上来讲,国家当前在下岗失业人员身上大力推进的"三条线"的社会保障原则,无疑具有其现实的意义,因为它体现了国家力图担负的最低生存权利的保障。

从统计数据来看,总体上讲下岗失业人员的家庭处于一种维持的生活水平。与此形成对应的是,从访谈资料来看,生存问题构成下岗失业人员在叙述当前生活状态时的基调和主线。在下岗失业人员关于自己生活的叙事中,贯穿(转下页注)

收入因素只起一个外在预算约束的作用,缴纳与不缴纳,这个选择虽然是在收入水平约束之下做出的,但很大程度上并不是由收入因素决定的。缴纳与否取决于收入之外的制度性因素以及反映个体差异的背景特征因素,如性别、年龄等。① 这个结果与一般的常识乃至下岗失业人员自身的认定都是不符合的,但充分体现了一种生存理性指导下制度参与的特性,体现了下岗失业人员在这个问题上的策略性和适应性选择。

(接上页注①) 着求职、疾病、子女教育、拆迁、物价等主题,无论现实的还是潜在的,突发的还是缓慢的,每个主题都与他们日常生活紧密相关,直接关涉本质性的生存问题。而他们的风险主要来自不稳定的工作、慢性的或者急性的疾病、即将到来的动迁、摊位遭到取缔等不可控的生活事件,如果说下岗失业人员依靠灵活就业和社会支持网络能够维持基本生活的话,这些事件就是"水深齐颈"时的致命威胁(斯科特,2001),往往会打破生活维持的"脆弱的平衡"(Bourdieu, 1999),触动他们生存的底线。值得注意的是,疾病是下岗失业人员在生活的叙事中不断重复的主题,从他们的叙说来看,在医疗产业化和缺乏医疗保障的情况下,疾病构成对他们生存状态的最大威胁。即使他们争取自身利益的行为,主要也是生存权利的表述。根据本次调查,就下岗后的生活保障问题,69.3%的人曾经到有关部门反映过。从反映的问题来看,44.0%的人是去争取低保,33.6%的人是去争取困难补助,25.2%的人是去争取下岗职工基本生活费,20.8%的人是去争取解决养老保险的问题,12.1%的人是去争取解决医疗保险的问题。争取失业证和失业保险的比例较低,分别为5.4%和9.1%。在被访者自陈的目的中,以争取工作权利,如"找工作"、"找活干",解决遗留问题,如"争取拖欠的工资"、"买断工龄",反映生活困难,如"没钱,要吃饭"、"(争取)采暖费"、"询问自己的情况怎么办"等为主。只有个别案例询问"为什么国营企业会破产"、"为什么让我下岗"、"下岗后自己为什么没有收支"等问题。从这一系列的数据中可以看到,下岗失业人员反映问题呈现一个显著的谱系:从基本生存问题到从自身生存困境出发对下岗失业政策合法性的质疑。这个谱系的分布是非常不均衡的,绝大多数行动都集中在反映属于基本生存范畴的问题。在失衡的权利结构之下,他们的利益诉求很少带有政治色彩,更不符合权利最大化的假设。对他们来说,首位的需要是生存问题。

① 进言之,社会保障制度对城镇就业人口来说是必需的,带有强制性。这个问题在在职人员中并不会成为一个斟酌再三的问题,然而在下岗失业人员中,缴纳还是不缴纳,却成为一个更现实的、更严峻的选择行为。可想而知的是,如果在在职工人群体内部对导致缴纳养老保险费与否的各因素进行比较分析,收入因素的作用同样会相对不显著。但是,如果在在职工人与下岗失业人员两个群体之间就缴纳养老保险费与否的问题上进行各影响因素的比较分析,收入因素将是一个具有决定性作用且十分显著的变量(部分通过职业状态表现)。

3. 判定树细分模型

(1) 变量选择

为了进一步了解不同背景特征的下岗失业人员缴纳养老保险费的细分状况,我们利用以上 Logistic 回归分析的结论,构造下岗失业人员养老金缴纳的判定树模型。

目标变量:个人是否缴纳养老保险费。

解释变量:是否买断、是否领取失业金、在原单位是否享受养老保险、性别、年龄、家庭人均月收入。

是否买断、是否领取失业金、在原单位是否享受养老保险、性别作为名义变量进入模型;年龄、家庭人均月收入作为连续变量进入模型。

(2) 模型选择

使用 CHAID 法,在默认的情况下得到模型Ⅰ(见图 4-1)。为了弄清性别因素的影响,在性别具有显著区分作用的节点进行人为指定,得到模型Ⅱ(见图 4-2)。两个模型实际上是一个模型,从输出结果来看,该模型预测正确率均为 71.3%。

(3) 模型Ⅰ解释

判定树模型的输出结果与 Logistic 回归模型基本一致,再次肯定了各自变量的作用及各自的相对重要性。

从模型Ⅰ来看,对个人是否交养老保险费来说是否已经买断工龄已构成首重因素。在已经买断工龄的下岗失业人员中,55.6%的人缴纳了个人养老保险费,而在还没有买断工龄的人中,只有 24.4%的人缴纳了个人养老保险费。

在已经买断的下岗失业人员中,在原单位是否享受养老保险具有显著的影响作用。在原单位享受养老保险的下岗失业人员中,缴纳养老保险费的比例为 62.0%。而在原单位不享受养老保险的下岗失业人员中,这一比例为 42.2%。在前一种情况中,可以看到性别因素的作用,女性缴纳养老保险费的比例为 69.2%,

图 4-1 细分模型 I

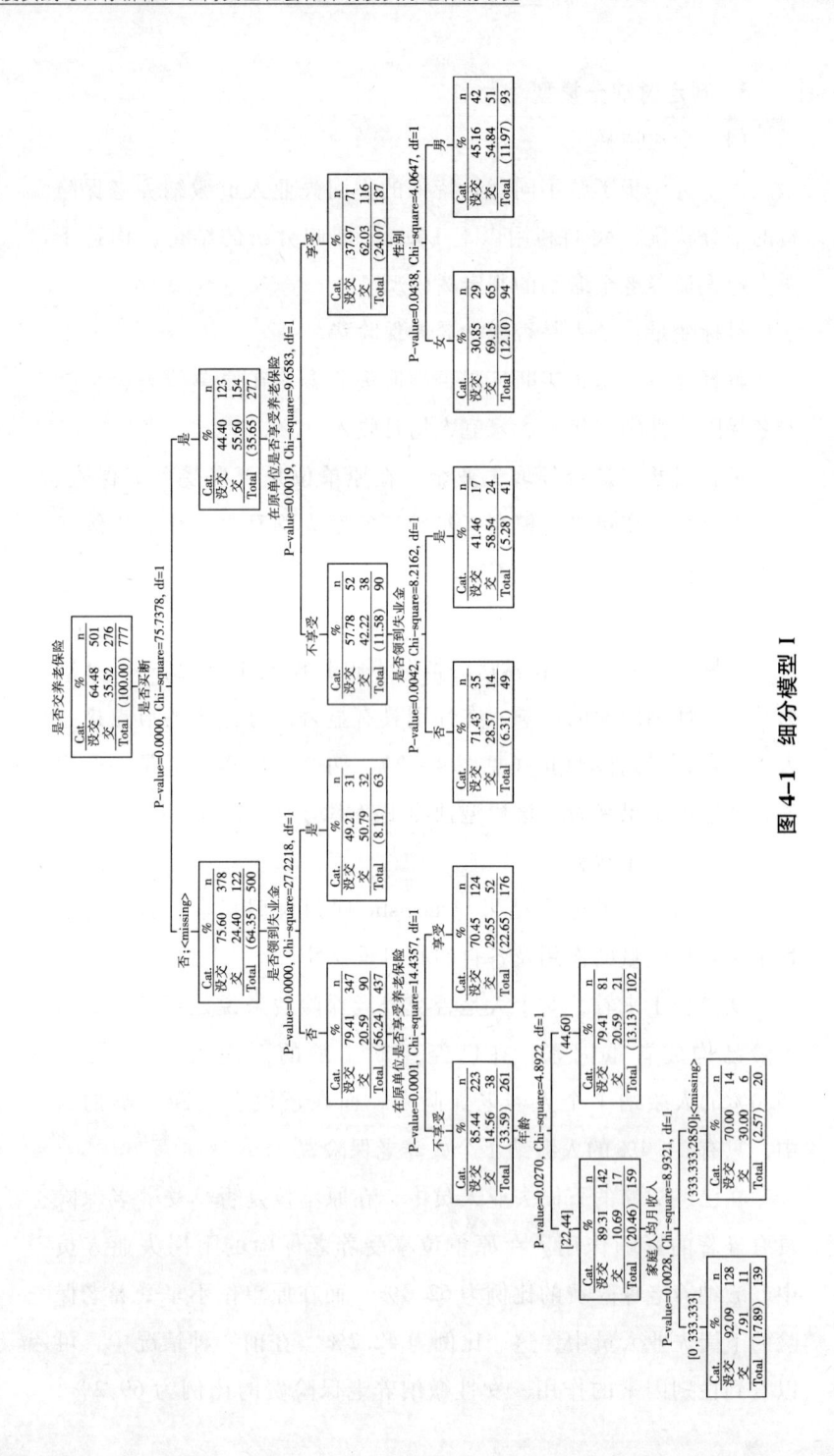

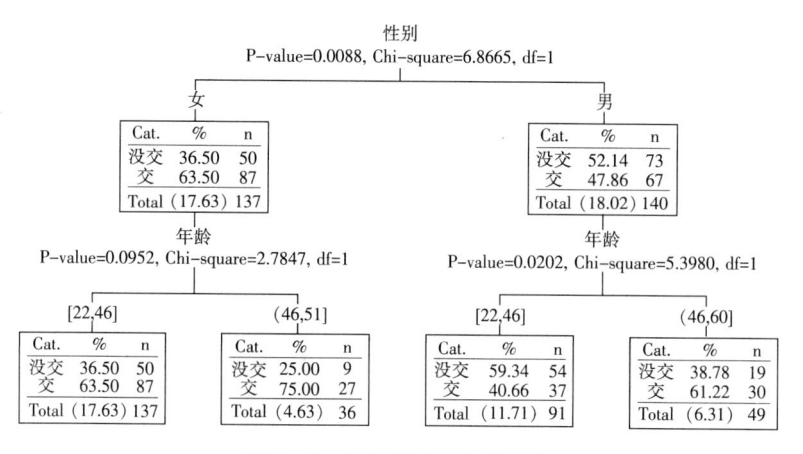

```
                           性别
            P-value=0.0088, Chi-square=6.8665, df=1
         ┌─────────────────┴─────────────────┐
         女                                   男
  ┌──────────────────┐                ┌──────────────────┐
  │ Cat.    %     n  │                │ Cat.    %     n  │
  │ 没交  36.50   50 │                │ 没交  52.14   73 │
  │ 交    63.50   87 │                │ 交    47.86   67 │
  │ Total (17.63) 137│                │ Total (18.02) 140│
  └──────────────────┘                └──────────────────┘
         年龄                                 年龄
P-value=0.0952, Chi-square=2.7847, df=1   P-value=0.0202, Chi-square=5.3980, df=1
    ┌────┴────┐                         ┌────┴────┐
  [22,46]   (46,51]                   [22,46]   (46,60]
┌──────────┐ ┌──────────┐          ┌──────────┐ ┌──────────┐
│Cat. % n  │ │Cat. % n  │          │Cat. % n  │ │Cat. % n  │
│没交 36.50 50│ │没交 25.00 9 │          │没交 59.34 54│ │没交 38.78 19│
│交  63.50 87│ │交  75.00 27│          │交  40.66 37│ │交  61.22 30│
│Total(17.63)137│ │Total(4.63)36│       │Total(11.71)91│ │Total(6.31)49│
└──────────┘ └──────────┘          └──────────┘ └──────────┘
```

图 4-2　细分模型 II 右侧分支

高出男性近 15 个百分点。在后一种情况中，是否领到失业金具有显著的区分作用，在领到失业金的人群中，缴纳养老保险费的比例为 58.5%，高出没有领到失业金人群近 30 个百分点。

在没有买断的下岗失业人员中，是否领到失业金首先影响到交不交养老保险费，在领到了失业金的人群中，缴纳养老保险费的比例超过了五成，在没有买断也没有领到失业金的人员中，这一比例仅为 20.6%。不过，在这个群体当中，下岗之前在原单位是否享受养老保险起到显著的区分作用。在原单位享受养老保险的人群中，缴纳养老保险费的比例为 29.6%，而在原单位不享受养老保险的人群中，这一比例为 14.6%。在原单位不享受养老保险的人群中，年龄因素显著影响到缴纳养老金的比例。在 44 岁以下的人员中，缴纳养老金的比例为 10.7%；在 44 岁以上的人员中，这个比例为 20.6%。

沿着判定树的路径继续往下走可以看到，在上述 44 岁以下人群中，家庭人均月收入起到了一定的区分作用。家庭人均月收入 333 元以下[①]的人群缴纳养老金的比例仅为 7.9%；而在家庭人

---

① 在本次调查中，家庭规模为三口之家的占大多数，家庭人均月收入 333 元，相当于家庭总收入千元左右。

均月收入333元以上的人群中，缴纳比例为30.0%。

(4) 模型Ⅱ解释

在已经买断的节点上，在原单位是否享受养老保险的卡方值为9.6583，Adj. p = 0.0019；性别的卡方值为6.8665，Adj. p = 0.0088。在默认情况下，模型自动选择在原单位是否享受养老保险作为下一步区分的变量，从而得到模型Ⅰ。为了评估性别因素的影响，人为指定性别变量作为该节点下一步的区分变量，从而得到模型Ⅱ。

从模型Ⅱ来看，在已经买断的下岗失业人员中，性别对是否缴纳养老金具有显著的影响作用。男性中缴纳养老金的比例为47.9%，而女性的这一比例为63.5%。在女性下岗失业群体中，年龄因素构成进一步的区分因素。46岁以上的女性缴纳养老金的比例高于46岁及以下女性11.5个百分点。在这个模型中，这个背景特征的群体，也就是已经买断、年龄在46岁以上的女性群体在整个下岗失业群体中缴纳失业金的比例最高。在男性下岗失业人员中也存在年龄因素导致的差异，46岁以上下岗失业人员缴纳养老金的比例要高出46岁及以下群体20多个百分点。[①]

(5) 小结

从该模型对下岗失业人员就是否缴纳养老保险费的细分结果来看，下岗失业人员中缴纳养老保险费的重点人群是已经买断工龄、下岗之前在原单位享受养老保险的人群。这部分人群约占下岗失业人员的24.1%，在这一群体中个人缴纳养老保险费的比例达到62.0%。如果考虑性别因素，可以看到，已经买断工龄、年龄在46岁以上的女性是整个下岗人员中缴纳养老保险费比例最高的部分，达到75.0%。

与此相对，在整个下岗失业人员的总体中，缴纳养老保险费

---

① 模型Ⅱ没有买断工龄的分支情况同模型Ⅰ。

比例较低的是没有买断、没有领到失业保险金、在原单位也不享受养老保险的群体。这一人群占下岗失业人员总体的 33.6%，其缴纳养老保险费的比例仅为 14.6%。这个群体养老金的征缴可以说构成了下岗失业人员养老金征缴工作的重点和难点。不过在这一群体中，可以看到下岗失业人员自身的背景特征构成显著的分化因素，年龄大、家庭人均收入高的人群缴纳养老保险费的比例较之情况相反者显著要高。

这个结果让我们看到了在一定的制度约束下，不同背景特征的下岗失业人群在养老保险费缴纳问题上采取的具有一定选择性的行为取向，换句话说，有关下岗失业者的就业和社会保障政策在下岗失业群体中产生了具有差异性的效果。而这种差异性效果的出现，就源于作为相关政策目标对象的下岗失业群体自身内部存在的分化因素。这不仅包括他们对因政策制定而产生的制度参与的资格能力和实际能否实现的问题，比如买断、领取失业救济金，也包括他们自身所具有的一些差异性的社会特征，如性别、年龄等。后者体现了下岗失业者在一定的约束（包括制度及收入因素）下选择行为的策略性和适应性。这一点在买断工龄、年龄在 46 岁以上的女性下岗失业人员群体中体现得尤为充分。这个群体法定退休年龄较之男性要早，虽然同样经历了下岗失业，但由于制度规定和背景特征的原因，她们自身的生命历程和职业生涯之间的断裂要容易弥合。

七　结论及政策意涵

从对下岗失业人员缴纳养老保险费问题深入分析的结果来判断，我们提出的三个假设基本正确，但也需要进行一定的修正和拓展。

首先，对于下岗失业人员来说，他们面临着基本养老金缴纳的问题,其可选择的制度化空间是相当狭窄的。是否缴纳养老金,很大程度上受制于制度因素。与已经买断工龄、领取到失业金的下岗失业人员相比,对那些由于多种原因(如参与资格问题、原单位破产久拖未决等)还没有买断、还没有领取到失业金的人员、由于体制原因下岗之前也未曾享受养老保险的人来说,个人缴纳养老金的比例要低得多。可以看到,制度因素严重制约着下岗失业人员在是否缴纳养老保险费问题上的机会结构。在此,作为文本的制度虽然以提高对目标群体的覆盖度为目标,但实际上,现实中的制度实践相当程度上却在下岗失业人员中间造成了制度性区隔,设置了身份门槛,对不具备某类资格能力的下岗失业者客观上起着制度排斥功能,造成相当比例的下岗失业者游离在社会保障制度之外。[①]

[①] 这个结论从制度实践的层面揭示了养老保险所面临的覆盖面窄的困境,实际上很大程度是与此相关的制度相互掣肘的结果。尽管就实际状况来说,这也许并非一种制度设计的"意外后果"。正如有政研部门专家称,按照政策规定,"国有企业改制,不管是股份制改造,还是出售或转让,首先要解决职工的权益问题。退休人员、面临退休的中老年职工,没有报销的职工医药费,都必须在解决了这些问题后才允许转让。如果有些地方在这方面出了问题,那也只能说是在管理上出现了漏洞,而不是制度本身设计上出现的问题。现在的主要问题就是企业逃避责任,根本不给职工参保,不交费"(何春中,2004)。在这个意义上,从制度的实践来看,制度的目标设定更像布迪厄所称的"不可能的任务"(Bourdieu et. al, 1999),而制度的实践则塑造出对部分下岗失业者的"玻璃屏障",令他们对社会保障可望而不可即。不过,从实际状况来看,围绕下岗失业人员参差交互的制度及其实践,不仅对于应对财政紧张等问题具有其现实性,而且通过一种"问题下移"的策略,赋予了制度整体以一定的变通性与合理性,足以应对制度目标群体现实的和潜在的维权行动。从本次调查来看,在问及"对目前国家制定的针对下岗失业职工的社会保障政策评价如何"的问题时,23.6%的人认为"好",3.2%的人认为"很好",二者比例之和为26.8%;认为"差"和"很差"的比例分别为27.1%和14.5%;认为"一般"的比例为31.6%。而在问及"对现在下岗失业职工社会保障的国家政策在实际中落实得怎么样"的问题时,认为"好"和"很好"的比例为3.2%;认为"差"和"很差"的比例分别为41.8%和30.0%,两项比例之和为71.8%;认为"一般"的比例为25.0%。从调查结果来看,对针对下岗失业职工的社会保障政策的评价要明显高于对这些政策在实际中落实的评价。

其次，与一般常识和下岗失业者自我归因相左，收入水平相对来说并不是一个决定是否缴纳养老保险费的重要因素。究其原因，一方面在于下岗失业人员家庭普遍的低收入水平，降低了收入因素对是否缴纳养老保险费的差异性作用；另一方面，尽管收入水平较低，但下岗失业人员在是否缴纳养老保险费的问题上做出"理性选择"，会在可能的范围以内，尽量压缩其他开支，续交养老保险费，"要不要"的算计极力压缩甚至超出了"能不能"的空间。而"要不要"的依据就在于下岗失业人员所面对的制度形塑的机会结构与自身社会特征的权衡之中，比如与政策规定的退休年龄接近。在这一点上，体现了这个群体对制度资源一定程度的策略性利用。总之，在控制其他因素的情况下，下岗失业人员家庭收入水平与缴纳养老保险费行为所呈现的微妙格局，表明二者之间并不是一个简单的因果关系。制度的设置固然因为费率标准将部分下岗失业者阻拦在门槛以外，但这种作用也是与目标群体一定的能动性相关联的。

再次，不同背景特征的下岗失业群体缴纳养老保险费的比例存在显著差异的现象表明，养老保险费征缴的政策落实在不同背景特征群体中有着差异性的效果。这体现了身处特定制度空间和预算约束的可能性边界之内的下岗失业群体在决定是否缴纳养老保险费的问题时具有有限自主性的行为选择。面对处于生存水平的约束，下岗失业人员会对包括养老保险费缴纳问题在内的不同问题的迫切性和重要性进行权衡和比较。此时，这些不同的背景特征也构成其做出"理性选择"的理由。然而，从调查来看，无论是从物质层面的生活水平还是精神层面的心态来说，当前多数下岗失业人员接近于斯科特所描述的"水深齐颈"的生存状态。在这种状态下，下岗失业者所具有的选择的可能性空间相当狭窄。对于下岗失业者而言，他们的算计实际上是一种"生存水平"下的"理性选择"行为，这种选择行为及其差异性的结果体现出处于制度和收入双重约束中的下岗失业人员社会行为的耐受性、适应性和策略性。

如在调查中当问及:"下岗对您的生活造成了哪些方面的冲击?带来哪些问题"时,一位下岗失业者回答:"啥都得核计,原来够吃够喝完事儿了,现在越核计越上火,有啥核计的?"由职业生涯的中断而造成的生活危机形塑出下岗失业者的生存理性,"什么事情都得核计,但又没有什么可以核计的"这句出自下岗失业者自身的话可以说是对生存理性本质的最生动写照。不利的机会结构令其不得不对家庭收支进行计划和安排,但强硬的预算约束并没有给其留出更多算计的机会与余地。这种生存理性无疑也体现在缴纳养老保险费的行为中。

对于没有缴纳养老保险费的人来说,是他们不懂得养老保险对于他们的重要性吗?在这个问题上,支配他们的难道是一种非理性因素吗?当调查中问道:"交不起保险的人就只能自己负担,自己养老了吗"时,下岗失业者回答:"你就不交呗,听天由命了,到时候再说了,现挣的还不够现花的,孩子要上学。就像我们家似的,都下岗,全都没有正式收入,今天有收入明天没有收入,孩子上大学,你拿什么交养老保险?"有的下岗失业人员缴纳了养老保险费,但也是相当困难。一位48岁的下岗失业人员出于解除后顾之忧的考虑,个人缴纳养老保险费,但一句"跟头把式的"形象地道出了由此导致的生活的窘迫。

问:买断以后您自己交养老保险吧?

答:那就得自己交了。你说我今年48,我如果不交我就没有,不能说,我再活到……我再活二年,再活三年,这玩意儿都不现实。

问:那您还得再交12年?

答:还得再交12年。跟头把式的。……就像我这个家庭,起码有一个退休的还行。要是两个都得交钱,就按 1700 算,乘以 2,就得 3400,你说还受得了受不了?

未缴纳养老保险费的下岗失业人员,基本上持有一种"到时候再说"的心态。"听天由命"的说法表明,他们不是对未来的危机没有任何考虑和顾及,也不是在这个问题上没有任何的算计,而是在当前客观因素限制下他们只能将自身的未来交托于一种不确定性的忧虑之中。

问:养老保险现在自己续缴吗?

下岗失业者回答:哪有钱交?还有就是养老保险每年都在涨,医保就更没法交。像我们不交的原因有几种,当然第一就是没有钱,感觉生活都是勉强维持,根本就不能考虑以后的事情。比方刚才咱们说的养老保险,我现在要交 15 年,要交好几万,好几万对于我现在的生活水平来说,根本无法想象,拿出十几万来根本不可能。

问:现在家里一个月要花销多少?

答:现在我觉得整个家庭交水电费、孩子买衣服之类的,一个月没有 1000 块钱根本不行。现在孩子在读职高,教育经费这么高,医疗保险根本就不敢想。现在暂时的生活都应付不了,更别说以后的保险了。

在既定的收入水平约束下,当眼前的问题都穷于应付时,是很难以经济理性的方式去考虑未来的问题的,这正是"生存理性"的重要特征。

如果结合医疗保险,这个特征会表现得更为突出。在医疗产业化的背景之下,对疾病的担忧普遍存在于下岗失业人员中。正如有的下岗失业者所述:"现在下岗职工最怕的是有病。很多人因为钱也不多,也没有去交(医疗保险)。一有病,一家子整个儿拖累了，原来还能吃饭，有病就完了。"然而，根据本次调查，下岗失业人员中仅有5.4%的人表示个人缴纳了医疗保险费，远远低于养老保险。

在缴纳社会保险费的问题上，下岗失业者虽然担心疾病对生存的威胁，但主要还是选择了缴纳养老保险费以解除退休后养老之忧。即使是未缴纳养老保险费，持"到时候再说"态度的，也表明他们对后果的严重性同样保持着清醒的认识。对于制度来说，他们使用了"退出权"，表现为对现行社会保障制度的不参与。其实，每个下岗失业者都会对当前必须解决的问题和未来的不确定性危机进行衡量并做出取舍。在一定程度上，在对养老保险与医疗保险的权衡中，下岗失业者为了应付未来必须面对的现实问题，而不得不将自己的身体暴露在一种由疾病造成的风险之中。毕竟，与（突然而来的）疾病比起来，衰老是确定无疑的现象。这不能不说是一种理性选择的结果，但这是一种生存状态下的理性选择的结果。

不过，养老保险是一项面向未来的避免年老后生活水平下降的生活保障制度，而医疗保险是一项预防作为概率事件的疾病对投保者生活造成冲击的生活保障制度，尽管相对来说，两个保险所面对的事件有必然性和或然性的区别，但是它们所针对的都是普遍的生命事件和潜在性的问题。虽然从保险学的角度讲，对于这一群体，存在着人口统计学的概率比例，但对大多数下岗失业者来说，并不是当下具体的现实问题。对他们来说，当前必须考虑的问题不仅仅是年老和疾病问题，还有由于失业造成的收入下降等一系列当前面临的具体问题。因此我们看到，在下岗失业者所担心的问题中，除了养老和医疗保险问题外，收入和工作问题、子女上学就业等现实问题也占有相当的比重。这些问题（包括缴纳社会保险费）因为他们的职业状态而具有一种不同于一般人群的特殊意义。

缴纳养老保险和医疗保险费，对失业者来说，只能应对一般人群都必须面对的潜在的普遍问题，而不能解决他们所面对的当前现实问题。相反，针对一般人群设计的养老、医疗保险，目前较高的保险费率反而加重了他们当前生活的困难，或者客观上将他们排斥在社会保障制度之外，给他们的生活乃至社会的稳定埋下隐患。很大一部分下岗失业人员一方面对自己将来的养老和医疗问题表示担忧，另一方面对于自身未交保险表示"到时候再说"。这种矛盾的心理反映了在较低收入水平和较高费率标准下，下岗失业人员在养老、医疗保障等普遍潜在问题与基本生存、子女上学就业等具体现实问题之间的无奈选择。

在农民经济与社会研究的学术传统中，存在所谓"生存伦理"和"理性小农"的理论传统之争，此即著名的"斯科特－波普金论题"。两者在就如何看待农民的行为模式问题上提出了不同的范式。前者强调生存水平下农民规避风险，甘愿选择回报较低但较稳定的策略；而后者则强调行为主体为了获得最大化的收益，做出具有风险的投资。然而，"道义经济"与"理性小农"的概括都不难在农民的生活世界中找到根据，这两种特性取向可以在同一个选择过程中呈现。在现实中，农民的行动选择与企业经济行为所依据的并不是非理性与理性之别，或道德判断与理性计算之别，而只是生存理性与经济理性之别（郭于华，2002）。虽然这两个理论范式主要运用于对农民的研究，不过当我们考察当代中国城市下岗失业人员对待社会保障的行为模式时，同样可以发现两种特性在实践中合乎逻辑地贯穿于同一个选择过程之中。对大多数下岗失业者来说，如何生存构成了基本的生活主题。在面对不利的机会结构、沉重的生活负担以及低收入而造成的强硬约束时，他们的行为模式打上了深刻的生存理性特征的烙印。在这个问题上，虽然对于下岗失业者来说选择的空间相当狭小，但并不能说他们没有任何选择的权利，至多选择对制度的

"不参与"。对下岗失业人员来说制度与个体的差异性因素令同一政策在不同个体身上表现出差异性的效果,除了某些制度资格的限制,这种结果还来自个体的权衡算计和对制度资源的一定程度的利用,而这些个体的能动作用都是在一种生存理性下发挥其功能的,表现出不同于常规经济理性下行为模式的特性。

总之,在下岗失业人员缴纳养老保险费的制度参与问题上,我们看到的不是个体根据经济理性进行自由选择的结果,也不是相关制度单方面决定的结果,而是一个制度环境、收入约束和策略选择彼此交织,共同导致的结果。所有的这些方面,一起塑造了下岗失业人员对社会保障制度参与的轨迹与特征,并由此折射出社会保障制度运作的实践逻辑。

根据本研究的结论,就当前下岗失业者的实际生活和制度参与情况而言,如欲提高下岗失业人员养老保险的覆盖水平,需要考虑如下三个方面的问题。

其一,下岗失业人员养老保险参保率低的重要症结在于制度性问题,包括对于许多下岗失业人员尤其是集体企业下岗失业人员来说的悬而未决的买断问题、企业欠职工的养老金问题、失业金发放覆盖面窄的问题等等。这些制度方面存在的现实问题是导致下岗失业人员养老保险参保率较低的重要因素。因此,改进社会保障制度是一个综合性的工程,不能仅从社会保障制度努力,还应从各项与下岗失业人员有关的制度的配套改革入手。这需要在进一步的工作中,积极地推进国有企业的改革工作,切实落实相关政策,做好企业方面的工作,审定参保资格,核定交费年限,接续养老关系,解决好遗留问题,扫除政策因素对下岗失业人员缴纳社会保障的制度障碍。

其二,下岗失业人员群体尽管存在较大的同质性,但不同背景特征的群体对养老保险制度的参与能力是有显著差异的。某些制度安排剥夺或者削弱了部分下岗失业人员对社会保障制度的参与资格。现实中的某些因素,比如严峻的就业形势、不稳定的收入和工作,也导致下岗失业人员参与能力的弱化。不过,尽管这些因素留给下岗失业人员的选择空间极其逼仄,但这个群体的制度参与仍然体现出一定的适应性和策略性,这体现在下岗失业人员具有差异性的参与程度之中。它提示人们,在当前状况下,提高下岗失业人员对社会保障的参保率,还有必要对下岗失业人员群体内部进行细分,找准养老保险参保率低下的目标人群,制定相关优惠政策,提高他们实际的制度参与能力。

其三,从社会公正角度来说,作为社会弱势群体的下岗失业人员,应该在社会再分配中受到照顾,充分享受社会保障和社会福利。然而在现实当中,大部分的下岗失业者因为各种制度的和自身的原因身处社会保障制度之外。就下岗失业人员普遍较低的收入水平和生活状况的客观现实情况来说,要扩大社会保障对下岗失业人员的覆盖面,很大程度上有赖于政府对这个特定的群体给予一定的政策倾斜和财政扶持,提高下岗失业人员的制度参与能力,扩展他们选择的空间。

第五章　制度封闭与保障失灵：
下岗失业工人获得社会保障的困境

吕　鹏

到下岗职工的家庭去调查他们所享受的社会保障状况，我们常常会为自己的所见所闻感到震撼和惊讶：尽管已有很多的下岗职工享受到了各种社会保障政策，他们的生活质量也在不断上升，但仍然有很多家庭没有享受到任何的社会保障或福利，他们中的绝大部分也对此感到茫然无助。更为严重的是，对社会保障政策感到茫然无助的并不仅仅发生在那些生活在低矮的平房中、没有固定生活来源的"城市贫民"的身上，在那些享受了一部分社会保障政策的群体那里（很少有人能享受到所有的社会保障政策），被动、无助、茫然、愤恨同样普遍地存在。[1] 下岗职工中的绝大部分，作为本该享受社会保障的最主要的群体，却没有充分享受到制度所规定的他们应得的全部社会保障待遇，而且在谈论社会保障制度时他们也显得茫然无措或知之甚少。显然，"制度的文本规定"与"制度的实践运行"之间出现了偏离，从而使得制度并没有取得制度设计者原初所预期的绩效。可为什么会出现这样的现象呢？

---

[1] 对社会保障制度的理解不同，对于社会保障制度实行效果的评估也会出现差异。我们无意否认社会保障制度在实际中取得的突出成绩和近些年来的进步，而只是更多地从这一制度的目标群体自身的感受来进行评价。

第五章 制度封闭与保障失灵：下岗失业工人获得社会保障的困境

一 问题的产生与分析的进路

得益于诸多学者的努力，我们今天已经可以正视"制度的文本规定"与"制度的实践运行"之间的偏离，并把它当做一种制度的"常态"加以分析：经济学对这一问题的探索成果已有目共睹；在法学上，我们有"书本上的法"与"行动中的法"、"死法"与"活法"之分；在政治学中，我们有"国家意识的表达"与"国家意识的执行"、"政治"与"行政"之分……对"应然"与"实然"之间差异的重视俨然已成为绝大部分社会科学的一个基本共识，而社会学的任务则是需要进一步从经验和理论两个层面揭示这种差别存在的具体形态及其形成的过程、逻辑、技术和机制。所以，本研究，部分是为了给国有企业下岗职工社会保障制度在实际运行中与制度文本发生偏差这一社会事实本身提供一种可能的解释，但更重要的，乃是以此为个案，在更为普遍的意义上揭示出造成这种偏差的结构性原因之一：制度的封闭。

之所以是"原因之一"，乃是因为笔者认为，虽然"偏离"本身是一种常态，但"偏离"的具体形态及背后的逻辑和机制却是多样的，描述和解释这些具体形态的概念和理论也是多元的。"制度的封闭"建立在这样一个基本假定的基础之上：一项制度要想从峰层尽可能地按照文本本身规定的那样有效地贯彻到基层，一是要有作为"代理人"的执行机构及依附于它的"制度的执行路径"；二是要使制度的目标群体具有制度参与[①]的机会和能力。而制度的封闭，恰恰是在"制度的执行路径"上产生了封闭，使得制度的目标群体

---

① 制度参与指的是制度的目标群体参与到制度本身的运作过程中的一种状态，它关心的是参与这些制度的能力、过程和方式。具体而言，诸种政策与规定如何由下岗工人获知，其知情的来源和渠道是什么，形成了怎样的认知，又是如何回应和进行利用的，对制度在现实中的运作是如何把握的。

无法实现有效的制度参与，并最终被抛出这个制度的运作过程。

我们在文中所描述的国有企业下岗职工社会保障制度在实际运行中的这种状况，就是一种"制度的封闭"，它和有的学者已经分析过的"制度变通"之间的相似我们将在后文述及，现在要指出的，是它们之间存在的细微但重要的差别：这首先在于，虽然变通在形式上也是在"制度的文本设计"与"制度的实践运行状态"之间发生了偏差，但这种偏差的结果是使原先的制度变得对制度的目标群体更加有利、更加灵活，甚至最终改变原先的制度设计（王汉生、刘世定、孙立平，1997），而"制度的封闭"的后果则是制度的目标群体享受不到或不能充分享受制度所规定的权利和利益，且因为种种原因而失去制度参与的机会和能力；其次是变通的实现必然会有具体的行动者从中扮演着博弈和利益最大化的角色，但封闭则是制度的设计者与其目标群体之间产生了"空间"，而且没有一个有效的渠道将两者衔接起来——也就是说，如果把从"制度的文本规定"到"制度的实践运行"的过程比喻成传输电流的话，变通只不过是在传输过程中改变了电压和电阻（甚至最终电流为零），但传输者始终是存在着的；封闭则往往在传输者上发生了缺席。需要说明的是，这里所称的"制度"，主要指由国家立法机构颁布的法律、法规和行政机关颁布的法规、政策，也就是所谓的"正式制度"。这样，"制度的封闭"也就是针对国家的正式制度在实践过程中的情况而言。[①]

[①] 另一种很有影响力的主张是，"制度"应该包括正式制度和非正式制度（诺斯，1994：3~5）。但笔者认为，具体到我们所研究的下岗职工社会保障这一"情境"，我们在日常会话中所指的"制度"主要还是"正式制度"这一层面，而且在文中，笔者会不加区分地使用制度和政策这两个概念，以符合日常的语言习惯。当然，本文的分析思路对正式制度和非正式制度都是开放的：我们在文中着重分析法律这样的"正式制度"的文本与其实际运行之间的封闭，也可以用同样的进路去思考是什么因素导致惯例、习俗这样的"非正式制度"在"制度化"为法律、法规的道路上遇到了阻碍，从而形成另一种封闭的。

然而，我们上述的基本假设可能会遭遇一些很有意义的质疑。比如社会保障制度之所以出现不太令人满意的绩效，究竟是制度设计的问题还是实际操作的问题？究竟是总体上的设计出了问题还是具体的细节出了偏差？有的研究者已经论证，社会保障主要的问题不是实际操作而是制度设计，不是具体细节而是总体设计（景天魁，2001）。从表面上看，这一论断与本文的观点是截然不同的。但实际上，两者并无冲突：我们在这里考察制度是如何封闭的，并不意味着我们假设制度的设计是完美无缺的，更不能把我们的命题庸俗地理解为"制度是好的，可是一落实就走样了"，因为我们也认为，一个在实践运作过程中出现封闭的制度必然在其原初设计时就存在着缺陷，只不过我们的"兴奋点"不在于这些缺陷是什么，而在于这些缺陷是如何在制度被执行的过程中"发作"、在哪发作，从而造成制度封闭的。实际上，在后面我们给出的针对制度封闭的"对策"，有许多亦是从制度设计的层面提出的，因为作为"国家意志表达"的制度设计（政治）与作为"国家意志执行"的实践运作（行政）从来就是密切相关的。

那么，国家当初在设计现行的社会保障制度时要表达的意志是什么呢？这背后又究竟是怎样的一个逻辑呢？考察这一点非常重要：只有首先弄清制度的原初设计者（国家）之所以如此这般地制定各项制度的逻辑以及它所预设的"制度的执行路径"，才能够"顺藤摸瓜"地诊断出制度到底在哪些环节出现了封闭、如何封闭的，以及隐藏在背后的过程、逻辑、机制和技术。本章将首先对国家在制定社会保障制度时的逻辑做一个探讨，接着会通过一些具体的个案和访谈资料论证国家的这一逻辑及其设计的制度路径如何在实践过程中发生封闭、在哪封闭，最后，将就制度的封闭给出我们的一些对策，并尝试着跳出社会保障制度的圈子，在理论层面上给予进一步的提炼和发挥。

二 国家制度的逻辑及路径

出于技术上的考虑，[①] 我们将讨论对象限定在社会保障制度中针对国有企业下岗职工的部分，它的原初设计及其逻辑也就只能从国有企业下岗职工社会保障制度最终定型的时间及当时的时代背景中去寻觅。

我们把目光聚焦到1998年。正是在这一年，国家提出了"国企改革三年脱困"的目标和"鼓励兼并、规范破产、下岗分流、减员增效、实施再就业工程"的思路，其中"下岗分流"作为"国企改革措施的关键"被强力推行，在此政策背景下，1998年之后形成了国企职工下岗的第二个高峰（第一个高峰是国企改革进程开始加快的1993年）；也正是在这一年，中共中央、国务院召开"国有企业下岗职工基本生活和再就业工作会议"，在此会议上颁发的《关于切实做好国有企业下岗职工基本生活保障和再就业工作的通知》成为对下岗职工提供相应保障的最主要的依据，而劳动和社会保障部作为执行这一政策的政府机构也于当年成立并推出了一系列具体制度。总之，经过较长一段时间的"摸着石头过河"，到1998年，针对国有企业下岗职工的社会保障的制度设计已基本"定型"，并随着国企改革进入"攻坚阶段"而在全国范围内广泛推行——我们调查中所接触的下岗职工大都应该按照这一制度所规定的路径和内容享受自己的社会保障权利，我们衡量其是否享受到了他所应享受的全部社会保障权利也是以

[①] 这些技术考虑主要包括：一是社会保障制度纷繁复杂，针对不同"性质"的企业和群体，国家制定的政策不同，甚至有很大差异，在本文这么短的篇幅内很难归纳出一个清晰的逻辑进行集中处理；二是国有企业下岗职工的社会保障政策是所有社会保障中最"特殊"的部分，不仅有着特殊的逻辑和机制，而且制度的执行路径展现得最为完整。

这一制度的文本规定为标准的。

这一制度的逻辑是：首先建立一个过渡性的解决途径，即一个由下岗职工基本生活保障制度、失业保险制度和城市居民最低生活保障制度"三条保障线"相互衔接的制度系统；随着市场经济体制的逐步建立，再用新的"正式保护制度"即失业保险制度来代替之。"三条保障线"的具体规定是：凡有下岗职工的企业都必须建立再就业服务中心，对下岗职工进行托管，为其发放基本生活费和缴纳社会保险费用，同时为下岗职工提供培训；三年后职工出中心，已就业者由自己承担社会保险，符合失业保险有关规定的未就业者则转为"失业"，领取不超过三年的失业救济金；对于领取失业救济金期间或期满后仍未就业的人员，若家庭人均收入低于当地居民最低生活保障标准的，可申请领取最低生活保障金。政府的目标是，2000年接受最后一批下岗职工，到2003年底，所有下岗职工都要出中心，转换身份直接表现为再就业或失业。

国家为落实这一路径所设计的代理人是：由企业建立再就业服务中心，其资金来源，独立核算的赢利企业和国有参股、控股企业原则上由本企业承担，亏损的国有企业，实行"三三制"的办法，即财政预算1/3，企业负担1/3，社会筹集（包括从失业保险基金中调拨）1/3，但"首先是企业要出钱"，最后才是"财政兜底"，财政负担部分，中央企业由中央财政解决，地方企业由地方财政解决；失业救济金由中央财政和地方财政共同负担；城市居民最低生活保障的资金来自地方财政，由社区负责执行；失业人员的社会保障则由社会保险机构承担。[①]

[①] 以上政策文本，来源于劳动和社会保障部编《国有企业下岗职工基本生活保障和再就业工作会议文件汇编》（中国劳动出版社1998年版）；J省劳动和社会保障厅编《再就业政策文件汇编》和《全省街镇乡社区劳动保障业务指南》（内部资料）；以及C市劳动与社会保障局编《办理再就业优惠证及享受优惠政策审批流程》（内部资料）。

以上是笔者对国有企业下岗职工社会保障制度的一个简单归纳和表述,这也是制度实际运作过程中文本依据的主体。若暂不考虑此后国家陆续出台的其他保障制度,即使是单单按照上述制度来分析,如果这些制度能够得到"落实"的话,国企下岗职工至少能够在一个相对比较长的"缓冲时间"里有一个相对固定的"收入"(我们将基本生活保障金这样的生活来源也算为收入)来保障其基本生活,同时由于再就业中心的存在,可以与企业保持一个获取信息、接受培训、转岗转业的渠道,而不是"向社会一推了之"。最糟糕的情况也莫过于由城市居民最低生活保障制度来"兜底"。

可是,正如文章的开头所描述的,我们所接触的许多下岗职工在社会保障方面的境遇并非如此:他们自下岗的第一天起或很快就没有了固定"收入",他们也不再能或不再愿与企业保持联系、沟通信息,他们中的绝大部分因为年龄、技能的原因一直无法实现再就业,也领取不了"低保"——制度的文本规定与制度的实践运行状态发生了偏差。

也许有人会说,之所以有那么多下岗失业人员的社会保障境遇不理想,是因为国企职工"下岗"早在1998年之前就已大量出现,那时国家关于国有企业下岗职工的社会保障政策还不完善。我们不否认这一点。但是,同样不能否认的是,这十余年来,国家关于国有企业下岗职工的社会保障制度的政策力度在不断加强,为什么下岗职工参与社会保障制度的程度却在不断地减弱,至少并没有大的改观呢?按道理说,随着制度的完善,1998年以后的下岗职工应该更好地享受到制度带来的优惠,而在此之前的下岗职工也应该感受到制度完善带来的好处。

于是,我们必须重新回到"制度的文本规定"本身,去重新检视隐藏在文本背后种种预设的前提与机制,并去揭示这些可能设计者本身亦没有意识到的前提和机制是如何与更大范围内的社会因素和更为具体的个人因素发生作用，从而必然地或偶然地导致我们所看到的"制度的封闭"的。

三 制度封闭的过程、逻辑与机制

我们发现，在上述制度的文本规定背后，实际上隐藏着两条重要的"规则"：①某个个体要想享受这一制度所设计的权利，凭据的乃是符合这一制度规定的"身份"，不符合这一"身份"的人被排除在享受相应权利之外；②但是，这些"身份"并非仅仅根据事实本身自动获得，而是需要制度执行路径上的各个代理人的认证。也就是说，"下岗"是一种需要通过认证才得以成立的"身份"，而认证工作是由诸如企业、地方政府、社区工作人员等各个代理人去完成的。[①] 而且，我们接着会发现，除了这两条规则之外，还隐藏着一条更为重要的假设，即它想当然地认为，在这一制度的"执行路径"上，各个代理人是相互衔接的，它们会像传递接力棒一样，把下岗职工安置到一个安全稳定的位置上，而整个国有企业下岗职工的社会保障制度也因此成为一个相互衔接的系统。

但是，制度在实践状态中的运作并非如此。

我们首先从这一"制度的执行路径"的首端，即各个国有企业，开始考察。显然，每个国有企业的状况是截然不同的。对于那些通过"减员"能够"增效"的企业来说，按照制度规定设立下岗职工再就业服务中心并承担相应的费用的确是"理想的"轻装上阵的选择。可是，在实际中不仅这样的企业数量

[①] 所谓下岗与失业最根本的一点不同是，前者虽然失去了工作，但仍保留着与原企业的劳动关系，并由企业、财政和社会缴纳社会保险费。在我们的实际调查中，有很多人根本不知道两者之间的区别，也不能明确地认定自己属于下岗还是失业，我们也正是根据他本人的自述经历和各种证件的完备与否来进行判断。

少之又少，而且即使存在这样的企业（往往是大型甚至超大型国企），其对这一制度的执行也往往是分车间、分下属企业来进行的。

对于那些经济效益差、社会负担重的企业来说，让职工"下岗"并不是一项最优的选择。这里的原因十分简单，因为按照前述的制度规定，企业要想让职工下岗，就必须为其发放基本生活费和缴纳社会保险费用，同时，它还必须偿还拖欠职工的各类款项（如工资、医疗费用等），这对那些本来资金就已经严重匮乏的企业来说，无疑是十分困难的。于是，在按规定履行制度设计与不裁员就会增加生产成本的压力之间，种种诸如"内退"、"病退"、"放长假"等形式的"制度的变通"就产生了。

限于篇幅，笔者不准备去考察这些"变通"实现的具体过程和机制，① 在这里，与我们要讨论的问题相关的是，"变通"虽然对职工和企业来说都是"相对次优"的选择，但这也同时意味着：①一旦不能"下岗"，那些"放长假"或"退养"的职工的福利和保障在法理上也就完全寄托给了企业（虽然实际上他们可能是"两不管"，什么也拿不到），他们与企业之间的关系也就纯粹是一种类似于外部力量无理由干涉"家庭内部"的关系，他们虽然永远不可能进入国家制定的国有企业下岗职工社会保障制度的运作系统，但如果企业一直能够勉强支撑，则他们甚至有重新回工厂上班的机会；②如果企业一旦中途消失或不再能够履行其在变通下的承诺，那些职工的处境就会变得对他们更加不利，在

---

① 简单地说，变通往往是从制度的再解释或细化开始的，对于本章讨论的制度来说，它"走出了制度实际运行的第一步"，也是关键的一步，说它是第一步，因为它还停留在代理人的层面上，并未与制度的目标群体（下岗职工）发生直接的互动；说它是关键的一步，是因为细化和变通对下岗职工进行了重新的归类、对制度的执行设置了许多前提性的条件。另外，在一个具体的情境中（比如一个车间），到底谁会下岗又是和人际关系与权力结构密切相连的（李钢金，2003）。

第五章 制度封闭与保障失灵：下岗失业工人获得社会保障的困境

这个时候，通往下一步的"制度的执行路径"的大门对那些"变通"之下的职工来说已经关闭了，因为他们丧失了"制度化的身份认证"。于是，接着发生的事情也就"理所当然"，或者说，乃是一种逻辑的必然衍生：在他们失去工作三年后（按道理，这时如果他们还未就业，这应该是他们申请失业救济金的时间），他们在身份界定上的模糊性使得他们处处碰壁，甚至成为流落在社会上的没有任何归属的一员。

我是1998年放假回家的，其实就是两不管，平时就在家待着，厂子里有啥事了才去，一般也是自己不知道，要好的工友告诉我才知道，有一阵子厂里说什么要改制重组，还回过单位做过几天活，可后来又让我们回来了。所以厂里以后发生什么事我啥也不知道啊！后来厂子突然就黄了，地方也扒了，原来的地都卖了，我属于拆迁，现在就住在这个破地方，说等盖好了再回迁，我们也没那个钱，也不准备回迁了。

（问：那有没有申请低保、失业救济什么的呢？）

去街道找过，人家说我这不符合条件。人家说什么再就业优惠证好，可街道说必须是国企，必须有下岗证、失业证才给办，我啥也没有啊，而且又不是一个区[①]的，每个区的标准又不一样，我又不属于原来那个区的，反正没了企业，谁也不管你，现在就靠捡点破烂什么的过日子。（CC - HJZ20040521）

也许有人会说，这样的结局从制度本身的逻辑上讲是合法的，即他们得不到保障是因为他们没有符合某种条件和标准，笔者也无意否认这是"秉公执法"的结果；同样，这并不意味着我们可以得出如下简单的结论：失业职工之所以得不到保障，

[①] 拆迁后该职工搬到离原单位很远的另一个区居住，在其居住区有很多来自不同企业的职工与进城民工混居一处。——作者按

189

原因归根到底还是在企业,如果企业不进行那些变通,一切不就好了吗?然而,这里的分析想要说明的是,这只是"制度的封闭"的第一环节,且远远不是最为重要的和值得指责的环节——虽然这意味着,如果某个个体没有符合这一"身份"认证,或者在中途丧失这一身份认证,他就会丧失进入或继续参与这一制度运作的"资格",从而被甩出了"制度参与的良性轨道"而进入了"被抛"到社会结构之外的状态。我们想要揭示的是,"制度的封闭"乃是一层层、一圈圈地逐渐实现的。为此,我们再来考察一个建立了下岗职工再就业服务中心的企业的案例。①

C工厂,是国有重点大型骨干企业。该企业自1998年开始,即设立了下岗职工再就业服务中心。按照该厂劳资科科长的说法,下岗职工进中心率达到了100%,不仅基本生活费足额发放、社会保险费用定期缴纳,而且还为下岗职工提供过培训。虽然该企业对"下岗职工"的界定自有一套细化标准并在一开始就排除了临时工、"集体工",但这已属于十分难得一见的按照制度规定进行落实的"正面典型";然而,这些努力并不能化解弥漫在厂区内的紧张气氛,大规模的集体性冲突仍然时有发生。该厂一名职工的话就很有代表性。

进中心是进了,可有个屁用啊!一个月就那么点钱。现在我们出中心了,年纪大,没技术,找不着活,只能在家待着。

(你这个情况可以申请三年的失业救济金的。)

---

① 必须指出的是,很多企业是没有再就业服务中心的,即使名义上建立了再就业服务中心的企业,其内在的实质性内容也各自不同:绝大多数的情况是再就业服务中心根本就是形同虚设,企业无法承担提供支付基本生活费的义务,且由于企业没有"首先出钱",又造成政府不履行义务,于是职工要么下岗但什么补助也不享受,要么被变通为长期放假而因没有下岗无法进入下一个流程(失业)——总之,他们都被封闭在制度之外。

第五章　制度封闭与保障失灵：下岗失业工人获得社会保障的困境

啥？这我不知道。我1998年下岗，2001年出中心，也没谁跟我说什么失业救济金。反正现在日子是过不下去了，单位却说什么不交供暖费，这个冬天就不供暖。这也太没道理了！你（单位）不能不管我们，我们这次（示威静坐），就是让单位解决供暖的问题，这钱我们是不能自己交的！（CC - TLJ20040517）

从表面上看，这位职工的意愿似乎"有理却不合法"，因为按照正式的制度规定，下岗职工出中心后即不属于原单位的职工，其社会保障及其他福利应该由个人或社会机构承担。该厂劳资科一名干部这样表示：

我跟你说哦，下岗职工出中心以后，还有那些买断的职工，都和我们企业没有任何关系了。是否申请失业救济金，是你自己的事，我没这个义务去管这个事。至于缴纳供暖费，更是无理取闹，市场经济已经不是计划经济啦！（CC - LZK20050518）

可见，下岗职工出中心以后所处的位置，其实也颇为微妙：企业认为维护这些职工的权益已不属于他们的义务（尽管会出于"道义"或压力做出某些妥协），政府也规定这些职工的权益应由社会来管理和负责。可社会在哪里呢？与本研究相关的，一是社会保险机构，二是社区居委会。这里出现的一个悖论是，一方面，下岗职工本人往往由于信息的封闭及其他原因（如单位制下形成的"惯习"）未能在规定的"时效"内提出申请；另一方面，无论是社会保险机构还是社区居委会，在这一制度的执行路径上都是一个消极的代理人，前者是典型的"守株待兔"型，后者则处于种种原因而"有心无力"。

一位社区居委会负责人说：

我们平日里要管理的事情可多着呢，你说的这情况吧，不归我们管，我们也管不了。他申请失业救济金也好，供暖费也好，都应该是他自己去办，或者他的单位给办，我们不可能一家一户去问吧，再说我们也不掌握这情况。你要是下岗失业的，我们这就造个册，你来了证件齐全就给你办优惠证。

（问：低保怎么办？）

低保就是上头下指标了，我们就去社区里宣传宣传。贴通知，符合条件的他自己会来。有的出去打工了，可能就不知道。而且这些下岗职工很少有能申请到的，他们多多少少有些底子。（CC-JWH20050517）

可见，对于那些进入了下岗职工再就业服务中心的职工来说，如果说他们的幸运之处在于他们并没有在第一步就被这个制度所排斥的话，那么他们出了中心之后仍然可能被排斥在这个制度之外，除了在前三年能领取下岗基本生活费之外，他们的遭遇与其他没有进入中心的失业职工没有什么太大的差别，且三年之后由于种种原因，他们一样很难进入第二个环节（如领取失业救济金）、第三个环节（如申请低保）。对于那些单位破产或消失的职工（再加上近些年来城市建设中大规模的拆迁和基建因素的作用）来说，单薄的个体显然在制度的运作中处于劣势；而对于大型国有企业聚居区的职工来说，他们虽还可以采取某种程度的集体行动，① 可事实上他们一样有成为"无家可归"的"社会人"

---

① 需承认的是，企业 C 乃是一个极为特殊的例子，且这个例子中反映出的主要问题业已超出本文所讨论的范畴。但这个例子中带有普遍性的一个现象是，在"典型单位制社区"中，职工的生老病死乃是历史性地依附于单位的，而"单位"也是一个比"社区"更为强大的主体（即"强单位弱政府"），所以无论是出于惯习还是现实，出中心的下岗职工及"买断"职工都不可能与原单位彻底脱离关系，他们之间的博弈也是我们观察和理解这类单位或社区常常出现大规模冲突的一个入口。关于"典型单位制社区"的论述，请参见田毅鹏、漆思《"单位社会"的终结——东北老工业基地"典型单位制"背景下的社区建设》，社会科学文献出版社，2005。笔者认为，其中最敏锐的洞见，正是在对"强单位弱政府"的论述上。

的莫大风险。

至此,我们可以对"制度的封闭"在逻辑上做一个简单的归纳。在本章的第一部分笔者业已指出,一项制度要想从峰层有效地贯彻到基层,一是要有作为"代理人"的执行机构及依附于它的"制度的执行路径";二是制度的目标群体能实现有效的制度参与。然而,我们在考察国有企业下岗职工社会保障制度时所发现的实践运行与文本规定之间的偏离,恰恰是在制度的设计者与制度的目标群体之间产生出种种或人为或偶然、或非预期性或本可避免的阻碍因素,从而使得制度的目标群体无法实现有效的制度参与并最终被抛出这个制度的运作过程之外,而这也正是笔者用"封闭"一词来概括这一现象的最重要原因。然而,制度的封闭不是骤然地"猛地断开"或在某一个环节就完全闭合,而是经历了一个从制度的细化和重新阐释、制度的变通、代理人的缺席[①]、沟通的封锁直到制度最终封闭的缓慢的过程;这一过程并不是线性的,某些环节会"跳跃"过去或"缠绕"在一起。它的真正可怕之处在于,在这条路径上一旦一个环节出现断裂,"被抛"的人就无法继续进入下一个环节;而我们的制度恰恰缺少新的"入口"或某种类似于"召回"的制度化的机制,这就潜伏着大量不安定的因素。

在这里,一个非常有意义的话题是,那些下岗失业职工,在其失去工作之初时的体验和经历究竟是什么样的,这一"失业之初体验"又是如何限制他下一步的选择和行动的?而其背后的社会机制又是什么呢?本章限于篇幅,已不能详细地展开这一问题。但一个显而易见的事实是,那些一开始就没有实现"制度参

[①] 之所以会出现代理人的缺席,乃是因为国有企业下岗职工社会保障制度的执行是在"去单位化"的背景下进行的,国家的困境在于,一方面单位作为执行社会保障制度的"代理人"已经困难重重,另一方面社区及其他民间组织去充当这个角色又先天不足、后天失调。

与"的人，也就从此被甩出了"制度参与的良性轨道"而进入了"被抛"的状态；而即使某个下岗职工在他刚刚下岗时就能够很好地做到"制度参与"，也并不意味着他从此就进入了"制度参与的良性轨道"而不会被重新封锁在制度参与之外；换句话说，一方面，我们的制度缺少一个这样的"召回"机制，把那些由于时间差而被抛出社会保障循环圈子的人重新纳入进来；另一方面，我们的制度也缺少一个"沟通"或"桥连"的机制，使得通往"制度参与的良性轨道"的道路畅通无阻。

在此基础上，必须指出的是，上述的分析乃是为了展示制度的封闭逻辑而在静态的意义上所做的描述和说明。在制度的实践运作中，制度的封闭过程，乃是在一种动态中达致的：正是诸如"放长假"、"内退"这样的变通措施，使得职工在获得一定时期的过渡期之后，与制度的距离愈行愈远并无法再重新步入这一制度的运行轨道之中。① 这一情况可以通过下面的一个个案得以展示。

1997年厂子效益开始不好，厂子就开始动员我们下岗，我们不干。后来厂里说订个合同，每月给开支75%②，一直开到退休，我们后来一合计反正离退休也就不到5年了，也就签了。结果呢，75%只开支了1个月，就变成了开45%，到1999年底的时候就没钱开了，一人给了一吨面③，说是值1800块，也就卖了

---
① 绝大多数职工不仅对社会保障的政策及自己的权利浑然不知，而且在他们看来，企业的效益出现大幅滑坡仿佛是一夜之间的剧变，我们在访谈中就有很多职工表示，企业是"突然不开支了"、"不知道咋地就黄了"。这一现象从一个侧面证明了职工在失业前对企业事务的参与程度是很低的，他们往往成为最后一批"被告知者"，而这又会造成职工在下岗或失业时再次处于信息和权力的弱势地位，并导致在现实生活中绝大部分失业者无论在"知"还是"行"上都处于茫然状态。当然，另一方面，职工反抗的激烈程度也正与反差的剧烈程度成正相关，关于反抗，笔者将在后面提及。
② 合同的落款为C市M厂生产科办公室，当年该厂职工原平均收入约800元/月。——作者按
③ 该厂是一家国有面粉企业。——作者按

1650 块。到现在一分钱都不开支了。（CC – MFC20040521）

表 5–1　C 市 M 厂向"内退"工人支付物质补助情况一览

企业提供的物质补助	持续时间
原工资的 75%	1 个月
原工资的 45%	13 个月
245 元/月	1 个月
价值 1800 元的面粉	算做 12 个月
0 元/月	直至现在

需要指出的是，这个企业之所以给"内退"职工的物质补助逐渐减少，确实有企业效益逐年下降的实际原因，但对于那些已经"内退"的职工来说，他们的处境却非常尴尬和微妙。一方面，他们不能参与到国家指定的下岗职工社会保障体系之内，因为按照国家制度的定义，他们根本就没有"下岗"；另一方面，如果他们要争取自身的权利和福利，可供选择的方案要么是和企业管理者继续对话或抗争，要么是将权利的诉求投向其他社会机构；而前者往往因为企业内部组织结构和沟通渠道的封闭以及职工的弱势地位而收效甚微，后者则因为更为广泛意义上的社会的封闭而投诉无门。

我们当然找厂子理论啦，厂里先说这合同是自己订的，是厂内行为，厂里说有效就有效，说没效就没效，现在只能按照最低生活费开。我们当然不平衡，我们退养的毕竟是在职职工，怎么能一个月只拿169块钱？后来，厂长就不见我们，还养了狼狗，谁去找他就放狗咬谁，被他的保镖打。所以，这事到现在就僵着，厂里一分钱都不给开支。

（问：那有没有找过别的部门？）

找谁有用啊？都没用！该去的地方都去了！去年（市）劳动仲裁委倒是介绍了个律师事务所，可人家说什么让我们别花这冤

枉钱,说打官司也打不赢,没有人愿意给我们代理,不如我们自己撤诉。(CC – MFC20040521)

正是通过这个事件,我们在发现"制度的封闭"过程是逐步形成的之外,更注意到,"制度的封闭"本身乃是与更为广泛意义上的"封闭的社会"①密切联系在一起的,前者乃是后者在机制上的具体而微和逻辑上的必然衍生。所以在本章的结尾,我们将把视线投向更为广阔的今日我们所生活于其中的这个社会。

四 制度的封闭与建设开放社会

在展开讨论之前,首先必须承认的是,在写作本文的今天,再回头来看我们在文中所描绘的这个 1998 年时所设计的制度,它早已是一个"历史的存在"。这一方面是因为,国家对国有企业下岗职工社会保障的思路业已发生转变,"到 2000 年最后一批下岗,由社会机构负责,从而消灭下岗,转向失业"的政策的出台,不仅表明文中所讨论的那个由制度所认证的"下岗"及"下岗职工"等名词将永远消失,而且表明这个制度及依附于其上的制度的执行路径也将随之改变;另一方面,则是因为对于失业群体的社会保障,国家业已出台了一系列新的举措,从而在某些方

---

① 尽管"封闭的社会"和"开放的社会"这两个术语被很多论者在不同的意义上使用着,但在当代最有影响力的界定却是由波普尔在其伟大的著作《开放社会及其敌人》中做出的(波普尔,2000:324~363)。然而,关于这两个词的使用,笔者与波普尔存在着极大的差异,但笔者认为这并不影响我在自己的意义上使用"封闭的社会"和"开放的社会"这两个术语(这正如波普尔知道其与伯格森在这两个术语上的分歧却仍然使用它们一样),并将其作为一种操作性的概念来描述中国的社会结构。当然,必须承认,笔者对这两个术语的使用受到了波普尔的启发,且这二者之间仍有一定的相似,例如从封闭社会到开放社会的过渡,必然是一个集权体制逐渐瓦解的过程,且自由和民主也定会是开放社会的基本价值。对此问题将另文展开论述。

面解决了我们所揭示的问题,并在一定程度上缓解了社会保障制度的文本规定与实际运行之间的张力。

那么,在本章中我们拿一个过渡性质的、行将作废的制度来讨论还有什么意义呢?笔者认为,将这个制度设计从众多针对失业职工的社会保障制度中"挑出来"的意义,一方面在于这一制度在足够长时间内的实际运行恰恰再清楚不过地展示出一个制度封闭的过程、机制和逻辑,从而为我们今后将要设计或操作的制度提供一个警示的范本;另一方面在不同的企业中,制度封闭的原因和情境可能是偶发的,但是,通过这些偶发的"过程—事件",我们得以更清晰地认识到,制度的封闭乃是和更为广泛的我们这个社会的封闭密切相连的,而这恰恰是我们的众多制度(包括本文中所讨论的制度)在实际运作中一错再错、反复失灵的更为根本的原因。

法国学者克罗齐埃曾经用"被封锁的社会"(LA SOCIÉLÉ BLOQÉE)来形容法国社会的官僚体制,这一体制的特点一方面在于高度集中,即权力绝对集中在高层,而决策者与执行者之间存在着不可逾越的鸿沟,另一方面在于等级森严、分工过细,各层次之间互不通气,下属总是对上级封锁消息(克罗齐埃,1989)。虽然克罗齐埃的这一洞见是建立在组织社会学的分析之上,但它对我们认识和把握今日中国的社会结构无疑具有很大的启发,因为我们所生活于其中的社会的诸多特征,清楚地表明了,我们也同样生活在一个"被封锁的社会"中。但是中国社会的封锁或封闭,却并非上述两个特点那样简单。

我们通过对国有企业下岗职工社会保障制度的实际运行状态的讨论,业已展示了中国"封闭社会"的部分特征,其中沟通的封锁和身份的壁垒在这一制度中显得尤为突出。在此我愿意不厌其烦地再举一个例子,目的是通过对这个故事的描述,来说明沟通的封锁本身只是一种形式,如果我们绕到其背后,就会发现更为隐秘的"权力关系"在那里发挥着更为重要的作用。而身份的认证亦是如此。

我们在上文所说的那个 M 厂做调查的时候，该厂一位 30 来岁的男性职工却向我们描述了一幅近乎"完美"的、与别的职工所描述的截然不同的执行各项社会保障政策的图景。

> 我是 2000 年 6 月 1 日下岗的，一下岗厂子里就给办了下岗证，也建立了再就业服务中心，我在里面待了三年，每个月可以领到 170 元的下岗补助。我 2003 年 5 月 31 日出中心，单位在 5 月 15 日还给办了失业优惠证①。(CC - TLJ20040518)

说这幅图景很"完美"，理由有二：一是从时间节奏上来说，这个工厂所做的每一步都和国家政策规定的"节奏"相吻合：职工一下岗就进再就业服务中心，三年后出中心，精确得甚至一天不差；二是工厂给下岗职工"按时足额"发放下岗补助。然而，最令人吃惊的问题却在于，这个职工向我们描述的图景与别人所述说的截然不同！我们到底该相信谁？！

接下来的调查使我们发现，他们谁都没有撒谎。"退养职工"与单位签订内部协议是事实，有人能够享受制度规定的权益也是事实，问题在于这一切都只不过是这个企业所玩的欺上瞒下的把戏而已。

> 为什么单位要给我办下岗证？因为它可以从中捞取好处啊！我们名义上下岗失业了，可单位还是让我们去干活，一天给 8 块钱。而且单位还规定，不办下岗证不能上班，办了才能上班。照我们的理解，厂子这么做就是为了套国家的钱。你看，我们下岗了，单位就不用给我们交每月 188 块钱的养老保险，以前这是每月都要扣的，然后现在呢，失业优惠证也必须办，不办就不让上

---

① 只有失业证，没有失业优惠证一说，失业优惠证其实是再就业优惠证的误称——作者按。

198

班。到了后期个人懒得办的,干脆是企业替他办。我们办了优惠证,它(指单位)再把我们招回来,它就可以免税。单位没有办下岗证和优惠证的(职工)真的就没给再安排工作。他们有的买断了,有的就长期放假,但都没活做。(CC-TLJ20040518)

于是,我们就看到了一幅令人震惊的图景:这个企业一方面把"老弱病残"都打发回家,另一方面却"安排"年轻力壮的下岗,再将他们以失业人员的名义返聘回企业。这样,企业获得的好处是,它不仅在形式上符合了诸如免税这样的优惠条件并保证了企业的生产①,而且克扣下了职工的下岗基本生活费中由政府和社会保险机构支付的2/3的部分并中饱私囊!在这位职工家,我们就看到了2000年6月1日签订的《基本生活保障和再就业协议》以及2003年5月15日签订的《下岗失业人员从事个体经营审核表》(凭借后者才能办理再就业优惠证),也就是说,该户访谈对象在形式要件上已经确确实实是一个下岗后再就业的职工了,可事实上在此之前和之后他一直都在原单位工作,但为了填写该表,在"再就业单位"一栏中他"虚拟"了一个"粮食加工经营店",而事实上这个"粮食加工经营店"从来就没有存在过。对此,户主虽心知肚明却也只能表示无奈,因为"能吃饭是最重要的啊"。

然而,还有这个职工不知道的事情。"被下岗"的,不仅仅是那些还在企业上班的人。一位已经"退养"在家的老职工告诉了我们他自己的发现。

去年,我自己找到劳动局劳力处反映(单位不履行内部合同的)情况,无意中发现自己怎么在下岗的名单上!? 搞到后来才

---

① 然而,按照其他职工的说法,这个还在运转的企业早已姓"私"而不姓"国",这个企业不仅是"穷庙富方丈",而且这个富方丈还在穷庙之外开设了自己的新殿堂。厂内的设备和职工都被转移到了另一个省份。

搞明白，厂里从 1997 年开始一直上报下岗名单，但下岗证呢，从来不发给职工，每月 170 块钱①也都给厂子自己拿走了！后来我去厂里劳资科要钱，科长说："来了就给，不来就别吱声！"想把我嘴堵上。我们当然不会被他堵上，我们也反映情况，找过市政府、省政府，都没用。找到《工人日报》，他们也说这事情不归他们管！这等于什么呢，等于把眼睛蒙上了，这不是游戏吗，等于什么都看不到。厂子就来回绕圈子，等把工人都绕糊涂了，它愿意咋地就咋地！（CC – LZ20040521）

这位老工人以蒙着眼睛做"游戏"比喻他们自身的处境，甚是形象。为什么企业领导能够一手遮天、欺上瞒下，不仅把职工封闭在社会保障制度之外，而且还大肆侵吞和转移国有资产以中饱私囊？这是因为在这场游戏中，职工不仅处于严重的信息不对称地位，而且在权力关系中绝对处于弱势和被支配的地位，加之在这个具体的事件中，无论是律师、政府还是媒体，都是消极地不作为，这只能进一步加剧沟通的封锁。

再把目光投向身份的认证，情况又是何等的相似。同样是城市失业或无业人员，他们的身份却是截然不同的，依附于身份之上的权利亦是不同：在实际工作中，他们被分为"下岗职工、失业职工、失业人员、长期放假和流动人员"五大类别，每一类别的身份认证依据的是不同的证件和表格。笔者不否认区分这些不同的身份自有其历史和现实的合理性，也不否认对不同情况的群体应该实行差别对待。但问题是，一旦身份本身非但没有成为有效管理的利器（这恰恰是身份区分得以存在的最重要的合理化原因），反而成为阻碍人们享受本应属于他们的权利的壁垒时，身份认证本身存在的形式必须被加以反思。我们在前一部分业已揭

---

① 应该指的是按照"三三制"规定的 2/3 财政拨款。——作者按

示了这些身份的认证是如何将人们排斥在他们本应享受的制度化权益之外的，而之所以有的人能获得身份认证，有的人却失去身份，又何尝不是和我们这个社会中的权力结构密切相连的呢?![1]

正如社会保障制度在实际运行中的失灵从来不仅仅是社会保障制度本身的原因而总是与诸如贪污腐败、以权谋私这样的失范现象纠结在一起一样，要想真正让社会保障制度的"文本规定"与"实际运行状态"保持尽可能的一致，就必须跳出"制度的封闭"这个圈子，去投身到更为广泛意义上的"建构开放社会"的活动中去；然而，我们今日所面对的这个社会的封闭性，并非仅仅局限于沟通的封锁和身份的壁垒，而打破封闭的社会，建构一个开放的社会，也并不是仅仅扩大民主、建立法定的参与管理形式那样简单（尽管这些都是十分重要和必要的），真正的革新只能通过整个社会结构中权力活动的深刻变化才能够实现。

限于篇幅，笔者在此无法就这个问题展开讨论。但对于"制度的封闭"这一现象，笔者的基本立场业已十分明确，我们要创造的，乃是一个开放的制度和开放的社会——但重要的不是这个制度和社会被冠以什么样的名称，而是当我们及我们的后代在这个社会中生活的时候不再被蒙着眼睛、不再因身份而受到歧视、不再被抛出社会主流、不再"上天无门，下地无路"。可能现实会给我们实现这一理想带来沉重的反证，不过，如果我们把国有企业下岗职工社会保障制度看做一个过程，一个由原先的"应急"之策、"配套"之举转向基本社会政策的过程，一个从"经济逻辑"扩展到"政治逻辑"，并最终转向"社会逻辑"的过程的话，那么，由此推衍开去，这个理想的实现似乎也不是完全不可能的事了。

---

[1] 从某种意义上说，社会保障制度最大的封闭，就在于它一开始就排斥了非国有企业下岗职工的权益。在我们这个社会中，身份的壁垒这一造成社会封闭的机制显得尤其突出，而这在"二元结构"支配下的城乡关系中的表现更是早已遭受到学界的强烈批判。可是，这一壁垒的打破仍然进展得十分缓慢。

第六章 年轻的底层：
新失业群体的出现

吕 鹏

近些年来关于下岗失业问题的研究形成的一个思维定式是，人们所说的下岗失业往往针对的仅是国有企业的下岗失业人员，顶多将原来集体企业的下岗失业人员包括进去。但事实上，在我们的社会中，还存在另外一个数目庞大的失业群体，这个群体至今很少受到人们的关注，他们就是在本章中我们称为"新失业群体"的人群。对于他们，我们既缺少一个经验层面上的全面描述，也没有在政策层面上对他们进行充分的讨论，至于理论层面的梳理，就更是凤毛麟角了。本章为试图改变这一现状做一个初步的尝试，不过首先，我们必须交代一下我们所使用的概念及其意义。

一 "新失业群体"研究：概念与意义

作为一个便于操作的工作定义，本章中所说的"新失业群体"，指的是那些在调查期间，初中、高中甚至更低学历毕业或肄业后处于失业状态的、没有国有或集体企业工作经历的、拥有城镇户籍的年轻人。这一概念本身，有两个显在的关键词。一是"新"，二是"失业"。"新"有两个内在的规定性，首先从年龄的角度出发，指的是"年轻"的意思；其次从"经历"的角度出发，把国有或集体企业工作经历排除在外，以与那些由国有或集体企业下岗失业人员构成的"老失业群体"相区别。本章中所定义的失业，指的是在劳动年龄内有劳动能力和劳动意愿的人，在调查期间不能通过合法劳动以获得相应收入的状态；出于实际操作的需要，我们假定，只要在调查期间处于这种状态的人，不论其以前或以后是否能够摆脱这一状态，都被我们归入这一范畴。

虽然依据现有的资料我们得不到关于这个群体总体规模的精确数据，但至少可以得出两个基本判断：第一，在一些地方，"新失业群体"的绝对人数已经超过了国有或集体企业下岗失业人员的人数，而且这个数字还在不断增长之中。以 C 市为例，2004 年 6 月的统计数字中，该市 9 个区已有 3 个区"城镇新成长劳动力"的人数超过"就业转失业人员"，而其他 6 个区中两者的差距也在逐年缩小；另有数据显示，2001 年我国新增劳动年龄人口 1100 万人，实际新增劳动力 800 万人；2002 年我国新增劳动年龄人口 1400 万人，实际新增劳动力 1000 万人。这些数据表明，在新增劳动力中，实现就业的比率只有 40%～50%。这就意味着有相当一部分人要处于"待业状态"，加入这个"新失业群体"中。这同时意味着，第二，随着时间的推移，这个群体将会成为我国失业群体的主要组成部分。然而事实表明，现在无论是政府还是社会，对他们的关注程度显然还不够。

必须说明的是，"新失业群体"是一个我们自己"创造"出来的概念，因为我们还不能找到一个业已存在的官方概念或学术术语与我们对"新失业群体"的界定完全吻合。当然，这一概念与当下官方话语系统中的若干概念之间存在着微妙的关系，其中最为接近的是"新生劳动力"和"城镇新成长劳动力"。但是，不仅后两个概念本身有所区别，它们与"新失业群体"也并不完全相同。我们所界定的"新失业群体"应该是"城镇新成长劳动力"这一概念的子集，或者换句话说，在宽泛的意义上，他们是

"城镇新成长劳动力"中的失业人群。①

什么是"新生劳动力"?虽然我们至今也没有发现关于这一概念的官方界定,但至少可以得出两个基本判断:一是这一概念主要是从年龄和就业经历这两个角度提出的,即必须同时满足年轻(至于这个年龄段的官方规定究竟是多少,我们不得而知)和没有国有或集体企业工作经历这两个条件,而不管这个劳动力本身就业与否。这一点从国家对"失业人员"的界定中也可以看出来:"失业人员"包括就业转失业的人员和新生劳动力中未实现就业的人员——这从一个侧面证明了:①"新生劳动力"这个概念本身是没有对就业状态的内在规定的,而"新失业群体"则包含有劳动者处于失业状态的内在规定;②不管劳动者年龄有多小,如果他有国有或集体企业工作经历而后沦为失业人员,同样应该归属于"就业转失业人员"的范畴而不是"新生劳动力"(官方用"下岗失业青年"这样一个概念来指称他们)。二是在官方的话语里,"新生劳动力"在很多场合被化约为初、高中毕业后未能继续升学的年轻人。具体地说,它包括两部分人,一是城镇未能继续升学的初、高中毕业生,二是农村未能继续升学并准备从事非农产业工作或进城务工的初、高中毕业生(劳动和社会保障部、中共中央文献研究室,2002:404)。而在"新生劳动力"这一概念的基础上再加上一个户籍的限制,就构成了"城镇新成长劳动力"这一概念,同理,它在很多场合被化约为城镇未能继续升学的初、高中毕业生(就业与否同样没有限定)。在官方的话语中,下岗失业人员、城镇新成长劳动力、农村富余劳动

---

① 这一说法只能是在宽泛的意义上,例如,在严格意义上,"城镇新成长劳动力"还包括那些毕业后没有找到工作的大学毕业生。部分地出于制度讨论上的便利(大学毕业生属于人事部门管),部分地考虑到这一概念在实际中的界定方式(这点我们将在后文谈论),更重要的,是考虑到共同的知识背景导致的相近的自我认同、社会期待,我们对"新失业群体"做了一个学历上的限定:初中、高中以及更低学历毕业或肄业。

力三者的集合，构成了当前我国城市劳动力的总体——农村富余劳动力中的年轻人（如青年民工）和"城镇新成长劳动力"一起构成了"新生劳动力"这一概念的外延。

至此，我们在界定"新失业群体"时之所以把"没有国有或集体企业工作经历"这一点作为重要限定的缘由和逻辑也就十分清楚了：在国家的正式制度中，是否拥有国有或集体企业工作经历乃是某一个人能否享受到现有针对下岗失业人员的社会保障政策的一条非常重要的分界线；而本研究的一个重要目的，就是要使人们把目光投向这些没有国有或集体企业工作经历的"新失业群体"的身上，去关注这样的一个差异对他们所造成的影响及对未来中国社会发展可能造成的后果。我们并不否认这样做带有非常强烈的政策取向，甚至可以说，本研究最终所遵循的，亦是一条"从制度到制度"的路径，即先由社会保障制度的规定本身引出我们的问题和研究对象，然后跳出制度规定本身的束缚，去揭示研究对象的实际生活状况和内心世界，最后仍会回到社会保障制度本身，讨论国家之所以如此这般规定的逻辑及可能出现的问题，并提出政策层面上的建议。

二 "新失业群体"生成的社会背景

虽然"新失业群体"的年龄构成是一个跨度很大的存在，但他们同时也形成了一个"渐变"的谱系：谱系的一端是很快会步入30岁的"准中年人"，他们已经在社会上摸爬滚打了多年，谱系的另一端是刚刚步入合法劳动年龄、十六七岁的青年——这既为我们提供了一个观察并从中透视中国社会变迁的自然的实验场，同时也使我们能够在一种历时性的对比中，洞察近30年来中国社会的结构变迁是如何在不同年龄段的年轻人身上打下不同的烙印的。我们可以得出三点基本结论。

（1）构成今日"新失业群体"之主体的这批人，自出生以来所面对的就是一个市场化程度不断加深的转型社会，或者换句话说，"以市场为取向的全面改革"构成了他们最为重要的一个共同生活背景。如果把他们的父母称为"文革的孩子们"的话（周雪光、侯立仁，2003），那么，他们则可以被称为"文革后的孩子们"。虽然所谓"渐进式改革"是这场变革的主要特点，但其中部分改革所引发的社会震荡亦不容小觑。一个市场逻辑不断强化的社会带给他们的除了经济领域内的明显变化外，还带来了教育、社会福利等诸多领域在政策逻辑上的重大变革。

这些变革通过两个渠道对"新失业群体"产生影响，一是直接作用于"新失业群体"本身，比如他们被抛向市场，丧失制度性的社会福利等，这些我们将在后文论述；二是通过对"新失业群体"父母的影响对他们产生间接作用。这里想强调的是，除了考察各个不同的改革措施对今日之"新失业群体"在成长过程的各个不同时机的影响之外，还非常有必要同时考察一下各个措施对他们父母的生命历程的影响，因为后者对"新失业群体"所引发的影响可能更为直接和深远。在"新失业群体"处于青春期或幼儿期，他们的父母三四十岁，正是家里的"顶梁柱"的时候，一场"打破铁饭碗"的下岗运动席卷全国；几乎与此同时，"教育产业化"的口号破土而出。必须指出，无论对那些孩子还是他们的父母来说，家庭失去主要的经济来源都是异常严重的变故，而其他政策的逻辑（如教育）在同一时间内的市场化，只能是"雪上加霜"——这种"多米诺骨牌效应"无论对成人还是孩子来说都是灾难性的。由此引发的最为严重的后果是，家庭陷入贫困或解体，孩子辍学或提前工作。在我们所调查到的今日成为"新失业群体"的这批人中，这样的情况不胜枚举。

老窦，下岗后靠卖苦力为生，妻子原是小学教师，后来看到工厂效益好，就去了工厂，但是没想到后来厂子黄了，就失业了，现在在别人家做保姆，一周才能回一次家。老窦很少说话，眼神也不灵活，邻居们说"他啊，都累傻了"。老窦的儿子窦健，1989年出生，在上小学的时候学校给减免一些学费，勉强读完，初中在铁路中学读书，初一的第一个学期上完就再也上不起了，孩子辍学在家，玩，看电视，由于母亲不在家，孩子也没有人管。问起窦健每天的生活，老窦说"早上八九点起床，吃完饭出去玩，就在大山上玩（其实就是一个垃圾山，也是附近民工的自留地），家里没吃的，吃不起，就捡点菜叶子，偷人家种的茄子生吃，要不就偷点玉米烧着吃。"（CC－LD20040723）

上面举的是最为普遍的一种情况：家庭经济受损对正处于关键成长阶段的孩子的影响（埃尔德，2002）。其实，其他社会事件或运动对某些个人的影响亦不能低估，这也成为我们在考察某一具体的个案时必须首先自觉意识到的。例如，各式各样的"严打"和"扫黑"对某些人来说就是非常重要的生命事件，甚至"非典"也成为某些个案生意失败、失业在家的意外因素。所有的这些意在强调，虽然导致每个个案今日处于失业状态的原因各不相同，甚至非常偶然和个人化，但都可以在社会的大环境中找到不同程度的解释变量。

（2）构成今日"新失业群体"之主体的这批人，业已形成了一套完全不同于其父母以及兄长的"亚文化"，甚至可以说，他们的文化价值观发生了颠覆性变革，我们可以把他们称为"生于80年代的孩子们"（70年代末出生的孩子给自己的一个称谓是"少年留在80年代的70年代人"）。诚如一篇语言虽尖刻但绝对犀利的文章所指出的那样，他们"拒绝长大并总觉得缺钱"。

有人说:"没有知识就要有常识;没有常识就要多看电视。"生于80年代的一代人,伴随着电视机而长大,他们既不考虑知识,也不在乎常识。独生子女政策的推行,更是为他们确保了富足的成长环境,改变了传统家庭"儿女多饭盆少"的局面。"兄弟姐妹"这四个字从此仅仅成了字典上的词,"孔融让梨"的情感让人再也难以切肤体会。

生于80年代的一代人有着看似特立独行的品格。他们选择职业、结交朋友都凭着个人的喜好,并且在心底里为这种独特而自豪。事实上,就业与交友都是非此即彼的选择,很难说这种画地为牢式的"独自选择"有什么可自豪的独特之处。在他们看来,权威和领袖都与己无关;传统和稳定是可笑的"老土"观念。于是,他们追求"理想"——一种发端于物质世界的"理想"。

成长太痛苦了,蜡笔小新是他们面对环境永远的生存方式;幼稚太艰难了,网络和电视是不可放弃的信息交流的源泉。于是一切的时尚杂志与电视频道为他们营造起了一个一个的既能实现超凡脱俗的人格镜像,又能保持时尚品位与格调的梦境……他们掉进自足的温柔陷阱,一边还迷离地目视着其他代人的世界,高喊着:"真讨厌!我的感觉好极了。"(韩少华,2001)

虽然上述情况并非"新失业群体"所独有,而是很多生于80年代的孩子们所共同具有的文化特征,但这些特征在"新失业群体"的身上,尤其是在他们的婚姻观念、性观念、职业观念、休闲观念上表现得更为明显。

(3) 构成今日"新失业群体"之主体的,绝大部分是"独生子女"。这不仅意味着他们在童年可能是"集万千宠爱于一身"的"小太阳",而且意味着今天及今后他们要面对的是一个非常特殊的家庭环境。其中有两点需要特别予以重视。

第一，"小太阳"的地位虽然给他们的童年带来了许多得天独厚的条件，但是父母的一味娇惯给孩子步入劳动年龄后所带来的负面效应也不容低估。比较典型的一种情况是，许多人在工作中缺乏基本的劳动技能、经验以及吃苦耐劳的精神。

去年底，我在×花园当保安，干了四天就不干了。每个班6个小时，冬天太冷了，受不了。12月我在浴池干了半个月，不好干，无论是环境还是氛围都不适应，强挺了半个月，连工资都没拿，我就不干了。紧接着别人介绍我去一个超市卖肉。第一天卖肉吧，一个老太太要绞馅，绞馅要剥皮，我不知道，就把皮一起给绞了，后来老太太找事，吵吵起来。事情过去了之后，师傅倒也没说我什么，但怎么着事情也是因我而起的，心里也不舒服。后来的几天我本来以为自己熟练了，结果接二连三地出岔子，不会割，不会卖，始终学不好，后来就不卖了。后来我亲戚给我找了一份工作，就是在药店当库管员。每个月能有900多块。干了两个半月。不过当库管员责任太大，公司总出岔子，担不了这个责任，好多老的库管员都不干了，我也就不干了。再加上在那里搬货实在太累了，累得手都抬不起来，累倒没什么，就是责任担不起。我什么都干够了，我好像做什么都不合适，不干了之后就一直在家待到现在。（CC－HFY20040607）

之所以会出现这样的情况，除了技能培训不够等因素外，其童年时的经历是非常重要的一个原因，这一点，在他母亲的表述中表现得更为直接。

这孩子不咋做家务，小时候不让他做，都挺大了，西瓜籽都不会吐。瓜子也不会嗑，都是大人嗑好了给他。饭也不会做，袜子都不会洗，从小什么都没让他做过。总之别人干得下来（的事），他就干不下来。（CC－HFY20040607）

必须引起注意的是，这很可能成为诱导青少年犯罪的一个重要因素。吉林省女子监狱社教科科长对年轻女犯犯罪原因的分析就从一个侧面印证了我们的这一观点。

现在的（年轻人）都是娇生惯养惯出来的，都是父母供着，想要什么想穿什么，说一句，父母就递到手上了。等到有一天父母供不上了，拿不出钱了，自己啥也不会呀，不知道从哪里拿钱，那怎么办？年轻人聚在一起，也成天寻思这些，没有钱怎么办？年轻人聚在一起，血气方刚，就干点什么偷啊，抢啊的。就这么走上犯罪的路。你说她们本质有多坏吧，也不是。都是不知道该怎么正当地赚钱，再加上以前不好好念书，不知道该怎么办，就走上了这条道路。她们的通病就是拈轻怕重，懒。让她干这个她不干，干那个也不干。我们也是要改变她们那种懒的毛病。不过有些人也改不过来。进来的时候啥都不会，出去的时候还是啥都不会。她还是不知道通过自己的劳动来赚钱，出去以后还是重操旧业。（CC – WKZ20040604）

需要说明的是，这并不意味着我们对"独生子女"存有任何偏见。事实上，独生子女与非独生子女在社会化发展上不存在显著差别（但"懒惰"是独生子女青少年在性格及行为特征方面明显不及非独生子女的弱点），被目前一些研究所描绘的众多"属于独生子女的"特征、现象和问题，实际上是80年代改革开放以来与中国社会巨大变革一起成长的新一代城市青少年的整体特征、普遍现象和共同问题（风笑天，2000）。这也正是我们要花这么多笔墨在这一章里讨论一个"与他们共同成长的中国社会"的演变历程的原因所在。

第二，一般认为，独生子女成家立业后将要面对的是一个"421"的家庭结构，即两个年轻夫妻要承担四个老人的养老，同时还需要养育至少一个子女。但在我们的调查中发现，具体到

"新失业群体",这样的情况似乎并不多见。更为常见的几种情况是：①子女需要依靠父母的收入生活，他们在大多数情况下会选择住在父母的房子里，这种现象被称为"啃老"；②不依靠父母收入生活的，在大多数情况下会选择和父母分居，自己出去与异性或同性合租；③很多进入结婚年龄甚至晚婚年龄的青年会选择同居或不同居的性伴侣，但并不选择婚姻和子女。我们将在后面涉及"新失业群体"本人对他们之所以如此选择的自我解释，在这里，针对第一种情况，需要指出的是，"啃老"现象在父母退休、子女处于中年阶段的家庭中更为常见，对于我们所调查的"新失业群体"中的大多数人来说，他们的父母还没有达到可以领取退休金的年龄段，更常见的一种情况是，父母在为生计而奔波操劳（他们事实上就是所谓的"4050群体"），孩子在工作上却"三天打鱼，两天晒网"，并向家长索要"零花钱"。从这里我们除了可以看到两代人不同的生命历程在这样一个转型社会中发生了怎样的一个戏剧性的"错位"之外，还可以联想到一个问题，在这些父母步入老年，没有退休金的情况下，他们的家庭会朝什么方向发展？他们的孩子——也就是"新失业群体"会"回过头来"承担养老的义务吗？

至此，我们可以得出结论，"新失业群体"是中国社会转型过程中出现的独特群体。他们与20世纪80年代初所出现的"待业青年"现象的相同点，仅仅限于出现了一大批处于失业状态的年轻人这一表面现象上。今天我们所讨论的"新失业群体"与当初的"待业青年"已经不是一类群体，这不仅是因为"新失业群体"与当初的"待业青年"相比家庭环境已经发生根本变化，更重要的是因为我们这个社会业已发生的重大变迁，使得我们已不能再采用当时的办法来解决青年人的失业问题。这些都成为我们在本章的最后一部分将要探讨的制度设计的重要背景。

三 "新失业群体"的"工作生活"

上一部分的分析提示我们,近30年来经济、文化和家庭领域的重大变革,塑造了一个与过去的"失业青年"或"社会闲散人员"有着完全不同行动逻辑的"新失业群体"。我们可以把这些变革看做他们今日处于失业状态的社会结构性因素,这些因素与他们生命周期中的各个不同重要时机(Timing)相关联,从而构成了影响他们整个生命历程的重大事件或社会背景。然而,真正要使这些社会结构性因素发挥作用,还必须有一个"新失业群体"自身对这些因素进行感知和体验,并把它们内化为自身行动的"惯习"的复杂过程。下面我们将会直面他们的内心世界,考察上述的结构性因素是怎样显现在个人的感知之中。我们粗略地将他们的日常生活划分为"工作生活"和"非工作生活"两类,前者关涉的是与工作、就业、失业、收入有关的部分,后者则关注除此之外的其他领域。

在想象中,对"新失业群体"而言,"失业"似乎应是他们一个最为重要的共同"经历"或"体验"。然而在实际调查中我们发现,与他们的父母辈的"老失业群体"能够滔滔不绝地讲述自己在工厂或单位的工作经历、情绪激动地描述自己下岗失业后的心路历程形成鲜明对比的是,除非反复追问,"新失业群体"中的大多数被访者对他们的求职或工作经历的回忆要么轻描淡写,要么认为并无任何刻骨铭心之处可言,甚至"失业"一词用在他们身上他们都会觉得并不合适("我都没有就业过,我失什么业啊?")。之所以这样,除了他们对就业失业的理解与我们的定义有所不同、年纪尚轻阅历有限等因素之外,最重要的一个原因就在于他们的"工作生活"有着与"老失业群体"完全不同的特征。其中有两点尤其重要。

(1) 在就业与失业之间频繁转换——"准失业"状态

我们所接触到的"新失业群体",尽管很多人在调查期内处于失业状态,但这并不意味着他们在此之前没有工作①,更不意味着他们今后也将处于这一状态,对他们而言,"今天工作,明天失业,后天又工作了"这一表述可能最为贴切地描绘出了他们的"劳动状态"。

初中毕业以后有三年时间吧,断断续续地打零工。在深圳待了一年,在朋友的一个饭店里当领班,后来那饭店兑出去了,我喜欢深圳但是能力又不行,在那地方挣700块跟在家是一样的,在外面还操心,就回来了。待了一段时间,就去我姨那学车,学了一个多月,能上道了,考了本子。后来给人家开车拉液化气罐,后来不干了,太累。后来待着,然后又换……反正这个刚有点眉目就不干了,干腻了,就换下一个。这样换来换去有六七个吧。(CC - XBD20040708)

过去我们描绘某个个体的劳动状态时,要么是失业,要么是就业,但通过对"新失业群体"的研究,我们发现,在就业与失业的"二分法"之外,可能还存在着另一种我们在这里命名为"准失业"的状态。"准失业"意在强调被访者在就业失业转换上的频繁以及由此造成的其本人对自身劳动状态的模糊认知(例如一个被访者不知道自己究竟属于失业还是就业)。这是一个值得继续挖掘的新领域。

对"新失业群体"而言,他们之所以会轻易地放弃一份工作,最重要的主观原因在于他们认为自己所从事的工作"不挣

---

① 这里所说的"工作",指的是通过合法劳动获得相应收入。这一界定的思路与依据与我们在前面对"失业"、"就业"的界定是一致的。这意味着:1)从事诸如色情、赌博业或者有其他犯罪行为的,都不应被视为工作;2)"工作"与"收入"并不是一对必然相连的概念。

钱",而他们之所以能这样的客观条件之一在于他们一般从事的工作进入和退出的"门槛"比较低。以 C 市为例，大多数被访者的月收入是 300~400 元，而他们对自己的收入期待一般是每月 1000~2000 元，这样才够花销，否则觉得"缺钱"。

我是初中毕业，毕业以后在饭店打过工，但是不太好干，一个是饭店人杂，再一个就是万一赶上顾客脾气不好，还得看人家脸色，我就不干了。后来到一家私人的卫生纸厂干活，一共也就 20 多人，也没签合同，当初说能多挣一点，到时候就变样了，找各种借口就不给开那么多。但是，咱们打工不就是为了挣钱嘛，一个月 300 块钱太少了，就不干了呗。（CC-QZMM20040723）

其实，在一部分"新失业群体"的内心世界中，出去找份工作，更多的可能不是出于"养家糊口"这样的生存目的，而是出于舆论的压力，或者仅仅是为了摆脱无聊的生活，或者两者兼而有之——否则的话，我们很难想象一个为了生存的人会那么轻易地放弃工作的机会——一旦工作出现不如意的时候，年轻人独特的个性，亦使得他们不能够"忍受"工作场所中的挫折和摩擦，就很容易地会选择放弃。

我不喜欢工作。因为工作挣得太少。要是干我也自己干，我不给别人打工，现在在外边给人打工挺不容易的，人家一不高兴还得说你，一个月就 1000 块钱，我觉得为了这 1000 块钱不值得这样。我以前也干过，我在黑水路、南湖那边干过床子，卖点女孩用的东西，发卡什么的，一天最多能挣 50 元。后来不干了，太累。我就这么在家待着有一年多了。（CC-DGW20040721）

对他们而言，失业期间的生活似乎可以用"闲适"来形容，年轻是他们最大的"资本"，以至于他们可以这样消磨自己的青春年华。

昨天9点起床,吃饭。然后看电视,看体育频道,看了一场球赛。这不就中午了吗?中午吃完饭,再看看电视,看看电视剧,胡乱看看。下午2点到3点去大坝溜达溜达,看看那里的老头儿老太太放风筝,挺有意思的。3点回来了就看看电视,看看体育节目、综艺节目,就到晚上该吃饭了。吃完晚饭看看电视,到了9点就睡觉了。每天都差不多。(CC-HFY20040607)

那么,"新失业群体"与"老失业群体"对待"失业"何以会有两种完全不同的反应也就非常清楚了。对"老失业群体"而言,工作与下岗失业是两个有着巨大反差的不同体验,这种反差不仅在于经济上的受损,更在于一种尊严感的丧失,在"诉苦"文化的影响下,他们更善于表达诸如"自己损失了什么"这样的话题,[①] 而"新失业群体"并没有这样的体验,对他们而言,一方面,就业与失业之间的转换实在是太频繁了,再加上他们还没有真正体会到生活的压力,他们工作的目的也不是为了生存,所以对"失业"的心态比较平和;另一方面,他们对工作的理解和认识较之他们的父母已经发生了很大的转变,他们不仅能够接受临时性的劳动关系,而且自身对一份工作的期许也比较灵活。

现在的我们,和父母那一辈绝对是不一样了。谁找工作还指望能在那个单位干一辈子啊?大家都是看如果能有更好的,就换呗!除非是你太热爱这个工作了,愿意干一辈子。 (CC-YY20040720)

[①] Charlesworth 亦指出了存在于老工人与新工人之间的这种区别,那些40岁上下的人可以用一种连续的方式描述他们的生活和"工人阶级发生了什么"的感觉,而他们的下一代则做不到这一点,于是,那些被剥夺得最厉害(最无依无靠)的个人理解他们的生活最少,同时也最不可能清晰地表述他们的存在(Charlesworth,1999)。

(2) 尽管处于失业状态，但并不意味着他们没有收入

"新失业群体"中最"老实本分"的"好孩子"的典型类型是：他或她"待在家里"，日出游戏，日落归家，除非需要特别的消费，他们的每日花销并不多。父母是他们最主要的收入来源。

但是，那些不再和父母居住在一起的"新失业群体"（比如出去租房子同居的），他们的收入从何而来？诸如房租、伙食、水电这样的日常生活必须支出他们是如何应对的？

首先，不否认会有这样的现象存在：他们虽然不和父母一起居住，但仍然向父母索要"零花钱"，"逃离"原有家庭的原因仅仅在于"图热闹"、"省心烦"、"混社会"或者"求刺激"。一个被访者这样解释租他家房子的两对同居青年，这两对青年共同生活在一个屋子里。

他们都是和我一起长大的，因为图热闹就搬到这里来了，因为他们都有女朋友了嘛，跟父母住家里也不方便，舌头哪有不碰牙的，所以就住我这儿了。我也就是象征性地收点房租而已，平时我们总在一起的。（CC－XZ20040721）

但是并不是所有的人都这样，对他们来说，父母已经无力支付他们长期的索取和逐渐增加的消费。对大部分"新失业群体"而言，我们也基本上可以排除他们通过以前的工作而存有积蓄的可能。

问：（工作的时候）每个月1000多元够花吗？

这玩意没啥够的，1000不够，10000也不够哇。女友接过话茬说：还不好意思说呢，平时打麻将输点，自己再买点衣服裤子啥的，都花了。（CC－WZ20040721）

于是，一种"依附"关系进入我们的视野。这种关系的典型

表现就是"全职同居女友"或"全职老婆"。

我结婚两年了，老公是个出租车司机。工资不稳定，有时候1000，有时候不到，说不准。我现在没有收入，主要就是靠他。我们挣的钱也不攒，都花了！挣得多多花，挣得少少花……平时，白天他下班回来我就跟他在家待着，他挣钱都交给我，我管柴米油盐什么的……我就想做全职太太！也没想过生孩子的事。(CC‐DGW20040721)

由此引发的一个新问题是，这些"全职同居女友"或"全职老婆"① 的"另一半"如果恰恰也是"新失业群体"，他们又是从哪里获得收入的呢？一个合理的解释是，"同居和逍遥不可兼得"，他的"失业"只能被视为一种短暂的休息或者奔向下一份工作的过渡。除了合法的工作之外，"涉黑"或者"涉灰"成为一些人的主要收入来源。

问：你没有收入，怎么生活？

哎，我说没有收入，不是说一分钱没有，要是那样，天天喝西北风啊。只是不稳定罢了。今天这挣点，明天那挣点。有时候一个月没收入，有时候一下能挣2000多，那就出去潇洒一下。比如说昨天上午，我就替我老大的老婆给检察院送去了10万，看看能不能再少整几年。那我能不从中得点吗？明天我还得去趟哈尔滨，替哥们"摆事"。(CC‐XQZ20040521)

甚至还可以更玄。

---

① 这里并无任何的性别歧视，"全职同居男友"、"全职丈夫"以及被"包养"的所谓"小白脸"同样也是存在的，我们在调查中也听过这样的个案。只不过在现有的社会舆论中，男性这样的行为大多会被人所不齿而处于"隐秘"状态，而女性处于这种情况的大多公开且不会受到舆论的过分指责。

我们的适应能力特别强，你随便把我扔在哪，我都能生活下去。就比如现在，我们同时出去，10分钟后回来，我就能拿一两千回来，你却两手空空。我不偷不抢，这就是能力。（CC-XQZ20040521）

可惜的是，我们实在是没有足够的想象力来重构他们在社会的缝隙中"抠钱"的详细过程。不过至此我们可以总结出"新失业群体"在失业时获得收入的三种类型——尽管是一种不完全的归纳——"啃老"、"依附"或"半依附"、"黑色"或"灰色"收入。但是，他们的消费水平和这些收入类型之间并没有直接的对应关系，而是与他们的收入水平和消费心理密切相关："啃老"的人可能只能维持简单消费，也有可能过得很"浪费"；"全职女友"一方面会为柴米油盐犯愁，另一方面可能也不排斥适当的奢侈生活；有"黑色"或"灰色"收入的人的消费则和他们的收入一样是个"黑箱"。我们现在还无法在收入和消费之间做一个列联表的分析，不过一点是可以确认的：作为年轻人，他们基本上是没有储蓄的一代。收入的绝大部分都被用于消费（生存或生活），这对未来的社会保障来说无疑是一个危险的信号。

最后，关于"新失业群体"的工作生活，我们形成的一个预测性判断是，如果说造成某个具体的个人处于失业状态的原因目前还可以更多地从"个体主观性因素"中去进行归纳的话，那么随着他们步入中年，造成他们失业的结构性因素将表现得越来越明显。这一总判断建立在两个分判断的基础之上：①20世纪90年代中期以来的中国社会业已成为一个与80年代截然不同的社会，一个断裂的社会正在生成，它的特征之一就是一个社会地位再生产的逻辑已经开始显现（孙立平，2003a）。只有掌握尽可能多的资本才能在社会结构中占据较优的位置，而"新失业群体"中的大部分人，恰恰是资本数量最少和结构位置最差的人，他们既没有充足的资金积累，创业无望（经济资本）；又没有强硬的关系网，投靠无门（社会资本）；更没有掌握市场所需要的专业技术或学历（文化资本），他们只能选择底层社会所提供的就业岗位。②即使是他们获取这些岗位的当下优势（其实最重要的就是年轻）也会逐渐消失。他们中的大多数人从事的是第三产业中带有"吃青春饭"色彩的职业——甚至简单的劳动密集型产业都不是他们就业的主流——随着年龄的增长，新的职业机会将会越来越少地提供给他们，旧的职业也不再像以前那样可以便捷地进入退出，他们的生存空间将被逐渐压缩，他们的生存环境将更加恶劣。

四 "新失业群体"的"非工作生活"

下面，我们选择三个角度来讨论"新失业群体"的"非工作生活"。

（一）社会地位与流动：未来中国底层社会的主体

从客观的指标来看，如果我们说"新失业群体"属于社会的底层，并不会引起太大的争议。无论是处于就业还是失业状态，无论是有收入还是没收入，他们都是挣扎或游走在社会底层的一批人；他们的悲欢离合、酸甜苦辣也始终脱离不了底层社会的生活旋律。正如我们在前文所述的那样，囿于自身所掌握的各类资本的欠缺，以及整个社会的发展趋势，他们脱离这个底层社会向上流动的愿望随着年龄的增长也将越来越不可能，他们将成为未来中国底层社会的主角。

这里我们想在客观的指标之外，强调"新失业群体"本人对他们这种社会地位和社会流动的感知和体验。历史告诉我们，即使在一个社会各群体经济地位或社会福利相差较大的社会中，人们仍然可能获得一种心理上的"平等感";但在今天的社会中,"新失业群体"中的大多数人已经"自觉地"把自己归入社会底层,脆弱的生活链条和疲惫的心理感受是他们的共同特征。一个极端的说法是:

我跟你们(调查者)的差距太大了,这都说不出来。你们是鸟儿在飞,我们就是那沟里的苍蝇,谁都烦我们,烦就烦呗,那能怎么的?这世界谁能把谁怎么样了?我只能管自己,我还能管别人怎么想?苍蝇就苍蝇,我就想当苍蝇。(CC - XQZ20040521)

在这样的自我认知之外,"剥削感"和"压迫感"是普遍存在的。"新失业群体"的"剥削感"与他们父母辈"老失业群体"的"剥夺感"不同,不是基于失业前后地位的差距,而更多的是基于"工作生活"中的遭遇和经历。比如很多被访者提到的在工厂劳作时企业主的"剥削"与"欺诈",而"压迫感"则来自"非工作生活"中的经历。

我恨这个社会!我觉得这个社会不应该再压制着我们。

问:社会怎么压制着你们了呢?

(长时间沉默)其实我一直想做个商人,但现在什么都没有。做什么都有前科(该被访者曾有劳改的经历),都受限制。我的想法其实挺大的,但我现在只能做对我有利的事情……他们上层玩的是脑子,我们玩的是身体。我是想变好的。(CC - DF20040523)

以这个个案为引子,我们把关注点转到他们对社会流动的认知上来。作为年轻人,向上流动作为一个"梦"并没有完全消失,但现实生活中的经历和诸多结构性的限制又常常让他们感到这是个"白日梦"。有的人选择了无奈地面对生活,有的人则寄希望于"一夜暴富"式的博彩。在这当中,一个值得专门指出的现象是，尽管年纪轻轻，但他们中的很多人已经不再去"想"向上流动的问题，不奢望自己能够成为一个诸如企业家、白领那样的"成功人士"，对他们来说，更重要的是如何维持一个"正常人的基本需求"。这甚至已经体现在他们对自己子女的期望上。

孩子现在是她奶奶管。现在上小学。不听话，很不听话。不听话的时候就打。现在打她也不听话。那也就没办法。她要愿意念书就让她念。卖血也让她念。要是不愿意念书，就不让她念了，她不是那块料也念不好。女孩吧，以后嫁个有钱人就得了。有文凭当然好，没有文凭的也能嫁个好人，是不是？（CC-XQZ20040521）

这样的一个心态无论对于微观上未来社会保障制度的设计，还是宏观上未来中国社会的结构演变，都具有非常重要的意义。在这里，我们还可以窥见一个社会分层机制是如何在个体的心理层面产生影响，从而内化为个体的心理认同的。其实这样的一个过程早在"新失业群体"还处于学生时代的时候就已经萌芽，比如各类所谓重点中学、重点大学、"快慢班"、"实验班"的层级划分就已经预设了他们的"分层意识"与"生活预期"（"上重点高中就是为了上大学，不上重点高中就是为了赶紧找个工作"），我们现在需要反思的是如何在制度和心理两个层面来改善我们的分层和流动机制，使我们的社会更好地运转起来。

（二）社会关系与"圈子"：一个碎片化的脆弱网络

如果像我们在前文中所指出的那样，"新失业群体"在经济资本、文化资本和社会资本上都处于明显的劣势，那么他们究竟能够依靠谁？他们又是从哪里获得支持的呢？如果"新失业群体"如我们所描述的那样感受到"剥削"和"压迫"的存在，那么他们为什么不反抗呢？这些问题都可以从他们的社会"圈子"中找到部分答案。

关于"新失业群体",人们的一个常见的想象是,他们可以通过血缘关系获得帮助。但事实上,处于失业状态的他们很少从这种关系中获得实质性的帮助(换句话说,如果能获得帮助,他们可能也就不会失业了),这既有客观上的限制("大家都是穷亲戚"),也有主观上的排斥("不愿意到亲戚的店里干活,很多东西说不清,还不如给别人打工来得爽快。")——后者体现了我们这个社会日益冷淡的血缘关系和日益强化的利益关系。

既然血缘关系已经淡薄,社会关系的重要性就会相应上升,甚至成为他们最重要的社会支持网。每个"新失业群体"都有自己的一个社交"圈子",这些"圈子"的特征各不相同。但下列三个共性还是具有普遍意义的。

(1)他们的"圈子"在社会地位、生活经历、生活方式上具有较强的同质性,且这种社会关系中的身份复制在很大程度上是一种没有选择的选择。

问:你既然想变好,为什么还和胖子这种(自称败类的)人来往呢?

(短暂的沉默)和别人交往,除了看别人是什么样的人,还得看看自己是什么样的人,是吧?! 我自己就这 X 样,还能和什么样的人交往呢?我去找人家,人家能甩(东北方言,理睬的意思)我吗?胖子说我们是社会的"败类",他也许是,可我不是。但我只能和这种人混在一起。(CC - DF20040523)

(2)"圈子"中的社会关系又可继续分为"核心"和"非核心"两类。只有极少数人可以相互进入"核心",更多的则是一种类似于"浮萍"的关系。

问:你们平日里是不是经常黏在一起?

我们平时都各忙各的，有事的时候才聚在一起。其实你说我们这种人吧，朋友一大堆，走在马路上随便遇上一个人都认识，但大家都是点头之交。真正的知心朋友没几个，特别是有的人，表面上和你笑着说话，背后可能还会捅你一刀，这种人最阴险。（CC‐XQZ20040521）

（3）在这种现象背后的，是一种普遍的不信任，这一点既影响了他们行动模式的选择，也对诸如婚姻、求职、经商这样的经历产生重大影响。

在这个社会上混，靠的就是朋友多。但不是说所有的朋友都靠得住。真正你有难的时候，没有几个能待在身边。连亲戚、老婆都不能信。真正信得过的只有这些比较好的朋友。其他的人跟我说话，我都要在头脑中考虑一下，过一下滤，想象他是不是骗我的……其他朋友说多了都是假的，只有在金钱上能流动的才是真的。（CC‐ZF20040730）

于是，一种碎片化的社会关系网络进入了我们的视野。这个网络不是一个建立在充分整合基础上的共同体，而是每个人以个体的形式面对每个人的松散结合，它脆弱到有时候甚至只能以金钱来维持。"新失业群体"从这个网络当中获得的，可能是满足日常情感诉求的对象，可能是维持日常生存需求的信息，甚至还可能是最朴素的社会援助；但他们不会从中形成集体反抗的力量，至多只能是一种"弱者的武器"式的零星应对。

（三）情感价值与家庭预期：及时行乐与社会责任之间的模糊边界

婚姻是人类社会非常重要的一项制度设计，通过婚姻，新的家庭得以诞生，人类社会得以延续。在中国，"男大当婚，女大当嫁"仍然是整个社会对青年男女的人生轨迹最为基本和不容置疑的要求。"新失业群体"中的许多人已经进入"谈婚论嫁"的年龄,然而,我们的调查发现,与整个社会对他们的期许不同,大多数"新失业群体"在泛婚姻问题上的现状是:同居的多,结婚的少。

问:准备什么时候结婚啊?

这事嘛,怎么说呢,现在同居其实也很正常是吧。至于结婚嘛,至少得等到有了一定的经济基础才行,还得找个真正值得托付一生的人。我和他生活了两年,感觉还是有很多不适合的地方。不过也说不定哪天头脑一热,就嫁给他了(笑)。我们还年轻,还没到安定的时候。(CC – DFXF20040526)

这一现象与媒体报道的所谓白领中的"单身族"、"丁克族"有着根本的不同,后者选择单身的原因主要是价值层面的"叛逆"、事业上的追求或者生活圈子的狭小,而"新失业群体"之所以不结婚,首先还是因为经济层面的因素。通俗地说,作为一种制度设计的婚姻,早已不单纯是两个人的感情问题,而是一件牵涉家庭利益、经济利益的复杂事情;虽然最后的结果可能仍然是"门当户对"式的社会地位的再生产,但许多家庭依然希望在这一过程中谋求利益的最大化——尤其是女方,表现得更为明显,这些都无疑增加了结婚的"成本"。

然而"结不起婚"仅仅是"新失业群体"不结婚的一个客观原因,更重要的原因,可能是因为他们压根儿就"不想结婚"。"不想结婚"的原因很多,有的是逃避社会责任,有的是图个潇洒自由,还有的则是对现代婚姻抱有深深的"恐惧"。

现在我也不相信什么爱情了、婚姻了……我不是不想结,结婚没有意思啊。结婚能有什么意思?两个人就能白头到老吗?我以前有个女朋友,她跟了我8年,后来还是跟别人跑了。结婚能有什么意思?有钱的时候能跟你在一起,没钱的时候就没有了。(CC - XQZ20040521)

但是,婚姻可以抵制,性的需要却不能抗拒。于是,同居成了正当青壮年的他们的"最优选择"——婚姻,可能真的是他们没有认真去考虑过的一件事情。

我们也没想过结婚,你说啥都没有结啥婚呢!我们俩在一起也不讨论这个问题,结婚的事放到27岁以后再说。我们俩都比较现实,实打实的,该咋地就咋地,别玩虚的,扯那个没用。(CC - HJZ20040525)

客观地说,仅仅从生活方式来看,"同居"同"婚姻"并无太大区别——都必须有人承担最起码的日常生活的支出;而我们也不排除有人通过同居最终走向婚姻的可能。所以选择同居的青年,往往也是选择了一种增加自身社会责任的生活方式,他们当中必须得有一个人有收入来源;他们逃避的,可能仅仅是社会和家庭附加给婚姻的沉重负担。完全逃避社会责任的方式就是只进行婚前性行为。必须指出的一点是,对有的男性被访者来说,性交易已经成为他们生活中最为"正常"的组成部分之一。请注意,诸如明目张胆的"嫖娼"和洗浴桑拿这样的"涉性的行为",不仅能够满足他们的生理冲动和排遣无聊的生活,而且也成为他们进行"公共交际"和"人情往来"的重要场所和主要方式之一。而对有的年轻女性来说,从事"性产业"成了她们最主要的经济来源。[①]

[①] 女性从事"性产业"的原因,绝非常人想象的那么简单。事实上,既有的研究表明,很多女性从事"性产业"其实是一个在求职过程中不断遭遇挫折后不断"向下流动"的结果(黄盈盈、潘绥铭,2003)。

当然，不是所有的"新失业群体"都是这样的。在我们的调查中，也有很多年轻的夫妻。常见的一种模式是，男的在外挣钱养家，女的在家做家务或带孩子，即所谓的"全职妈妈"或"全职太太"。从严格意义上来说，她们已经不在我们所界定的"新失业群体"的范畴之内，但通过对她们的访谈可以得知，这种所谓"男女分工"其实在更多的情况下是一种出于维持基本家庭生活而被迫采取的策略——完全可以想见，对于一个为生计奔波的男性而言，妻子如果也出去工作，家庭可能就会"名存实亡"，甚至走向解体。这样一种性别分工和家庭结构会对夫妻双方的生命历程，乃至整个社会产生什么样的影响，还需要做进一步的探讨。然而现在几乎可以肯定的两点是：①对有孩子的家庭而言，孩子已经成为这些父母生命中最为重要的部分，对孩子的关注甚至超过自己。可目前的各种制度性因素对贫困家庭的孩子的成长并不有利，如何制定出"面向下一代"的政策成为当前一个紧迫的问题。②对这些家庭而言，即使夫妻中的一方有收入，他们的经济状况仍然脆弱，必需消费品的价格上涨可能会成为压垮这些收入仅够维持日常开支的家庭的"最后一根稻草"。

五 "新失业群体"的未来：面向下一代的发展

作为对上文的一个简单小结，我们发现，无论在"工作生活"中，还是在"非工作生活"中，"新失业群体"面对的都是一个其他失业群体不曾面对的"制度真空"的环境。他们不像"老失业群体"那样有一整套劳动和社会保障制度与机构（如单位、社会保险机构等）作为支撑，也不像 80 年代初的待业青年那样可以通过诸如顶替、招工等制度设计重新就业。这种"制度真空"是一个在从学校到市场的转折点上发生的"制度抽离"的后果：如果说在学校时他们还可以在一个教育制度的框架内寻求支持的话，那么一旦步入社会、进入市场，他们就不得不以碎片化的个体形式面对市场和社会，并完全通过自身及家庭的"神通"才能维持基本的生存。为什么会出现这样的现象？这就需要我们去反思国家的制度设计及其实际运行的过程。

需要说明的是，我们讨论国家针对"新失业群体"的制度设计，很大程度上是在讨论国家针对"新生劳动力"，尤其是"城镇新增劳动力"的制度设计。其实，国家已经认识到了"新生劳动力"问题的存在，并将其界定为现阶段我国就业主要矛盾的三大表现之一，但他们的就业问题与下岗失业职工再就业相比，显然处于一个次要的位置。之所以如此，在我们看来，乃是建立在下列三项基本假设的基础之上的。

（1）我国的就业矛盾在不同的时期有不同的重点。80年代初的重点是大量回城知青和城镇新成长劳动力的就业，这一问题已经通过"广开门路，搞活经济"，尤其是大力兴办集体企业的形式得以解决。进入90年代以后，就业转失业的问题开始显现，就业压力开始集中到一批长期失业者的身上，同时，国有企业富余人员的问题也相对突出。目前国家出台的一系列政策主要针对的就是这个群体。至于"新生劳动力"的就业问题还不那么紧迫。

（2）与"新生劳动力"相比，就业转失业人员处于更为不利的地位，其中"4050人员"属于"大龄困难就业对象"享受更为特殊的照顾。下面一位基层官员的观点很有代表性：

> 从国家角度来讲，新成长这批人（的就业问题）远不及就业转失业这些人严重，就业转失业的人一方面为国家做出了贡献，另一方面可能是一个家庭的顶梁柱。但是新成长劳动力往往在家庭中只起一个附属作用，他们还有家庭保障，给社会带来的危害比不上就业转失业那批人大。所以国家的重点自然要放在就业转

失业的人员身上,毕竟他们背后牵扯的是一个家庭……另外,初、高中甚至大学生的素质肯定要比老的失业人员强。只要你不挑不拣,找个工作还是不成问题的。现在国家还是劳动密集型的产业比较多,就业吸纳能力比较强,尤其对于这些初、高中毕业生来说。(CC-FGC20040727)

另外,在国家看来,将政策的重点放在就业转失业人员身上,也是延续"三条保障线"政策的需要。总之,国家政策对"老、中、青"三代人的政策,用最简洁的话概括,就是"保老、扶中、促青"。

(3)"新生劳动力"的就业问题,可以通过教育和市场两个场域来解决(至少是缓解),所以国家也就将"新生劳动力"就业政策的重点,放在了教育和市场两个环节上。前者表现在国家关于加强职业教育和培训、实行劳动预备制度的政策上(大学扩招其实也应该包括进来);后者则表现在针对"新生劳动力"的就业,国家基本上采取自谋职业和自主创业的态度上。其实质,就是把他们抛向市场。

我们当然不是要对上述的三点假设进行全盘质疑,相反,我们认为前述国家关于当前就业矛盾和特征的分析是准确的,主要的政策方针是必要和正确的。然而,现在的问题是,不仅上述的假设在多大程度能够成立本身就需要反思和质疑,而且新的情况正在或将要发生,所以在一些重要的细节问题上,似乎还有进一步推敲和研究的必要。

首先,我们所定义的"新失业群体",或官方所定义的"城镇新增劳动力",是否真的在就业市场上占据优势?至少我们有限的几个个案显示,他们的优势并不明显,甚至处于更加不利的位置。例如,国家对"老失业群体"的再就业有着种种政策倾斜和优惠措施,如减免税费、小额贷款等,而这些政策和优惠"新失业群体"统统不能享受（而与"新失业群体"在年龄、生活境遇等方面都相差不大的"下岗失业青年"却可以凭借国有或集体企业工作经历享受这些政策优惠）。再比如，现在市场上很多的就业岗位青睐技术工人，尤其是熟练技术工人，而"新失业群体"往往缺乏相应的专业劳动技能和劳动经验，他们只能选择门槛较低同时也是劳动力市场最不规范的"第三产业"就业——不仅就业的环境最为脆弱，而且基本没有任何的保障。这一状况随着他们年龄的增加会更加恶化，他们在未来的就业市场上明显处于劣势。

其次，他们的就业问题在多大程度上能像国家所设计的那样通过教育和市场两个场域来解决值得质疑。现在的一个现实是，劳动预备制度在实践中的运行其实已经破产，而"市场主义"在某种程度上也遭遇到了困境。将"新失业群体"完全推向市场，由市场来决定他们就业或失业与否，必然导致的一个后果就是强者越强，弱者越弱；显然，这时需要一个公共机构来发挥调节和平衡作用。可在"市场主义"思想的指导下，目前不仅没有一个专门的机构负责"新失业群体"的就业，而且国家对劳动力市场的监管力度也不够，更没有专门的政策法规。

再次，更重要的是，一些新的情况正在或将要发生。①中国未来失业人员的主体与结构将发生重要变化。随着"老失业群体"的逐渐衰老和过世，我国的失业人口将由现在的以"就业转失业人员"为主，转变为以现在的"新成长劳动力"为主。这不仅涉及一个政策的衔接问题，更有可能引发社会保障制度的重大变革。②"城镇新增劳动力"在数量不断增加的同时，在年龄上也即将步入生命周期中最重要的阶段，如结婚、生子、父母衰老甚至过世，他们的负担会更加沉重。在七八年前甚至十几年前，当这个群体最初的成员刚刚跨入"待业人员"行列的时候，许多人只有十五六岁或十七八岁。对于他们来说，家里并不特别指望他们的收入，父母的收入大体可以维持家庭的基本生活。但随着时间的推移，他们"啃老"的条件正在发生变化。对于他们来说，真正的生活才刚刚开始，未来的路该如何走在很大程度上还是一个未知数。

当然，对具体制度设计的讨论并非本研究的目的，也非本章的篇幅所能涵盖。作为针对"新失业群体"的宏大研究的第一步，本研究想强调的是，"新失业群体"的未来保障模式的设计与选择，不仅仅是劳动和社会保障问题，更是思维模式和发展战略的问题。本研究通过对"新失业群体"日常生活状况、家庭状况、行为模式及内心世界的探究所试图证明的是，不仅那些诸如"国家不管市场管，市场不管家庭管"、"新成长劳动力的就业是他们自己的观念问题而不是社会问题"、"新失业群体对社会稳定关系不大"的观念是危险和错误的；而且目前整个国家的制度设计中对"新失业群体"的漠视态度，或者说囿于智慧匮乏而采取的"逃避"策略，都是掩耳盗铃式的消极应对。为此，在整个社会发展战略的考虑上，应更加强调"面向下一代的发展"，切实改善下一代的生存环境和生存条件（孙立平，2003b）。现有模式是把所有资源优势全部向"老失业群体"，尤其是向年龄偏大的困难群体倾斜，而"新失业群体"却面对一种"制度真空"的尴尬。可如果摆在这些"老失业群体"面前的有两种选择：一种是他们自己勉强获得一个非正式的再就业机会，而他们的孩子处于失业状态；另一种是他们仍然处于失业状态，但他们的孩子有就业机会；那么这个群体会做什么样的选择，应当是不言自明的。我们强调一种"面向下一代"的发展战略，就是要强调将"眼前的紧迫性问题"放在适当的位置，立足长远，促生整个社会的可持续发展的能力，以及造就下一代的适应和发展能力。

附录一　访谈个案选录

上篇　失落的生活世界——"4050 人员"访谈录

1　35 岁的"啃老族"

什么都没有了，社会保险也没有了。现在是有病有不起，死人也死不起。

访谈对象：L，男，35 岁。
时　　间：2002 年 6 月 18 日，上午 8：30—10：20
访谈场景：L 家中，其父、妻在场。从房子的装修及家具判断家庭收入不错。

我是 1985 年 12 月参加工作的。我参加工作比较晚，中专毕业后才去工作的，是在市第四中专毕业的。我的专业是维修电器，正好和发动机有点对口，初期就到了"轻发公司"，在外面驻寨驻了七八年，一直驻到我回家。在外边驻寨的地方可多了，扬州、北京、S 市、上海、南京、西安等，在扬州驻的时间最长，有五年多，其他地方只待了半年多。刚进厂是在车间做装配工作，每个进厂的人都要先在车间干一段时间。

原来在单位上班一个月 500 多元，在外驻寨一天 48 元，包括住宿、交通等费用。别的福利就没有了。后来工资改革，60% 不动，40% 给我们，开始的时候给 400 多元，下岗时给 500 多元，工资总额的60%被拿走了。1996年左右，一个月还拿到900到1000多元，越到后越少。我是去年（2001年）1月6号正式与公司解除合同的，之前11个多月了基本跟单位没有任何联系，元月6号正式签的手续。

买断之后，国家给了点钱，我就上股市炒股，现在钱全给套进去了。我还得天天上股市，不去还不行。至于被单位买断的原因我具体也讲不出来，我们到总厂去问，总厂认为凡是从销售部门出来的人素质都变坏了，就是不要我们了。我们搞售后服务的，从理论上讲，有的机关企业还不能做。我们清闲了，回家吧，厂里还不让。销售人员出来了再回本厂工作基本上就没有任何利用价值，不像一线工人，上哪都能干体力活。前年，我到新乡，我们最后也要出去找工作，我去面试，领导告诉我们去搞"机加"（做机械加工的工作），结果我们一点不懂。最后我们还是说实话，人家一听是销售部门的，对我们总体印象就不好，我们也没干。我们主要是搞技术维修，不光这些，还要给用户解答问题。现在整个发动机（厂）都解体了，原来的单位被解除了。

留守人员到了年龄，男的41岁，先让回家，然后返聘。留下的一部分必须把手续办完，（这就意味着）原来的单位就根本不存在了。47岁之后就办退休，再回去就是聘用制。我们单位不买断也可以，先下岗，下岗那就回家了，一个月240元左右，三年以后，再安排不出去，就自动脱离关系。当时我算过了，一个月240，一年将近3000，三年才多少钱。一次性买断要合适多了。买断的时候，我是按15年算，一年2800，4万多块钱。一个月按200多块钱算的，按我这个年龄，还比较满意，我下来了，单位还给了我一笔钱。有不少企业，黄就黄了，要钱没有，给你台发动机，卖都卖不出去。像我父母思想都比较保守，我父亲不愿我买断。（但）我必须按我的经济账算，三年之后，如果真的不管我，那怎么办？（三年）总共得多少钱？一个月才200多元，那还不如现在一次性拿点钱,有经济基础搞点投资。

买断之后什么都没有了,社会保险也没有了。以前看病我们也承担一部分,住院承担80%,平常一个月报销医疗费40多元。现在是有病有不起,死人也死不起。买断之后也没做其他的工作,刚开始的思维与现在都不一样,大家都进入股市,人越多的时候,押的(钱)越多,下岗职工都去了,都赔钱。我的钱都被套进去了。现在我都快40的人了还吃父母的。

买断的人还算可以,心理上还算可以。买断了,给你这些钱毕竟补偿了。我们同学在市场上卖点菜,今天税务局,明天工商局,黄了多少次。有一个同学开了个饭店,没多长时间就被搅黄了。只要国家体制完善了,只要不找你的岔子,都能活。现在哪都磕碰你,原来我也想做点小买卖,后来我想想我也不是那种人,我情绪比较激动,我就不会干。他们又点烟又倒水,(虽然)我们干这行也这样,但我那是代表单位,我不低人一等。以自己名义那就不行,那感觉不一样,代表单位只要你满意,跪下磕头都行。

我们有几个人去了"大众",我们去的(人)比那里工人的劳动强度大一倍多。在"大众"干活,到"轻发"拿工资,工资拿不到一半。比我小几岁的到"大众",岁数都太大了,他们的小班长比我们最小的还小。现在找工作的人太多了。C市有技术一点都发挥不出来,到处都是汽车修理店,我们这样年龄的根本不可能做这个活。原来还想到别的城市去搞维修,现在不行了,现在社会流动编制各个地方不一样,在哪都要办暂住证,手续比较繁琐,过不了多久,又要走,一年白搭许多钱。

出来了之后我就没有留恋过单位。最早我搞服装设计,后来搞发动机,我就一心一意搞发动机。现在搞股票,我就钻进去。主要还是因为有了这笔钱,把钱存在银行利率又低,还不如炒股。5万元开个账户,这笔钱正好。下来之后我也没有去求过领导。我们单位这些人，环境逼迫的，出差都磨练出来了，一般有什么事我们都不愿意出去求别人。那时整天都带着工作证，到哪都带着。一掏出来说是一汽的，那证带着密码标志，大家都说好，效益好。现在到哪都不敢说是一汽的，丢人，别人问哪出来的？一汽的。为啥出来？别人不要了。在外面驻寨的目的就是想全心全意工作。我回来时儿子都不认识。在外面驻寨，一般是10个月左右，一年"五一"、"十一"、春节回来三次，回来半个月。回来当天休息，第二天就上单位汇报，再分配下一个工作，报销又整几天，就没时间了。现在找不回来那种在单位的感觉了，找不回来那种感觉，除非是自己干企业，要是雇用工，那就必须卖命干。要是卖命干，我首先也要问问企业适不适合我。现在暂时也没想。

我心里不平衡在哪呢？35岁，我正好35岁，35岁是下岗的杆，没到35岁的就考虑分到总厂。我去了总厂，一说是销售（部门）的，就不行，在档案上画个叉号，就不合格。原来我年年是青年标兵，给这点（钱）现在也不平衡。对于那些留守的工人，我挺羡慕他们的，至少他们比较固定。现在找好的工作太难了，除了亲戚（帮忙），一般没有这样的机会。感觉还是不一样的。现在年龄不一样了，原来20多岁，那时很投入的，现在再好也没用。

在工厂的最后一段时间，我们听到那些消息，天天去一个酒店喝酒，当时我们（上班）是划卡，早上8点多划一次，下午再划一次。我们单位年轻一点的，下来了20多个。年龄超过47岁的就养退了。四十二三岁的最惨，他们不能养退，也是买断，钱比我们多点，他们更没人要，退休还不到（年龄）。这20多个人里还有一个没有结婚，比我小4岁，与他母亲住一起。

我们也不经常聚会，一年聚一次，大伙在一起吃饭喝酒。原来在外面驻寨，大伙在外面想家，就聚在一起给家里挂电话。现在都在家，就聚到一起，发泄一下。总共聚过一次，挂过几次电话。现在大家之间的联系就没以前频繁了，我们挂电话也不在家。干得好的，一问都挺高兴，干得不好，心里更烦人。在我们20多人中最成功的我知道的是宋巍，开了个配件厂，做得不错。开出租车的不行，开饭店也不行。20多个人里也有特别困难的，但人家不能说呀。现在经济不景气，也不能说，谁有钱谁花。20多个人里有一个人，他留下来了，他属于下岗，到有色金属厂，属于重新安置的。我们做装配吧，干不过人家，体能方面干不过他们，他们比我快得多，但我们经验多，我们一听就能知道哪块出毛病。

回单位的机会也不能说没有，可能是有。买断之后，回去吧就是临时工，我们也可以回单位，那就是临时工，有效益时给你多点，没效益就少点。我现在也没想过要找个在民企里的工作，我就一心一意做股票，别的啥也没想。现在我什么事情都干不了。

买断的时候我们也没有提什么要求，单位要是好根本没必要提要求，字都签好了，提也没用。政策是国家定的，不是某个人定的。他们上汽车厂闹事，厂里给你指定时间、地点，闹事也不行。只要我心里平衡点，就拉倒，闹事就那么回事，像我们人太多了，自己找自己的平衡。在北京驻寨的时候，一个用户他的发动机漏油，是我们单位生产的问题。（他）要求我解决，我说厂里没有三包机制，我也挺同情（他）。当时单位不给配件，我最后给了1500元钱，但单位不给我报销这钱，（单位）要我出示证据，当时就是电话联系，也找不到别的证据。当时只损了点钱，但没损人格。没了诚信，还做什么？

在股市里也交了一些朋友，一些新朋友，都不是原来单位的，下岗的、老头儿老太太也有，一年多也不知道人家叫什么、姓什么，大伙见面认识，见面点点头。回家之后就一点联系都没有，他们属于社会交往群体，与单位交往的朋友不同。上海台一个主持人说，中国证券市场是最大的再就业市场，没有能力就上那边去了。

我爱人下岗快 10 年了，原来在民办企业，最后倒闭了，是区里办的，没有（收入）。本来下岗的人一个月一人 150 多元，但我们享受不到，我们和父母住在一起，户口分不出去，我们也没有房子。没有房子，就没法落户，和父母住在一起。去区里申请过，但我们得不到。

好像是每个人 158 元，两个人还不到 400 元。我们要是出去租房的话，一个月 500 多，那还要赔 100 多，还不如不要。总体上（中国的）观念和发达资本主义国家比差多了。我母亲搞移民（工作），哪个国家的情况都了解一些。我必须选一个福利待遇好的（国家），生老病死、孩子都有（人）负责，本来我身体就不好。

本来单位就没有房子，单位不建房，我一直和父母住在一起。当时我们在外驻寨，没分房。硬要房时，人家说要房子就不能买断。我们与单位签字，各个部门都要签字，我们不欠一个部门的东西。下岗吧，住单位的房，买断了就必须把房交出来，我们是与单位彻底脱离关系了，下岗职工三年之后房子也不交出去。三年之后也不知道具体怎么回事，我也不去琢磨。

现在小孩上学，一年的花费相当于一个人的工资，一月 500 多，一年总共要 18000，（小孩）现在在我父亲原来单位的子弟学校，一年要交 800 多。现在还在上学到底属于外来的还是单位子弟，我也不清楚，孩子上学的费用比两个人的生活费用高，高多了。关键一点还好，我们和父母住在一起，要是我们三个人就过不活了。我母亲在外企，加拿大的（企业）。家庭收入主要靠我母亲。现在的压力主要是心理上的，表面上没压力。

现在做股票还有点寄托，啥也不想，思想比较集中。我们这些下岗的，我们满足在哪，我们搞售后服务的，全国哪都去过，没什么遗憾的，我也挺自豪的。现在人们都不消费，通货紧缩，股民（全国）有 6000 多万，没有经济来源。像我们家 5 口人，做股票就影响 5 个人的生活，我想买的，我没经济来源，没有必要买的就不买，原来我想买的，因为我将来还有钱，我想买就买。其实政府根本意识不到老百姓的需要。

2 绝不让孩子再当工人的下岗技术工人

> 现在我跟我儿子说了，千万别当工人，念书念到哪儿我都供你，不当工人就行，工人不行。

访谈对象：男，某厂的失业人员，原属国营职工，43 岁
访谈时间：2004 年 6 月 11 日
访谈地点：铁西区劳动公园

我今年 43 岁了，1962 年生的，1982 年技工学校毕业，我和我媳妇都是技工学校毕业的，属于建材局的，我媳妇也下岗了。我们原来都是东北制药厂的，东北制药厂原先有 14700 多人。我是电气车间的。我们厂搞减员增效，减了 6000~7000 人，那一批，我们两口子全下来了。现在还剩不到 7000 人。等于减了一半人。我们全厂子全下岗。我们厂的厂长，获得过全国五一劳动奖章。整个的一分厂是实业公司的，现在改东瑞科技了。现在下岗买断以后，2000 年，每人给 722 块钱，一年工龄给 722，我 2000 年下来的，20 年工龄只给 1 万多块钱，养老保险自己交，这点儿钱都不够交的，医疗保险现在还没办呢。

以前单位给交，个人交 8%，单位拿 8%，给你扣，扣得多拿得多，现在属于没人管你了，养老保险就得自己交。我 2000 年下岗，在 2000 年之前还有下岗的。减了好几批，减了两三批了。所以说，我是 40 多岁，就像咱们这个岁数，不像 20 多岁的人好找工作，岁数大了不好找工作。我做过电工，你说要有技术含量吧，真有技术含量。你要到哪儿去干，你这岁数谁用你啊？用 20 多岁、30 来岁的，现在找工作就是这样不好找。你说是不是？尤其男的比女的还强一些，女的更难找了。女的就能干点什么工作呢？保洁、扫地、扫院，实际上属于单一性的岗位，假如我在国企干，就干这一个工作，下来以后还不就是单一工种。我媳妇在外面打工一个月挣 600 多块钱，在私营饭店。你说现在，我儿子今年考高中，全力以赴，儿子得供，不能将来让下一代像咱们当初似的。

给了我一个失业证，养老保险的手续给个人了，每个月，一次性单位给你结算清了，药厂的平均工资是 722 块钱，社会给两年钱，一个月给 223 块钱，给了两年，24 个月，都领完了，我和我媳妇都领完了。领完以后就没人管了。失业保险是 1992 年开始办的，但是咱们都不够 15 年，不过 1992 年之前没执行的，视为没有失业保险。昨天晨报还登，养老保险政策又放宽了，满 15 年的、有残疾的、丧失工作能力的，都可以办退休了。我还特意关注了这个事儿。现在给我那点儿钱都不够交养老保险的。去年是 1600 多，年递增 25%，假如去年 1600 多，今年就得 1900 多。去年 1640 多块钱，今年还得多，一个月是 147 块……今年 S 市搞的是在工行给你办个存折，一块钱给你立个户，你往里存钱，一个月 147.23 元，这么个交法，反正每个月到时候你得往里存钱，保证存折有钱，没钱到时候存折就给你废了。去年上保险公司交钱，排着队交养老保险。要不交的话，将来你干不动的那天，生活一点保障都没有了。

我们那是全裁，就下令，这个车间留 100 人，车间头儿往上报，裁是不择手段的，一个是考试，竞争上岗，你如果不行了，名字没有了就下岗了。这个考试，就是走形式，张三行，他考试就行。另外搞小动作了，跟领导有关系了，谁给说句话了，也能给你留下，但是你得花钱，不花钱搭人情，你留这个岗位多少钱？牵扯到养老，牵扯一个饭碗呢，另外一个，牵扯不少福利，像东北有采暖费的事儿，乱七八糟，养老保险、医疗保险，牵扯不少钱。假如我是领导，你是我的手下，你留下了，有价钱的，你不给人家上钱的话，我留你啊？都利用改革转制这个机会收钱，考试都属于走过场。你说要不考试的话，就把你拿下了，到时候你闹不？我要给你拿下，你考试的成绩也看不到，就说你不合格，那就行，人家不管我咋的，暗中怎么操作，怎么活动，就给他留下了，你有啥办法？全厂咔嚓就减掉3000人，各车间，都得有任务，你车间这次留多少都有规定。一个人干三个人的活儿，工资没有了，这就叫增效。增效的原理，像维C，一个人得干三个人的活儿，原先没改制之前，工资按工龄什么的发，药厂工人每个月都开1000来块钱，现在减完人以后，假如你这个岗位就定900块钱，跑料、废品、违反劳动纪律，七扣八扣的话，就拿不了多少钱，假如说一线上的工人，给你定到900，名义上就是你这个岗900块钱，但是养老保险、医疗保险，个人负担的部分，羊毛出在羊身上，全从你这900块钱里往下扣，一个月乱七八糟的得扣个100左右，定900，也就拿800左右。

下岗以后我干过电工，干点家庭装修，如果一点儿不干，西北风都喝不上了，干点啥不行啊。给人家装修，干点电工活儿。就在劳务市场，蹲市场，我活儿干得利落，没有毛病，多大的房子我都能拿下来，在外面锻炼了几年，下岗以后，逼到那个份儿上，边干边琢磨，所以家装那套我都弄明白了，所以说活儿干好了，自然而然有活儿。原先蹲市场，这家灯坏了，换个刀闸，安个插座，安个灯，就干这些活儿，打个眼儿，装电话线，这些小活儿。干了一段时间，我出去两年以后，一般的活儿我都拿得起来了,我就不蹲市场了,靠朋友介绍活儿,走上社会以后要靠朋友,我给别人也介绍活儿,这都是礼尚往来的事儿,我给哪家装修了,人家说你找个好油工,我就把干活儿好的朋友介绍去。咱们靠着这个赚了以后,互相帮助。反正还沾点技术活儿。现在的收入没有准。去年挂靠了一个装修公司,跟他干了一年,活儿不少,我活儿要干不好,不能在那儿干那么长时间,朋友把我介绍进去的,干了一年多。一个 NH 三号街那边的后花园,高档住宅,80多万的房子,过完春节,耗我钱,干活干完了,老押我钱,人家房主押他5000,他不给我算账,我跟他急眼了,后来把钱给我了。后来又找我,万豪那边的,同里河那里,有两家活儿,我没干,我说:"给你干活像抽筋似的,没我的毛病,你老押我的钱,你自己干,太远。"现在他也不找我了,我跟他闹崩一回,他说你看,你蹲市场,在马路上蹲着还不如跟我干呢。我说我蹲着,我挣30是30,在你那儿干活,干那么长时间,完了不给我算账,弄得我急眼了。你说我挣的钱,全是养老婆孩子,孩子上学补课,念初中,得吃两顿饭,一天吃饭最损得给10块钱,还得有点零花钱,买点书本,你押我的钱不押得我难受?后来我跟他急眼了,把钱给我了,说:"咱俩不处了?"我说处不处哪有你这么办事儿的?原先都挺好,干完活儿,到时候给清,最后那一个活儿,我就不给他干了。后来我又挂靠在这个装修公司,也是别人看我干活还行。赶上活儿一忙,我去不了了,活儿就丢了,一丢丢好几个活儿,最近没活儿了,没有稳定的。

装修好的时候一天能挣100块钱,但是你得起早贪黑地干,一个人干……活儿谈到位了以后,没啥变化,得赶紧干,好了一天能挣100块钱。整不好,一天也就五六十块钱。关键不能总有活儿啊。真是没保障,有时候挣得撑得够呛,挣钱也挺容易,有时候没活儿了,你闹心不?今天我就属于闹心这类的,我儿子昨天晚上学习,台灯坏了,28号考高中,我说行,我无论如何给你买，还上那家买原厂的，花了 20 块钱，不是原厂的就十五六块钱。我小学一年级到五年级，当了五年学习委员，那时候尽当干部，语文课代表，56 中学现在也是省市重点中学，但是我那时候受四人帮迫害，不管咋说，那时候受点影响，1976 年刚恢复高考，我有点受影响，但是我不能让我儿子再当工人了，我得供我儿子。我儿子 1.74 米，反正比我强多了。咱们虽然没钱，但有儿子。现在我跟我儿子说了，千万别当工人，念书念到哪儿我都供你，不当工人就行，工人不行。

真的，就是没钱。我是 1988 年动迁，买房子。我 1982 年 9 月份上班，技校毕业，1988 年动迁了以后，单位给我的房子没有房票，我的房子是马上动迁以后别人的结婚房，给我的房子是以前动迁了的，掐水掐电的房子给我了，有些搭得不合理，虽然是给我的房子，人家不走，在那儿占着，我没有房子结婚。后来单位给我的房子，小名叫"鸡舍儿"，在那儿凑合住吧，住了五年，这下动迁了。动迁以后，没有房产证，电让掐了，煤气让掐了，我自己花钱接电，化了 1000 来块钱。就在那儿住吧，后来别人说要动迁，找派出所去吧，上派出所找人花了 200 多块钱，找人情，把我的户口落了，你得落才能迁。他说你现在落也没地方落，你没房号，我说那得了，落到别人家，落到楼上吧。这下动迁了，那时候纯动迁是 500 多块钱，我这种比商品房还便宜，动迁的还贵，给我那个地儿是 1000 块钱一平方米，我 54.5 平方米，一个大单间，我就要吧，七楼。花了 5.45 万，我说我哥们儿多，家里父母也没能耐，没给我多少钱，我全自己付了，上班这几年，我借了 3 万多块钱买的房子。我儿子考初中那年花了 9000，房子 5 万多，这几年全朝这地方鼓捣，不容易，至今还有 5000 块钱的饥荒，还欠我姑 5000 块钱，我姑说你啥时候有啥时候还我，我姑说不想要了，一共借了 7000，我姑偷摸着借给我 2000，她家里人都不知道，说这 2000 块钱不要了，我怕她作心，前年把

241

2000 给她了，那 5000 还没还。所以说，现在挣这个钱，比上班强多了，就是没有稳定收入。去年就不好，闹"非典"，没活儿，那几家高档住宅，干着干着人家不让干了，万龙阁那边，不让干了，家装要收尾了，进去干完完事儿，新开工的不让干了。去年"非典"就没挣到啥钱，一年就挣 6000 多块钱，也就一个月四五百。今年到现在挣了 2000 左右，大致也就眼前这几个活儿。

各种社会保险全由自己交，我现在就交养老保险，医疗没办。医疗保险一个月说是得交八十二块几，但是得补交，到现在没办呢，证儿没给咱们呢，要办的话，一次性要补交好几千，按 S 市的规定，一个月扣 82 块钱。82 加上养老金 147，一个月交 200 多块钱，240，俩人就 480，挺吃力。百姓要自己想开一些，我要是今天渴了，热天不爱吃饭，干活我都不吃饭，干活整累了，一瓶啤酒喝下去，凉快，接着干活。今天回来热了，看看，溜达溜达，渴得实在受不了了，不喝汽水，喝一瓶啤酒，1 块 5 毛钱，640 毫升的，顶两瓶汽水，还带点儿度数，你还挺得劲儿，完事儿还不用吃饭了，现在就是图眼前便宜，没办法。

我 1984 年 2 月份过完春节到北京的，去北京永定门琉璃河水泥厂实习，我是建材局技校毕业的，分配到东北耐火材料厂。现在东北耐火材料厂的厂区已经卖了，三年前，也都是破产了的厂子。1986 年我调到医疗器械厂，属于原先的长城电冰箱厂，医疗器械厂也是全国最大的医疗器械厂，当时我们单位有 2000 多人，1994 年 7 月 1 日被东北制药厂吞并了，原来的汽水机都是我们单位出的。吞并以后，2000 年给我弄下岗了，全厂弄掉一半人，辉煌的时候有 14000 多人。过去工资低，制药厂工资高。下岗前挣 400 多块钱吧，有点儿奖金，工资 300 多，加奖金 100 多，400 多块钱。那时候稳定一点。

现在有困难找谁也不行，找谁啊？得自己想，能干啥，修自行车、卖点菜，现在卖不起。这两年退路进厅，原来是搁马路上，我买个三轮车，200块钱，兜里有三百二百的，500块钱就可以自己做买卖了，现在可不行。让进大厅整那个床，没有钱进不去。你搁在马路上，现在综合执法的、市容的，抓你，到时候就给你装了，你那么干违法，人家管你，你这时候吃不上饭没人管你，谁管你？现在逼的是左右为难，你在马路上干，想卖东西维持生活，人家说你对抗政府，不让你卖。人家让你进厅，让你拿四五万进大厅里，你拿不出钱来，进不去。

　　90%都是下岗的，都不容易。你说你困难，咱们也不能反党、反社会。我拉饥荒，欠我姑姑5000块钱，起码现在房子住上了。儿子今年考高中，高中三年，大学还有四五年的，可得钱了，越合计越累，有时候合计，自己自杀得了，得了牛皮癣也治不起，谁给你报销？全得自己花钱，我花了不少钱，一分也报不了。要不我怎么穿长袖？本来穿夹克，实在热得受不了，穿长袖，上哪儿洗澡都不敢去，倒是让进，谁都瞅你，犯不上，到时候问你两句，你天天跟他生气？现在我家的情况，重中之重就是我儿子，必须让他考学，给他学费，各种费用得交上去。一个月我儿子的零花钱、饭费得三四百块钱。他上中学是公费，是考上的，一年3000，念了3年9000，书本费乱七八糟的不算。业余时间补课，今年寒假，一天30，补了一个礼拜，210元。这钱咱们宁可少吃饭，也得给他拿，咱们也辅导不了，我和我媳妇都技校毕业，辅导不了他的功课，真的，咱们就花钱呗，智力投资，咱们自己不会，辅导不了，咱们不坑他一辈子吗？咱们这一辈子是不行，不能再坑他。

　　虽然咱们家庭困难，子女的教育都得重视，家家肯定都重视这个问题。我有个亲戚，我姑姑家的孩子，今年高中毕业，考清华还是北大，分够了，没报，老师说，你别报那么高，进不去，报上海复旦，考上以后在复旦属于尖子生，今年春节我到我姑家去，我姑告诉我，现在分配工作了，在一个小城市，买个房子花了40多万，连装修将近50万，两口子每人都挣六七千块钱，一个月挣一万多块钱，一年挣十多万块钱，人家现在换生活了。对于我儿子来说，将来也这么供着，哪怕花钱再多，我都供，不用我操心就完事儿了。人家一个月挣一万多块钱，一个月顶咱们一年的收入还多。要我说我对念书的人还是佩服，付出那个辛苦了，有那个智慧，人家收入挺高，咱们心里还是挺……就是咱们没有能耐，当个工人。现在国家对工人也不太重视，这是说心里话，知识分子、有文化的还是受重视。一年一千多块钱，采暖费自己交，医药费自己负担，子女的教育问题都得自己想办法，有的情况没有钱了，亲戚朋友还得帮着，要不真难。

现在都难，都到南方去，活得累。要我说，我要一蹬腿……我这就是没事儿愁的，这个从1995年开始得的，9年了，牛皮癣是顽症，不好治。原先我在药厂上皮肤科的赵大夫那儿去，就一个小米粒大的疙瘩，我看了，1995年那会儿，我说赵大夫你看我得的是什么玩意儿？你看这是啥？一看说牛皮癣，我当时还不相信，这不头上、脑袋上、胳膊、身子，都有。有一段时间我几个月不喝酒，就抽点烟，大众第二中医院的老头儿告诉我，烟不能抽了。我说就喝点啤酒，白酒我不喝了。他说啤酒都不能喝了。完了我就挺长时间不喝，不喝也不好，后来我说拉倒吧，已经结婚了，咱也不能再找第二个，孩子也大了，凑合吧，爱咋咋的吧，我花了不少钱治这个，搁哪儿也治不好。202看过，金桥医院看过，企业医院看过，大众第二中医院别人也说过，我姑家的孩子花了3万多，告诉我"大哥你别治了"。那阵儿，我上大众中医院看着挺好治的，一瓶药50块钱，吃了一个礼拜，我带了300多块钱，开了点药回来吃，他告诉我"你别去了，白扔钱"。那阵儿我好了，好了又犯，反复，他说"别花那些钱了，大哥，别去了"。

3 无法再就业的下岗女工

像我们要文凭没文凭，要文化没文化，要技术没技术，上哪找工作？

访谈对象：W，43 岁，女，失业
访谈时间：6 月 27 日下午
访谈地点：W 的家里
访谈场景：上午访谈了两个失业女工，下午经过其中一位介绍到了 W 的家里。她爱人也失业了，儿子 20 岁，现在也没有工作，孩子正在家里看电视。

我原来在国营内的集体企业上班，1980 年上班，随父亲单位，当时十八九岁。上完初中就找了临时工干，在东北大学打扫卫生、送报纸，好像是 1979 年，干了一年，正好我爸厂里招工，我爸就让我回来。我不回来就好了，再干一两年我就可以转正了。1992 年的时候我一看不上班也开那么多钱，和上班的人差不了多少，差 30 块，我就下来了。那时也就 100 多块钱。我 1984 年结的婚，我孩子 1985 年出生的，现在也在家待着，正在学开汽车。原来读了职高，学烹饪，学完了找不到工作。现在大酒店都用工作经验多的，经验不足也不太好找，现在学的也没怎么用上。在"海王府"（酒店）干了一年，一个月 400。

我早就下来了，到 2002 年才买断的。我 1991 年就下岗了，单位给开 70% 的工资，一个月 100、200 的，我就到他姑家开的厂子打临时工，一直都这样给亲属干活。在家待着都十年了，一直就没在单位干过。在外边不好干，前几年也干了一阵儿，帮人家看柜台，后来也不愿干了，路太远，来回就要两个小时，时间也太长了，早上 8 点就要上班，晚上天黑了才下班，一个月才 300，中午也不供饭。

以前也找过不少的事做，都是家务事，给人家看小孩，做饭。现在咱这个年龄没有别的工作可做，我43岁了，哪里都不用你。要是有工作做的话，肯定没问题，像原来厂里的老工人，女的都干到55岁。像我们要文凭没文凭，要文化没文化，上哪找工作？现在企业招人，都要年龄在25岁到35岁的，过了这个年龄段就没人用你了。我现在找的都是服务性行业，原来在单位也没干过，现在要做的话也都不好做。要么就是一些合资的企业，根本就不要我们这些人，像一些大型的国有企业，临时工都不要了。像现在有技术的还行，我们一点技术都没有就不行。原来我在厂里当出纳，现在也不行，现在用的都是电脑，原来用的都是算盘，现在超市的出纳，用的都是20～25岁的人。

我爱人原来在单位开车，效益也不好，还赔钱，就不干了。现在在他姑家开的厂子开车。原来他是装卸公司的，后来交通局说自己交一笔钱学开车，旅游局可以直接招过去，后来不知道怎么整的旅游局没把他们招进去，本来他可以去公交公司开公交车，他不愿意去，那时进了公交公司就不好出来了，出来要交3万块钱，大概是1990年吧。然后就去了一个私人单位开车，这个单位效益也不好，后来这个单位又给出租车公司吞并了，有几辆车，他就开车。那时开出租车还行，上面又给拨了几辆车，后来就做大了。原来一个人交3万，一天干完活上交100多，后来开桑塔纳，一天交200多。当时开出租车的还不多，后来就大批量上了，咱就不挣钱了，一天只剩几十块钱，有的人是自己买的车，不需要交这么多钱。他一看不行了，就不开了，不然房子都要给赔进去。开这个还不像别的，车老了就得修车，一修就几百上千。

你看我们不是住这个房子吗？（十几平方米的平房）这是他姑家的房子给我们住了，我看开出租车不行了，就把原来的楼房给租出去了，不挣钱，还得花钱，挺不住了。一个月能租四五百块钱，过日子呗。后来开出租车真是不行了，我们就把车让给了公司。公司说了，什么时候不干了就什么时候开除，那是2001年1月份。当时就给开除了，领了两年的失业金，养老保险都给停了。下来了之后还得生活还得工作，就在东站那边给人承包的物流公司送货，开大车，一个月1000块钱。我爱人45岁。我弟弟也下岗了，他就在东站那边住，下来之后在物流公司送货，他就告诉我说这个可以让姐夫过来做事，我说去呗，我找不到工作，他得找，不然还咋活。他在那边干了一年多，一个月开1000块钱，但是拉一些散货有点额外的收入，一个月也有200多。去年过年的时候，他姑夫非让他去工厂开车，他们自己家办的工厂，我们还住人家的房子，钱也不少给，这样就去他姑夫的厂里开车了。物流公司也不给交保险，是私人承包的，去了之后，先干一个月，压一个月的工资，年底给你，工资倒是不扣。现在给他姑家开车一个月给开1200，有点加班费，最高的时候开过一千七八。

  在这里我差不多住了十年了。当时就合计，变点现钱先维持生活。现在正愁着，孩子这么大了，马上就要找工作，房子还是个单间，过几年孩子就要处对象了，还要买房子，哪来的钱。我现在老是在寻思，以前我都没这么愁过，现在可愁了，都没想到会这样，当时我们住的是动迁的房子，只要再添两万块钱就可以买个套间了，当时也没想那么多，总想往市中心走一走，现在又买不起了，买个房子一般都要十几二十万，当时就是想以后肯定能买个更好的，要是添了两万就好了，那时还有这个能力，他爷爷、奶奶都做生意还能拿出钱来，也没想到现在这么困难。那时我们家条件好，老公公和老婆婆都做生意，还雇了七八个人。到后来做买卖就不行了，工商税务什么都要钱，今天说要交个几万，明天又要交几万，好好的摊位就没了，十几万的房子好好的就没了，到摊位垮了他们就不来收了。

我前几天才续上了保险，交了 4000 多，两年的，我看不续不行，积累多了以后就更交不上了。我爱人他没交，他爸说了让他（指孩子）以后给交，他要负点责任，我们都养他 20 年了，不得给他爸交点保险，他爸给我交，他得给他爸交。我爱人是从单位下来就不交了，到现在也不知道交到哪年了，那车把他整得心里挺憋气的，档案什么的都在单位，什么手续都没办。他们领导说了出去就别回来，所以他就一直没回去过。

我现在正在领一个月 223 块的失业金，我们集体企业的也有。早先没有，近几年买断的才有。你说我们家多倒霉，他 10 月份下来，第二年人家就买断了，一个人好几万呢，我们因为是自动脱离单位，与单位没有关系了，所以一分钱都没有，要是拿 10000 多元交保险也够了。我和单位买断了，拿了不到 10000 块钱，一年 400，像我们厂是国家给拨的款，最低是 320，比最低的高一点点，我们是服务性单位肯定给的不高。现在单位抵给银行了，来一个领导贪一个，最后来了个经理，在银行贷了 150 万，用这个楼抵押的，最后贷款都给挥霍了。其实 1992 年从单位出去之后我也没想再回去，一直在外边找活干，但一直也没怎么干成。我皮包里天天带着失业证、照片，要是碰上什么好工作就及时办手续。说实在的我也没好好找，孩子在家不好出去，要是他上班了，做点什么都行，不说养活整个家，就是挣个三四百的都行，日子能过就行呗。买断对我生活也没什么影响，多少年都不开支了。你就是吃不上喝不上单位也不管。我从单位下来开 70% 的工资就只开了一两年，之后单位什么都不管你了。

老人都不用养，他们都有劳保，我婆婆家原来做买卖，她都说了就是有病都不用我们拿钱，看见我们就够累的了。现在不是我们为老人愁了，是老人为我们愁了，还倒给钱。我们这代人苦死了，四个老人有劳保但是年纪大了总会有病，病了总要护理，前几天刚护理完我爸，孩子又没工作，自己还没有多少收入，看不到一点前景，没有兴奋点，活得一点都不充实。这些老人退休早，都没有医保，看病花钱都得自己拿。现在住院住不起，一住就得花六七千。我爸我妈退休都领300多块钱，后退休的都有医保，退休金都有1000多，我老公婆俩人领700多，都不买什么东西也不用什么东西，劳保都花不了，钱留着看病呢。我爱人兄弟四个，我这边兄弟六个，现在都给她姑家的厂子收去了，都在那上班。

我们这代人命都不好，小时候挨饿受苦，又赶上了"文化大革命"，后来又下岗，现在孩子还没工作。你说现在没有工作，劳保还要自己交，我2001年买断了，单位给了1万多点，我就赶快把劳保交上了，要是以后越积越多就更交不上了，买断的钱还不够交以后那么多年的劳保，吃饭生活那点买断的钱一点都没用上。医保我还得交啊，我身体不好，我要等失业金领完了之后两个月才能交，一年1200，不交以后怎么办？

现在每年养老保险费都要上涨，我们是别无选择，凑够了钱都要去交这个，咱们不愿意不行，你不交拉倒，以后也别想得退休金，我们现在别无选择。我爱人说不交，我就说这不行，还是要交，等咱们干不动的时候咱们不吃饭？要是有劳保一个月领七八百块钱，月月有啊，要是没有劳保，老了之后谁每个月给你钱。还是要交，不交还真不行。医保也还得交，以前岁数小没感觉到，现在岁数一大，得了病自己交还真交不起。你要是住院没有医保肯定住不起。现在谁也不管你了，你得了病，钱都花在了这上面，以后的日子不过了？现在不管有没有工作，只要能交得上还得交，所以还是说国家有这个政策也是为了大家，你想有些农村人想交还交不上呢，市里有这个条件，老了之后有保障。像农村它也用不着交这个，人家有地有房子，咱就不行了，就得交保险养老，孩子能指望多少还难说。原来住楼房一个月就得花200多元，水电、煤气费都不少，住平房就不用花多少钱。

4 经历坎坷的"4050人员"

> 下岗后,给生活带来的变化,主要是失落。说句不好听的话,就是对一切不满。

访谈对象: 机床厂失业人员,男,48岁
访谈时间: 2004年7月5日
访谈地点: LS街道DBQ社区

我原来是机床厂的,80年代这个厂挺有名的,是个小国企,1956年公私合营的,工人最多的时候也有400多人。我1975年就下乡了,九年级下乡的,也就是初中毕业,1980年不是邓小平提出要知青回城吗,我1980年就进厂了,下乡整整五年。

我回城就一直住在这儿,我的出生地就是妇婴医院,我1956年就是这地区生人。那时候国家号召毕业生去农村,除非国家有特殊需要,大部分人都下乡了。俺家哥儿三个,当时的政策是这样的,家里可以留一个。哥儿三个,下乡两个。我是老大,没说的,必下无疑。那时候虽然是初中毕业,也像是上大学似的,你说小吗?我下乡的时候就19岁了,要说19也就是刚出头,也是刚到19。我是1956年生人,1965年上学,那时不正赶上毛主席号召"文化大革命"停学两年吗?虽然没上学,但岁数在那,按理咱应该是16岁毕业。我都是被社会给耽误了,所以十八九岁才初中毕业。下乡五年,后来1980年回来就落到了机床厂,但不是S市机床厂,S市机床厂是第一机床厂,归国家管,我们厂小,归市里管。

我父母都在S市。那个时候不是因为大批待业青年国家解决不了就业问题吗,就说有亲戚投亲戚,有父母投父母吗。我父亲

是机床厂的。我母亲是螺钉厂的，也是国企。我进企业开始是扳金工，完了干水电焊，干了十多年水电焊。这以后企业就关停并转，全员下岗。我是2002年11月份买断的。

我们厂买断的时候按一个月500多算，500多少忘了，反正是超过500。我按27年算，从1975年到2002年，27年。买断的钱也就15000。

买断以前我没有下过岗，一直在上班，企业还有生产力，按照现在的话讲，就是还有市场。那就是上面一个令，全下岗了。落实政策，具体说个人吧，你找不到那人儿。就说是政策。连厂子带集体，就算是全员买断了。正在上班呢，告诉你全员买断了，必须"上楼"，"上楼"就是上劳资科，企业不都有劳资部门嘛，上劳资部门填一个什么协议书，说你本人愿意。就那么一张纸，人家都印好了，就像是现在的合同，人家都已经弄好了，你就去上面签个字。不签也不行啊，合同看不看也没啥用，都签你能不签吗？签完了，人家就收起来了，告诉你买断了！就是解除劳动合同，意味着是你自愿解除劳动合同。大体上就这么个意思。里头肯定有些具体细节，起码说找个工作……就像你们上大学总得经过四年，真正具体落实，确实不知道。具体的方案单位也不让你看，那个那个……四五百人挤在一个小屋里，还挤不下啊，看啥合同啊。人家告诉你，用不着看，都这玩意儿。你先放下，这个是你的，签个字。就差这个了。一人一份啊。都签一份不行啊，到上面去说不明白啊。现在不都有法律文书吗，那到时候摆在法庭上，都合法。可一调查它又不是那么回事。工人根本就不知道具体的内容，更不用说参与制订合同了。工人？工人算个啥？谁听工人的？上面让你全买断，你讲你是工人，他不是（工）人啊？根本不用跟你解释，你也没有问的权利。现在根本就记不得当时合同上写了什么，就一张纸，拿过来让你签字。问这是你名不？是你的名就签上。签上就完事。工人当然有异议了，当时就提出异议了！人家告诉你上面有政策，告诉你赶紧办。就这样让全员买断了。现在让我说，这下岗到底是怎么回事，我本人都不知道是怎么回事儿。连工会主席一夜之间也就啥也不是了，说下岗也就下岗了。

厂子还在生产，还生产那些东西。工人没有全部下岗，还留了一批。现在……（思虑、叹气）能留个200人吧。那就是人家厂长愿意要谁就要谁了。那些留下来的一般都是门头熟的，任人唯亲，这不是中国几千年留下来的吗？裙带关系呗，你要是说具体的个人的原因，我没法说。按照现在的话说就是工作需要。不是说你有什么能耐给你留下，留谁不留谁那是领导说了算。原来的厂子还是厂子，厂长还是厂长，就是工人换了。假如我是领导，我认为好的我跟你签合同，我认为不好的我不跟你签合同。

原来在厂子的时候所有的收入包括福利能有470元。工人工资不算高，你得下去具体问，工人究竟挣多少。不能说开会、开个职代会，找几个工人来开会，那都是安排好的，告诉你挣500不能说挣500得说挣1200。他敢说挣500吗？人家回头连500都不让挣了。你到底下随便走随机问才能问出实话。你还不能说是张三告诉你的还是李四告诉你的，回头让厂长知道了，是应该挣1000，等你调查完了，你任务完事儿了，可是张三就干不了了，找个理由还不容易吗？不找理由不行啊。滚蛋吧，不用干了。有可能我说得也太片面，面可能太窄。我说的是工厂，属于地方国营的工厂，如果是超过70岁了的工人，估计最多超不过500。可能退休工人也就300多块钱。

你说能不抱怨吗？老了老了，现在什么都涨，怎么就是工资不涨！社会主义初期的建设者，干了一辈子了，到老了总得有所养吧，最起码吃饭应该没问题，现在又得吃饭又得看病。

我参加工作时才挣三十二块六。没怎么当过学徒，因为下乡回来，国家认为是大龄青年，真叫你像19岁那样当学徒，没法生活啊。国家政策扶持，下乡两年有效，挣三十二块六，起码能生活啊，就是"带级学徒"。房子呢，那要说没分吧，也分了，这分房子呢，里头事太多。像咱们这么大的根本分不到。你要说分，确实也分了。我的房子是房产局的房子，并不是单位的。我是没得到房子，像我这个年龄段，比我再大一点的，都没有房子。咱们单位比较小，要说咱们这个单位有点福利，也就是厂长、书记、副厂长的。全厂400多人儿养活一个厂长，人家房子先到手了。厂长分房子了，副厂长呢，你不得给他来一套啊？到咱们这儿，根本就整不明白！我结婚时不住在这儿，实际上是在我父母的原有房子旁边搭建了一间。后来我弟弟也大了，得给人腾地方啊。要说人是有一种机遇，也是一种巧合，后来呢就到了这儿。这儿的住户搬走了，然后我搬到这儿来了。我住在这得每月向房产局交租金。

我1981年结的婚。我认识我爱人的时候她在第三纺织厂工作。纺织厂在80年代左右就是"黄牌"企业，就是"报黄"企业。下岗后她就到处打工。她和我一般大，纺织行业中央不是规定50岁退休嘛。她今年48岁，退休了。下来之后自己找活儿干，五六年了吧。2001年还是2002年吧，好像是45岁。给她们办完之后厂子就改成45岁退休了。她九几年就不去上班了，那时候厂子已经黄了，她就在社会上打工。

我从厂子出来没做什么，这不在家待着呢吗？现在你说像我这岁数哪儿还要啊？我也找过工作，人家一看就说，回家等着吧。可这一等就没信了！你说像咱这岁数谁还要啊？还不是年龄问题，这是社会问题，你说全员下岗，社会上没有那么多工作岗位，谁要你啊？要知识没有知识，要文化没文化，那咱不是不想学文化啊，当时社会给造成这样的。那政府说了，你们这代人也有当部长的啊？那确实，是有有文化的，也有大学毕业生，可是你说一百个人里有几个……至于工作岗位，就是能挣钱的，能挣个四五百块钱，够我自己花，多少还能剩点，起码还有个家呢。可现在四五百块钱都没有。国营企业根本就不要你。私企也肯定不要你，国企都不养活你，私企还养活你啊？我也去社区找过，人家给介绍过，到那儿人家一说，行，回去听信吧。回去一寻思你这岁数，唉！也不能说不要，让你回去听信。公益性岗位，是有公益性岗位啊，这里边还有些政策，还有些条文呢。"4050"，男50，我弄48，差两年！差两年就不给安排了。我还没到50呢，不行。给你登记上，等到50岁，完事儿给你摘下来。这不是话啊。具体政策又不一样，那你看报纸电视说得可好了，安排下岗工人再就业。可实际能有几个成功的？！L省给下岗职工小额贷款，全L省才有7个贷着款的，这是省电视台播的啊。（疑虑）那你说有小额贷款，可是你一具体操作就又不是那么回事了。

我以前是焊工，就找电焊的工作，当力工也行。可是这20岁的人比你这40岁的，怎么力气也比你强吧。要不就去找单位打更，人家说我也不缺保安啊，我就是雇30岁的，撵贼起码也比你跑得快啊！人家说的也有道理啊。所以说政府让这帮人下来了，公益性岗位也好，什么岗位也好……你具体干点实际的。要不你就研究研究。有些工厂本身还能开支，你管给的多给的少，至少能维持，凭什么让下岗就下岗？要不就彻底全员下岗，连厂长也下岗。你把企业卖给小日本也行，卖给台湾也行，完事了还是这个企业，还是大伙攒下的这家底儿，结果他愿意用谁就用谁，愿意用张三就用张三，愿意用李四就用李四，你王五干得好不好我没看着，你就是不行。这不像是企业彻底死亡了，或者工人根本开不了支。有这样的企业，10多年都不开支了，只有一个企业名称，这样的企业可以让它黄了。如果一个企业还在生产，为什么让它黄了，为什么把工人推向社会。动不动就让找工会，可是工会主席自己的饭碗都没了，你找他他找谁去啊！他不也说了吗，"我找谁去？我自己都没饭吃了，不跟你们一样吗？也不得去天市吗？"

下岗之前的养老保险都交齐了，买断不交齐，人家保险公司不接收你。这块是硬的，不管企业有钱没钱，以后就是自己交了。你说我今年48岁，我如果不交我就没有，不能说，我再活两年，再活三年，这玩意儿都不现实。还得再交12年，跟头把式的。S市一年交1700多吧，今年是2004年，2003年好像还交1400。劳保还得再涨。公务员你涨工资吗，完事儿你照顾照顾不行吗？就像我这个家庭，起码有一个退休的还行，那会儿不让你拿钱，让你给钱。要是两个都得交钱，就按1700算，乘以2，就得3400，你说那你还受得了受不了。我爱人的退休金可能是370多吧。高不了！家庭收入主要是她的。我一点收入都没有，也找不着工作，S市政府好像是给我们这些下岗的每个月223，我是2002年11月份下的岗，现在领了1年多了吧。这个还行，可是2003年末还推迟仨月，保命钱还推迟仨月。不知道市财政怎么回事儿，反正就给推迟了，还告诉我们别说。还不让人家说。你要不信可以去调查。具体把钱下放在街道了。谁都有左邻右舍，不能说家家都下岗了吧，毕竟差不多，你去找左邻右舍，你跟他们家商量，他们家下岗的，还能不闹腾？你说保命钱不给人家，还不让人家闹腾！咱不知道这是怎么回事儿。你真正给人家找到工作，你可以停发啊！你就按照大表上讲，那那……你不让人说话……你要让我说我就这么说，要不你就别让我说。

医疗保险没有啊！没有钱交那个，暂时吃饭都顾不过来啊！我就听天由命，要是小病就顶过去，阑尾炎什么的，死不了的，自己挺着，凑合着吧。要是得什么肝炎，甲肝乙肝，也别治了，治好了弄个肝硬化什么的。给社会减轻点负担，反正中国有13亿人口。工作单位给交过，那是强制的，政府命令的。你单位要开业，就得把这块拿下来，不拿下来不行。单位给交到2002年，你说我现在还能交吗？你说连活命都活不了，还能交吗？你说你受过高等教育,你明白,不得先活命吗?没有命在,还有什么?首先有生存才有一切啊。

家里一个月的支出,首先吃饭问题,是必需的,还有个孩子上学哪。上大学呢!在S建工(S建筑工程学院)。她不是学建筑的,是学会计的,她是2002年考上的,也刚上。一年得5000块钱,吃饭不算,学费住宿费乱七八糟的,得5000左右。吃饭就没法算了,今天花10块记上,明天花15记上,这没法算了。一个月生活费得400。我爱人现在在居委会工作,她是三年一改选,能工作到2005年,是从2003年开始上的。那选不上也没招。你说她一个月挣300多,我一个月挣200多,总共才挣500多,再给孩子400,还剩100多还能怎的?这都是真实情况。这就是中国一句俗话吧,三十晚上洗条鱼——不好也好,不好能怎么办呢?就得这么乐观地想。孩子上学这块不能不花。你说不花也可以,但是社会不管,你管上学有没有用也是条出路啊,对不对?考上了,不上还不行。

下岗给生活带来的变化,主要是失落。下岗现在已经不是个小问题,已经是个社会问题了。你老工业区没调整好,那是你政府没调整好,并不是百姓没调整好。你不能把自己的包袱加在百姓脑袋上。比如说你消费了,完事让老百姓买单。说句不好听的话,让劳苦大众买单,让国民买单。

我现在最大的苦难就是没有工作,没有经济收入。想得最多的,就是我女儿赶紧毕业,不管你找什么工作,至少不用我再给你钱了。我不想你给我钱,但至少我不用给你钱了。再有一个就是找个挣钱的(地方),起码说一个月不管挣多挣少,至少够我消费的,得让我的生活有点着落啊。以前就没有什么积蓄。假如说以前每天可以焖大米饭,现在没办法不能焖了,就得喝稀粥了。就这么个意思。

我父母全在;退休了,但退休了收入也不高,(叹气)老两

256

口加一起能有七八百块钱吧。他们自己单住呢。父母平时多少也能给我们点,要不咋办,他儿子下岗,儿媳妇挣得也不多,老头儿老太太虽然紧张,也给点儿,这不是中国几千年来留下的传统吗?我弟妹还没有了,他们(父母)还得管一个(弟弟的)孩子。我弟弟也说下岗就下岗了,现在到外面打工去了。这孩子也在上学期间,没办法就扔给父母了。那个孩子上高中呢。上高二了,转眼也就一年了,也该考学了。我弟弟在外面打工呢,哪儿给钱多就在哪儿干,到了一家装潢公司打工。他以前是在工厂做磨工的,在机器制造行业也是技术工种,要求挺严格的。现在就是靠技术。这也是自然而然的事儿,社会在前进,按照孩子的话,必须得有熟练技术,你才能推动社会前进。以前不管咋的,也能吃饭啊。

我们这一代工人和我父母那一代工人还不一样,因为我也在工厂待过 10 多年,我是 20 多岁就在工厂。我父母就有为祖国奋斗的精神,像咱们,我不敢说别的,我觉得咱们当中没有一个。咱们这一代净赶上那个……什么都赶上了,上学赶上"文化大革命",好不容易毕业了,又赶上一刀切下乡,下乡回来了成家立业,没想到又下岗失业了。现在饭碗还没了。所以你说能没有抱怨吗?可抱怨又有什么用?现在跟原来工厂的同事偶尔也联系,头几天还看见了呢,联系无非也就是吃喝。这人啊,各种各样的人,不管有发展的,还是吃不上饭的,都有一种感情,原先在哪里待着,就愿意联系哪。

我们工厂现在私营不是私营,公家不是公家。你说股份也不是。原领导还是领导,我那个单位的领导还是原来那拨领导,人员他说留谁就留谁。什么体制咱不清楚,反正他的权力最大。他自己给自己定工资,像咱们在那儿干的时候他的工资才 1000 多,现在自己给自己定薪水,定五千六七。不管是中央还是老百姓自己的讲话,年薪还没开始呢,他自己给自己定的。这 1000 多翻番了，他给自己定的翻番了。你要是具体问我到底是什么类型，我也说不清，也不是个人买断，也不是私人买走了。要是他们买走也行，假如说花1000万或者500万自己买下了，你开多少钱是你自己家的事儿。现在公家不是公家，反正国有的这些资产他说了算。要是实行股份制他也没入股啊。他比猴子都猴儿。要是入股进行商业运作那就不好说了，就像做买卖，明天赔，赔了他不干，他比谁都奸，只能忽悠工人。原厂长对于让工人集资就不太赞同，这厂子能干就干，不能干就不干，将来黄不起，将来工人骂我，人家不骂别人。说入股就是一句话，说"入股啊"（模仿他人声音），谁也没拿钱。要是不拿钱说是入股，那我说拿8万也可以，反正也不给。本来我们厂根本就用不着减员，就是领导在某个会议上那么一定。就像现在印度和巴基斯坦为啥老干仗啊，就是当初麦克马洪画了一道线，这边是这边的，那边是那边的，结果两边老掐架。现在咱这领导就跟这差不多。油得接足了。但是不一定马上鼓包，反正我当届的时候没鼓包，哪届鼓包呢？不赖我啊，赖谁能咋地。他80岁了，跟那儿输氧呢。你还把他提溜出来？就是不提溜出来他也瘪鼓了。我说现在的领导就跟当时的印巴、跟英国似的，那个麦克马洪来了他用拐棍儿（一画），就变两个国家了，从建国就开始掐，一直掐到现在还没掐明白呢。你说是谁倒霉啊，倒霉的还是老百姓！现在就是某些官员，坐那疙瘩，喝着茶水研究问题，结果研究完到下面一整就走了样了。你老国有企业不行了谁整的，完事儿你把这些工人甩包袱，完事再弄个"4050工程"，又给你们贷款，又给你们找工作的，怎么地，敲锣打鼓的，那红旗招展的，大喇叭咿哩哇啦的，可究竟有多少真事?!

90%再就业，那是统计报表上的就业率，实际不是那么回事儿。你说要是达到90%多，谁也不再抱怨了。以后也没什么打算，绝对没有。就是混日子，没设想，没有什么宏伟蓝图。混混沌沌过日子，今天把门打开今天看到太阳了，明天也许看不到了。现在有啥可担心的，担心父母身体怎么样，担心儿女找不找得到工作，不用担心。生死有命，富贵在天！就得走一步算一步。这要是政府非得要我们拆迁的话，你讲话小胳膊拧不过大腿。政府也不考虑考虑老百姓有多大的经济承受能力。你住多大房咱不恭维也不嫉妒，但起码儿也得考虑考虑老百姓吧。现在东北出现这么个情况，这么多人下岗，工厂的效益这么不好，作为政府官员不是不知道，完事你脑袋一热，你要迈入小康社会，光嘴说，上哪儿具体操作呢？不能再来那时候跑步进入共产主义吧，不能再犯那错误了吧，再犯那错误，不能说你幼稚，也不能说你怎么地。

  这地区的房价我现在也搞不明白，有人说是二类地区，有人说是三类地区，具体是几类，和你这个地区的房价不符。咱这么说吧，假如现在这个地方算二类地区，S市政府规定二类地区公布的房价是2810，可现在附近没盖好的房子，一平方米就达到3100，这2800和3100差多少？咱不说这面积，咱就说这个差价，他拿3100，你给2850，还说是二类地区，这相差多少！我这房子才19.5平方米，就从门口到这，就这一间。可是他补偿呢是按居住面积，买房呢却是按照建筑面积，这里外里又差了多少！你得让老百姓的承受能力达到啊，他要是达到，他也会接受，他也愿意啊！我现在也愁这房子呢，你说三口人，女儿那么大了，终究是不方便，不是两居，我也感到了。可是我的承受能力承受不了，政府是想把城市打扮得漂漂亮亮的，咱们老百姓作为一城居民也愿意，可是得有个承受能力啊。你就说我这房子，听说还是三类地区，三类地区才两千五百几，这房子多说给我7万块钱。我要去买房子，现在房子最小的也得50多平方米，咱就按3000块钱算吧，别3100，咱来个整，我得往里添多少钱？我上哪去抠这七八万！你要说政府这么说，银行给你贷款，是可以贷，可他不是有线儿吗？他一问我，你有工作吗？你挣多少钱？像我这样的，500。人家肯定不给贷，500只够你生活的。要说我退休，退休费那是你的生活费，不给贷。如果说可以贷，咱们可以贷，为了生活舒服一点，为了城区漂亮一点，咱是可以贷，可你又不给贷。你就给公务员贷，可咱不都是公务员啊！你说2700万市民，2500万是公务员那行，可是不是这样嘛。说私营厂主也给贷，可是要成私营厂主，要那些国企干啥啊？你说美国那么发达，不也有吃不上饭的吗？也不是人人贷得上款，何况中国呢。按照人家外国讲话了，有些事儿啊，太不按实际出发了，太爱搞政绩了。

下岗之后变化能没有吗？能不消沉吗？消沉背后是什么啊？消沉完事儿不就是愤怒吗？愤怒有什么用。冲天喊，人家说你有毛病。找个空旷的地儿，十里八里没人，你冲天喊，你喊去吧，喊几天就让120给拉走了。唉……其实作为一分子，总而言之吧我的看法，政府你得想办法把这帮人安排好，因为这帮人就处在一个时代。你不管谁谁怎么不对，总是全民……吧，你不能净看一面儿吧。这些问题你得讲，你不能一拍脑袋想怎么样就怎么样，你得让这帮人吃饭。这帮人就处在这种时代，上学的时候没接受过什么教育，想学知识的时候社会又那么动荡，毕业以后十八九岁二十啷当岁正是学技术的时候，你给他撵到乡下去了，这都是政府的行为。完事儿回来了，学了技术了，到了40多岁，接近50岁的时候你让他下岗，让他再找工作，现在就业压力这么大，政府不是不知道，他怎么去找工作，谁接受他？我打个比方说，一个20岁的人和一个接近50岁的人俩人同样找工作，20岁的人就业率好比占80%，50岁的恐怕连20%都占不到。完事儿他还要生存，他本身还得要生存，他还得养家糊口呢。从我自身讲，我父母是没什么毛病，如果说要有点儿毛病，这边还得照顾父母，你说你是让我活还是让我死。你说乞讨吧，我看要是十家有两家乞讨的话还能讨着，要是十家有八家都乞讨，估计也乞讨不着。咱不是给政府抹黑吗？对不？

现在讲咱们这代人，40多岁的人都成了渣子了，其实不是这样的，因为他在下乡那几年他吃过苦，现在有家，不像20多岁的人那样，脑瓜冲动的时候很少。政府是不是应该想办法，哪怕少给他钱，也给他救命啊，你总整那敲锣打鼓的，就业率多少实际有啥用啊？你要真有那样的就业率，这左邻右舍、亲戚朋友、同学之间也不能不知道啊，他肯定有他自己的信息网络啊，如果真有那样的就业率，他就是有了工作也不能说没有工作啊。减人增效了，谁增效了？大部分增效了，还是某些人增效了？你要真是国家财政增效了也行。我看不一定。因为原有的企业该交多少税还交多少税。税收不是按人头算吧，可能是按产值算吧。哎呀，我不太明白。关于下岗，多数人都是无奈、愤怒。

以前在单位时挣400多，现在一个月挣223，实际上不是差100块钱的事儿。现在这200多块钱有个限定，只有两年，两年以后就完事儿了。而以前那400多块钱呢是只要劳作就有，你说这心态上能没关吗？这200多块钱实际上就是政府怕你闹事给你的，要不这么多下岗的怎么办？当年下岗的到银行办卡差点挤破门了，能有个万八千的，那银行还是大银行呢，在区政府对面，所有的窗口十多个全开了都挤不上，你说这大东下岗的能有多少人？铁西的工业也比大东多得多啊。那铁西黄的单位也比大东多得多啊。就是说政府在决定关系国民的事儿时太搞一刀切，也不调查。实际上，我不是说资本主义好，资本主义国家的公务员也不总坐办公室吧，国外我也没去过，估计是不能总坐办公室。中国这么下岗还没有罢工的，这可能也是一个奇迹吧。中国电视里也报外国罢工，……毕竟是失业罢工。这种大面积失业，减人增效，减什么员增什么效啊？是全员增效啊？还是某些人增效啊？上次你们委托S师大来做调查，上面有好多问题，问我："下岗好吗？"我就反问他："你说下岗好吗？你父母岁数估计也和我差不多大，你说好不好？说不好，不好的事实具体又在哪儿？"

下岗的时候大家实际上也没怎么议论。实际上，厂子就怕你议论和不满，突然间（下岗），不给你时间议论。咱正在上班呢，可能人家已经研究完了。那时候工人大部分都放假了，可是你作为一个工厂有些部门不能放假啊，我在锅炉房就没放假。那时候好像是冬季，11月份。完事儿了告诉我们，时间长了记不住了，11号还是多少号，告诉我们全体上班。现在联络也方便，都有电话了，通知也方便，告诉我们上班。上班后就说让开会，全员下岗了，连厂长都下岗了，你们也没什么说的。车间主任叫过去讲两句话，不知道怎么回事儿呢，现在上楼，去签什么解除劳务合同，到了人家告诉你怎么签就怎么签，稀哩呼噜稀哩呼噜就上楼，大伙还不知道怎么回事呢，说怎么回事儿，怎么回事儿，（模仿口气）下岗让你签字你就签，都去，不去车间主任搁屁股后头撵。签完了，签完了怎么回事呢？这是什么，这不是合同啊，不止1份，还签4份。那格式有空的，你就签你名儿，别人写了，签上名儿。（模仿口气）当然以前也听说过，别的单位也有下岗的，人家那是多少年不开支的。下岗就下岗吧，大伙发牢骚。原先不是说厂长也一样吗？这厂长……都一样，都一样。（模仿口气）也没有什么有趣的新闻，完就完事了，也就骂骂大街、发发牢骚。

谁也不管我们，工会主席都下岗了，工会主席他能服吗？他也读过有关的文件啥的，也属于厂一级领导。他带头去找大东区工业办，人家告诉这是上级的命令，执行也得执行，不执行也得执行，至于做得对不对呢，还得到下面去调查。那你等他调查可就晚了。我觉着他们不能调查，人家哥俩怎么调查啊？现在市长陈志高就拿大东区做试点，让全员下岗，国有企业全员下岗，就这么地全下岗了。厂子就黄了。还有一批流动的，回家听信吧，跟你签合同就签，不签说是到明年三月份听通知。说是张三李四上楼，王五赵六没接到通知你就收拾收拾东西走人呗，人家也不告诉你啊，人家就是不用你了。工人上去一找，人家说不是他具体办的。那你还能给他两下子？就是给他两下子也不解决问题啊！当时也没留。因为当时是全体放假了。就烧锅炉的没停，停了锅炉就冻了，门卫得留着，厂子得看啊，要不出事呢？厂长得留着，得有个管事的，得看家啊！那家看的！（不屑与愤怒）等到第二年三月份，通知谁谁去签合同，没通知你去干啥去？谁搭理你啊？

我上班的时候没有那种工人阶级的意识和自豪感。那是在"文化大革命"前，那个时候有，那是60年代初50年代末，像我就业的时候都是在80年代了，基本没有了。像70年代，S市有一些大企业，像一机床啊，二机床啊，三机床啊，重型啊，厂子大，一般管理完善一点。像咱这样的小厂子，就属于一般的地方国营，就比商场、粮站能好一点，比扫大街的好一点。现在也不行了，人家扫大街的一个月1000多，也不下岗，咱还下岗了。人家商店里卖菜的，能把小账算好了就得了呗，买二斤辣椒五毛钱，他也亏不着，咱也别亏着。你要是调查调查那些富裕了的人，他们那些人能有（自豪感）。解放了，国家从一个农业国变成走工业化道路的国家。你到了90年代，就是谁做买卖，谁能挣钱，这些人有（自豪感）。你说这下岗是愤怒也好，无奈也好，总归是没有生活来源，假如说就他自己还行，213就213。像我这样的还没动迁，旧城改造不是某一个人定的，扒了房子上哪住去？是，你是可以上城郊，那你更找不着工作了。现在大家都去卖菜了，要是十家有两家卖菜的还行，这要是十家有八家卖菜的，我看这菜是谁也卖不出去了，这萝卜茄子谁家也卖不出去，我还想买你二斤，只能是这两家互相换了，你吃我家茄子，我吃你家芸豆。它能产生效益吗？我是打那么一个比方。他让下岗的自谋出路，办一些利民的设施。哪有些利民的事情，都回家待着去了，我还用你帮我买菜啊？我自己还想替你买呢。我用你帮我换煤气罐啊？我待着没事儿我自己换了不就完了？我还能省脚钱呢。我时间有的是，就像人家姜昆相声里讲的，我时间富余，给你半个钟头。

我以前找的工作，也不签合同，单位根本就不和你签。其实国家应该重视这个，既然说你有营业执照，开工厂雇多少工人，就得到主管部门登记吧。你雇50个工人，你必须有50份合同才能上岗。有事我找你厂主并不找你工人，这出了事就找工人。你要是想和厂主签合同，人家厂主乐意答应就答应，不乐意答应你就另谋高就吧，签什么合同？哪里有合同啊？你上报了50个人怎么就40份合同，你那10份合同哪去了？你想开张不？想开张就按规章办事儿，依法办事儿。电台老讲，一整就说工人没有维权意识，人家工人怎么就没有维权意识，谁不知道欠债还钱杀人偿命？就你想跟人家厂主签，关键问题是人家厂主不想和你签。厂主跟你签，那是人家看上了你跟你签，想用你。时间长了，就你是螺丝啊？我不能换个螺丝啊？现在就是供大于求，不是求大于供。如果说现在劳力紧张，再也不会有下岗的了。我工厂招还招不来人呢，还能往外撵，那得犯多大错误啊？你现在承认供大于求，完事儿你再说工人维权意识不强，他想强，强的起来吗？

就是一个劳动者吧，哪有地位？现在这工厂一承包，你干不？没有别的说法，干不干？不干回去。也不问人家因为什么不干，怎么个不干，现在就是国营的厂子，大厂子相对来讲还能好点，像我们这样的厂子根本就……我今天要活儿你就给我拿来，设备坏了还是怎么的，我不知道！谁让你把设备造坏了？那你设备没有个自然磨损啊？那我不管。等出了事了，就说工人违反操作规程，反正全是劳工的毛病。

这一片全是下岗的，白天不太好找人。他也得出去谋生啊？不能搁家啊，搁家就得指着那223。今天有邻居，明天同学或者谁告诉他们，哪哪有活，他们就出去忙乎个三天五天的。有的可能什么同学的同学开个什么厂子，给人干个三个月五个月的，那都是临时性的。这我也干过，就帮着干点啥，忙活个十天二十天，给你个百八十的。有活你上岗，没活儿也不能养着你。找的活都是熟头把脑的，就是当时不给你，过两个月也能给你。要是冒蒙找，那肯定不行，你干了两个月人家就是不给你，你能咋的？一个月八百一千，两个月欠你2000块钱，可是到时候不给你，说没钱过两天再来，过两天还是没钱。那你说当初怎么让来的？人家说当初是当初，现在没钱。那你能咋的？这事我也挨过骗，也被拖欠过工资。我要是不干呢，就喝一碗大米粥，要是干完了还得喝三碗大米粥，我不干还能省两碗大米粥呢。你找电台，人家说你怎么不找人仲裁去，仲裁说了，签合同了吗？没签合同就不受理。人家说谁让你不签合同了，不签合同怎么就给人干呢？这么大人不知道签合同啊？没帮咱还说咱一顿！是咱不想签合同吗？是人家不跟咱签啊！你说你现在打人家也不行，人家把110叫来了。110首先问你为啥打人啊？我说欠工资，那110说了，那你要工资得了，为啥打人哪？你说这人打轻了不行，还得让110骂你一顿，打重了，你还得给人家医药费，那不更多啊？本来你有2000，他花了4000，你还得搭2000。这是你把人家打了，大部分是人家把你打了，还说你是无理取闹，要不就说是你自己激动撞的。他雇的那帮人肯定向着他呀，要不过两天那帮人也得滚蛋了。你要不信可以去调查，确实有，比较普遍。但是也有给钱的。你敢去吗？有个地方说一个月给1200，但前两个月试用，不开支，你说咱敢干吗？两个月60天，你干50天就不用你了。这明明是陷阱谁敢往里跳啊？还有这样的，管你要抵押金。这情况都普遍存在，你要说是正规企业，咱这样的肯定不要，人家谈都不跟你谈，人家有年龄限制的，就到45岁以下。咱今年48，连"4050"工程都享受不到。你要说彻底在家待着吧，谁也不能彻底心甘，你说要找工作吧，也都不好找，都是临时性的。因为他都不傻，都得养家糊口，现在的市面上价格都挺高的，你买一斤大米你就得给人家一斤大米的钱。

都不容易啊！谁让咱赶上这时候了。要是社会不动荡，在学知识的时候，你就是念不了大学你也能念个技校啊？现在要技能没有技能。哎，全国像我这岁数的不在少数。吃饭，反正稀里糊涂吧。要连饭都吃不上，那就麻烦大了。你不让他越轨他也得越轨，你说是不是？这就跟洪水似的，憋到一个地方不让爆发也会爆发，这不是能憋得住的事。就跟大禹治水似的，他爹就堵，他儿子看堵不行，那属于有脑子的人，就得疏。

5 实现创业的"4050女工"

> 像我们这个年龄段的最遭罪了，什么事情都赶上了，"文化大革命"、上山下乡，没念书，后来又是下岗，早知道这样，还不如早点出来干，积攒点钱。

访谈对象：女，54岁
访谈时间：下午2:30~3:20左右
地点：某小吃部（她本人开的小饭店）

我原来在"东广副食"做营业员，属于集体性质的。我20岁就参加工作了，干了30多年，是正式职工。原来年轻时干体力活，现在什么都没有了，还落得一身病，原来身体好，不生病，得了病还能报销，现在年纪大了，有了病，还不能报销，什么医疗保障都没有。当时工资开不出来，1997年、1998年时就开始拖工，以后单位就黄了，什么都没有。我办了退休，退休也不开支。我们的养老保险还是单位给交的，那拨年轻人就得自己交了。单位把房子卖了,现在领导也没有了,只剩下一处房子,今年听说又要卖了,就用这个钱来补。我们向上级反映过,找过市政府,大家凑在一起,一人拿了10元钱做车费,选出统一代表来,我还是代表呢。找了都不好使,还是没开支。原来我们单位把房子卖给了"村港开发公司",开发公司把钱拨给了单位,是按职工来分的,我们没得到钱,就去上访,后来公司一查,这钱没给工人,就把钱收回去了。这个开发公司后来也倒闭了,老板逃了,职工和单位都没捞到这钱,我们即使没捞到钱,也要找。现在单位没这个能力缴纳养老保险费了,工作没达到15年的,就不给上缴,要自己交。都是层层往下推。我们找到市政府,市政府打电话给宽城区,说你们区里有职工来上访了,要认真解决,宽城区又找来区里的商业局长,要求他来解决,商业局长又给经理打电话,让经理来解决,最后一个人一个月给开支160元,不知这钱是什么钱。单位现在我们都不去了,去了也是开会,开会卖房子,卖完房子就什么都没有了。我们是集体单位,跟国企还不同。

刚下岗时卖过水果,赔了钱。去年开了这个店,现在生意不好做,早上4:30就要起来。我家两个孩子,都下岗了。我儿子30多岁,他夫妻俩都下岗了,我女儿夫妻俩也下岗了。我姑爷也在这个店里帮忙,他这几天正在外面踩点,准备再开一家小吃部,一家人都下岗了。

开这个店办手续的时候正赶着结尾,有点优惠,还多亏了社区帮忙。其实政策是有优惠的,但现在也不行,地税、国税、派出所隔三差五地来收钱。派出所来人说要集资,我就说我们下岗职工有优惠,他们说这不好使了,该交的还得交。这次来了两回,我都没给,他们都挺不高兴的就走了。他们收你钱,正式的票都没有,就是一个收据。按政策好像我们下岗职工占道卖点东西是不需要交税的,去年我在店门口放个冰柜卖雪糕还收了两个月的钱，说是城市管理费，占了街道就必须交费。这店面是我父亲的，我父母都退休了，他家有这个店面，看我挺困难的，就给我开了店。

手续办下来不到 1500 元，就是卫生费花钱多点，交给防疫站将近 1000 元，按照正常也就 1200 多元，现在是一个月交 100，年检时交 218。你看，我是去年 8 月开的店，还不到一年，防疫站就来收年检费了。我特别关注这些政策，这关系到切身的利益。我经常看报纸，看 C 市的《新文化报》，干我们这一行的要了解别人的信息，就好卖点什么，报纸也经常登些政策法规，但报纸干登，不好使。我姑爷也要开店，好像说都不给优惠了，本来花 600，现在花了 1000 多，他们说受不了，你们都来优惠，不挣钱了。别说办证，本来这个占道减免应该是有的，但我两个月花了 300 元，发票都不是正式的那种财政发票。

像我们这个年龄段的最遭罪了，什么事情都赶上了，"文化大革命"、上山下乡，没念书，后来又是下岗，早知道这样，还不如早点出来干，积攒点钱。上周为我母亲退休金的事去找她的单位，他们单位都找不着了，一问，别人说单位早就搬了，搬到哪，不知道，领导也找不到了。我妈也没有退休金，街道也不管这事，这就好了，所有养老的事都推到各家的头上。

6 工厂兴衰的见证者

最惨的就是 1958 年参加工作的……干了三十七八年，等退休的时候你看看……我们创造了那么多价值，最后还要回家去。

访谈对象：标准件厂失业人员，男，将近 60 岁
访谈时间：2004 年 6 月 7 日
访谈地点：T 区 JY 社区

我原来是标准件厂的工人。我们工厂对外宣传一般说有4000多人，实际上最高的时候将近5000人，最后剩下400人，实际上班的只有300多人，还有一些吃饭不干活的。本来刚开始"签了职工基金"，是为了减员增效，实质上，原先的效率也没有了，这一步没有成效。下岗职工，实质是为国家、为企业，放弃了个人的基本生活条件，个人损失了，来救国家、救企业，这相当于一条大船，这条船在沉浮，一有风浪，就是社会经济各方面一有风浪，就是这样。结果一开始宣传，还说你没能耐才下去呢，这种宣传当初让我很反感，因为我认为这种东西不对，当然现在可能改过来了。

首先从心态方面讲，下岗、失业，咱们宣传有问题，一开始怎么宣传，当然这是国家政策，能者上、庸者下，一开始这么宣传。结果弄到最后，好的、坏的全下来了。什么叫好的下来了呢？能干的，一般能干的都有一个特点，脾气大，或者是敢于坚持真理、坚持自己的意见，往往这样的人，领导不喜欢，这样的人下来了。实质上从我个人来讲，我的看法是，国家、企业制度改革有个成本，本来应该国家出一大块，结果现在这个改革成本都到老百姓身上了，换句话说，都体现在下岗工人身上了。这点是从开始宣传就有的，当然后头是另一码事了。心态方面，我们不平衡在哪儿呢，拿我来讲，我1968年从北京毕业分配到S，我从小在北京，毕业以后分配到S市，到现在37年，给厂里做贡献就算少，也是30多年，当然最后按国家政策、S市的政策，工龄30年以上的、年龄超过50岁的，可以要求企业"退档"，但S市没有执行，照样下岗，不下岗的工人一般后果自负，这都是他们宣传的，各厂都这么讲。

因为他欠了我们的钱，不开支，欠钱不给，但是他不这么说。让我们回家行，欠我钱怎么办？欠钱，什么时候有了什么时候给，没有就不给，我也不欠你钱，企业界都这么说，这么多老百姓，一般的，我们厂平均欠一个人接近 10000 块钱，我们厂 4000 职工就 4000 万，这么大的数目，再加上拖欠的工资，加在一块儿就不是小数目了。拖欠工资怎么弄的？实际上 2002 年末的时候，国家就提出来了，要求企业必须无条件地偿清克扣和拖欠的，拖欠的是没开的，还有一个是克扣的，给你工资的 30%、20%，棉纺厂最多的时候开八九十块钱一个月，那是去年、前年的事儿，现在就更不用提了。

现在大多数人都开 100 多块钱，从来没这么开过。咱们省棉纺厂开满支平均 300 块钱左右，他给你改 80%、50% 开，一次开 100 多，这就是企业当中的实际问题。所以最后，老百姓虽然没说什么，但是心里不平衡，就全下岗了。

我们这批是今年下的，也就是 2002 年。他们找国资委批，国家政策不允许，企业就想掏钱，掏国家那块补贴，可能国家一块、企业一块，一共三块。拿我们厂的具体条件来讲，企业那块相当于没给我们，我们这次下岗的每年补偿 320 元。头一批下岗的有 1500 多人，第二批又有 1000 多人，两次加起来有 2000 多人。我们是分批下岗的，刚开始下岗的时候，有一批人因为不在工厂很多年了，就下岗了。现在不按政策来，就是根据情况安排。就是有活儿来、没活儿回家，一开始这么来，后来没有活儿，弄得人越来越少，一开始我们是 1997 年准备破产，一个多亿。

这个破产属于政策性破产，因为当初提出国有大中型企业——我们当初算大型企业——又是三角债，又是这个那个，解不开，国家可能认为这是个重点，要通过破产来延缓债务，像我们大概有七八千万债务，我们破产国家给了一个亿。这就相当于国家开了一个单子，告诉银行，这个破产，把账停了，我们说七八千万，利息都拿不起，确实没办法，因为当初利息太高，个人存款最低的（利率是）11.524，还有 12 点多的，最高的是 18 点多，一般都是9点多。当然这牵扯到具体情况，把我们给牵扯进来了，后来他们又犯了点儿事儿，整个儿活生生地把企业搞垮了，老百姓开不了支，他们搞工程项目，上千万，2000多万。反正那阵儿，我们厂老百姓天天去闹。闹也没啥用，一个原因是工厂没有人，最近几年大家都回家了，和企业没关系了。我们这个状态，快60了，要职称有职称，就按职称，咱们也算高级职称，要按能力，我从八几年就当科长、处长，都是处级干部，我没能力啊？他们新来的图纸都不会画就当头儿了？我们厂领导都是后调来的，调来之后，你得听他的，拿掉（一些部门），所以最后，拿我们厂来讲，经销人员几乎没有，没有技术部门。一个企业里没有经销人员，没有懂技术的，没有负责质量的，这都是新鲜事儿，人家说谁让你干坏的？让你干了？最后生产出来的产品不合格，还打算卖呢？因为我们是大型企业，劳资这块比较大，我们感觉，说买断工龄、说下岗补偿也好，差距太大了，我们就算一年320，哪有这么低的？老百姓听到的，大庆油田一年工龄给3000，不干，闹到5000，北京这边，我也不知道，出上到下都有贡献，按年限算，30年以上的一年3000，20~30年的多少，是这么算的，S市就这样，找谁去啊？谁也别找。企业一公布，"根据国家政策"，国家什么时候这么规定的？他都这么办，都写这个，凡事都是根据国家规定。他们从来不给我们讲具体是哪些国家政策，就是根据国家规定。国家怎么规定？有本事你上去找去？咱们不管，去找劳动局吧，劳动局局长在哪儿呢，不知道，没法弄，就给你胡来。劳动部门也没法弄，像原来他们找了好几次，下岗职工一看文件，呀，50岁以上，国家规定不让下岗，不让下岗你还得养着，毕竟贡献那么多年了，内部退养，有这个文件。还有30年以上工龄的，也不允许下岗，但是不下岗不行，都下岗，企业里偷啊、贪啊，这些东西都变了，人都没了，还找谁？像以前为什么发不出工资？

最后还多少？怎么弄的？集资款利息不给，实质上不是利息，为什么呢？我们的集资款从1990年开始已经入给企业了，到1990年底，企业效益不好，再找（集资款）。等破产的时候，1996年6月破产的，破产的时候S市中级人民法院来了，宣布破产，外债是多少，这个债包括拖欠职工的集资款、工资，这块有个数。最后还的时候，拖欠工资的钱给扣了，最后反正是少还了500万左右，拖欠的工资少还了有300万~400万，这是怎么回事儿呢？咱们的集资款是1989年、1990年陆续提的，但是企业效益不好，没法还，就缴了，往下转，转的时候把利息加上，等破产的时候，比如当时集资1万块钱，从1990年到1996年破产的时候，每年10%、20%的利息，这6年将近1万块钱先花着，这时候把原来集资的凭证收回了，重新改的凭证，给我们重新开的凭证，比如我当初开的1万，按20%，到5年以后就两万了，这时候换的票，给我换的两万的票，这两万的票在法院宣布破产清产结资的时候已经清完了，两万多，实质上这里包括原来的本金和后来的利息。换句话说，从账面来讲，肯定拖欠职工的钱应该是两万，但实际等到还的时候，不按两万，按一万，差在这儿。

说是利息，我们不认为它是利息，因为我是一张票，重新换的一张票，当初我是1991年提的款，累计到1996年破产了，破产怎么办？1991年的票作废，相当于1996年重新集资的本金，但是他对外说，你们的利息不给了，实质不是，如果从票据上来说，并不是本金。比如1996年是两万，2000年才还的钱，这段儿我没要你的利息，你把两万块钱给我，因为我有财务凭证。这个问题后来我们反映过，原来他们已经把钱提过了，提出来大概有四五百万，虽然不给老百姓开支，但是他们把钱提出来了，这钱怎么提出来了？实际上上面起码拨了4000万，最后回来3280万。给老百姓退集资款，说劳动局给了多少，给你们还了900万，实质上你欠我1600万，还我900万，差700万，这700万哪儿去了？原来他们把钱挪用了，准备盖栋楼，后来这事儿老百姓反映了。领导一看不行了，要出事儿了，就不敢弄了。后来两年以后重新入账，进账，结果我们厂盈利300万，拿我们的钱搁在他们的账上，盈利300多万，奖励头儿提出20多万，他们6个人分了，这中间两年的利息也不知道去哪儿了。这里问题挺大，但是这方面不是重点，你反映也没用。最后把我们的钱弄走了，他还提奖金了，那是我们的钱，因为你在账目上提，一看就是这笔，因为老的旧的一万块钱集资款已经作废了，给你这张单子，就相当于你写的欠条，是两万，最后你按一万块钱给我？在账面上不是涨出一万，在账面上一入账，一平，平了两万给我一万，那一万你不贪？就在财务上，这些账谁也查不出来，后来老百姓把这个事儿一说，这笔给了，但是别的没给。拖欠工资记的账也是那么记的，最后他们说什么，拖欠工资以前按20%发给你的，还欠你80%，那些不给了，发一点儿就算给了，哪有这么说话的？哪有这么当头儿的？但是咱们一提意见，肯定倒霉，早晚收拾你。我原来在厂里是处级干部，工会代表，在上面是监督的，结果全拿掉了。

　　我提过这个问题，他们就把我给拿掉了，最后这不下岗回家了吗？我人比较正直，又敢说，因为特别希望企业能长远，觉得这事儿做得不对，不应该这么做，不应该损害老百姓的利益，你说你肯定倒霉，谁说谁倒霉。刚才说心理状态，这个钱怎么开？我讲由于给的少我们不平衡，省棉纺厂是1945年建的厂，1952年真正成立的时候叫"国经厂"，成立厂的时候总的固定资产是280万，破产的时候将近1.2亿，和280万比，哪儿出来的？零头都顶10个厂。那么厂子是怎么起来的？就是这些老职工，五几年、六几年、七几年、八几年入场的老职工干的，他们工资低，刚毕业，四十几块钱、五十几块钱，创造的价值上哪儿去了？那时候盈利，每年都一两千万，利润都上缴国家，上缴国家之后需要用再返回来，1985年以后才利改税，原来上缴利润，后来叫税收拿走了。你说我项目批不上，那我今年上缴2000万给国家，最后给你转下来，用上了，这么多年积累下来的。由"沈标厂"280万起家，等到破产的时候还剩1.2亿，没破产的时候将近两个亿，这么多资产哪儿去了？就是这么多人工资低，因为当时国家政策也是低工资制，高福利待遇，我们看病也不花钱，住房几毛钱，一个月块八毛的，水费几分钱，到退休了拿退休金，这是国家的政策。那么这套政策突然变了，我们干了一辈子，像我这样的还好说，像1958年退休的那批，1958年入厂，干到1968年、1978年、1988年，这些年离厂的，他们的工资只有61.8、72.4，这是高的，退休再拿70%、80%、90%，这么退下去。

我的退休金估计在300~400块，这个我不是太清楚，但是根据我的推算应该差不多。最惨的就是1958年参加工作的，干了三十七八年，等退休的时候你看看，工资高的是72.4，低的61.8，还是59.2的，这都有，因为当时一级就差一两块钱，半级一块五，一级三块钱。最高的八级工资，90多，给你涨工资是1985年开始见头，1990年以后开始涨了，在这以前工资都很低。我们创造了那么多价值，最后还要回家去，退休的一个月就拿那么点工资？你企业干什么的？而且我说的不包括现在可以资产变现的土地市场，沈标厂占地18.6万平方米，将近两平方公里，在那个地区，一平方米按S市最损最损也能卖到1600~1700，因为我知道，去年"伊红"区招商，那都是不毛之地，还1200~1300一平方米，沈标厂在路头上，正好这条路通过去，那边就是，不按多说，就按1000块钱一平方米，还将近两亿，1.8亿，这些钱干什么去了？结果现在，私下都开始卖了，像我们一个职工医院，就给卖了，卖给个人了。这块地皮S市已经规定了，划定我们厂区是S市招商用地，他们明明知道这个事儿，还把职工医院卖了。可能是一开始暗着做，后来老百姓不干了，这事儿要闹大了，地皮也不止60万，因为地方挺大的，卖给个人，再倒手，这边一动迁，60万买的，起码卖二三百万。我们厂原来挺大的，有职工医院、子弟小学，子弟小学白给了，但是给的是教育局，那倒无所谓，国家调拨的，把人员弄过去，那倒无所谓了。厂里腾空了，每年资金最少最少80万，都没有了。

现在厂子是不是给领导承包了不好说，一会儿说承包，一会儿又说不承包，你说50万承包，根据什么承包的？又说是局里派的，局里说我没派，你们民主选的。都胡说八道，反正怎么说都行，因为老百姓又不能告，他就可以随便胡说。各个企业都这样，不愿意干回家，因为这个事儿我跟他们说，可以回去，把钱先给我们算清楚。把欠我的集资款、欠我的工资给我，我回家。反正厂里就是这个状态，企业就这状态。你在人家底下，人家当头儿，谁当头儿都拍着谁，人家当头儿，你不听人家，将来工作怎么干？

S市人已经麻木了，原来可能还有点判断能力，不管对、错、好、坏，还有个判断能力，现在已经没有了，他还有理了，说没裁我，拖欠我工资、拖欠我集资款，哪个不欠个几千？我心里不平衡的就是，资产原来这么点儿，现在涨到这么多，给我这么点儿，这个不平衡。哪怕给2000块钱，买断，我退休了，什么都没有，也不是都没了，"工程费"没了，医疗当然我得上保险，住房这块，这是以前企业的，采暖费全是我个人拿，现在费用太高，正常采暖成本也就三块钱到五块钱，现在为什么将近20块？你10块钱一平方米行吗？8块钱行吗？现在变成老百姓拿，拿得起吗？我住50平方米的房子，一年一千块钱。所以心里不平衡，心里不平衡带动其他的，咱们不好判断对和错，像他们摆摊的，今天有收入，明天没有，都是问题。政府机关，说是影响市容，也弄得人家满处跑，城管的来了，交警来了，反正做买卖的也挺难，也挺可怜的，反过来想，有时候站在马路上心里也挺不舒服的。像苏联的改革，人家是一步到位，他怎么改革？把这个企业给个人，划给每一个人，国家股一共1个亿，国家是5000万，当初投5000万，提出来，占一份，剩下法人股，我是这么理解的，按工龄排，你30年工龄，他10年工龄，加在一块儿一共100年工龄，一共多少钱，一年工龄合多少，成本就是这么多，就说他不给你钱，在那儿搁着，盈利你按你的分钱，比如我38年，一除，完了之后，相当于50万是我的，说亏了，也按这么算。说我这50万不要，哪个当头儿的要，你给我5万我卖给你，那行，都是我个人的，人家苏联是这么搞，都划给个人，为什么卢布一下子贬值10倍，有这么个原因，但是很快就恢复了，因为老百姓心理状态好，大家都一样，你原来钱多，一贬值没了。你是企业老总，他是企业职工，你一年工龄值多少，依你的工龄、你的职位、你的技能，这么划的，大家谁不愿意？最后我要走了，卖一块钱一股，不，我就一毛钱一股，你们不愿意干，行，我一毛钱收，收完以后我股份多了，就变成我的企业，完事儿了。像咱们这不行，都是国家企业最后给我320，人家那边给3000、5000。

我今年2月27号就停职了，应该是现在已经买断了，失业证也给了，和企业没有关系了。没有关系？你欠我两万块钱怎么不还呢？你要找区委，就说你没有关系了。说是没有关系，没有关系应该把钱给我。那厂子没有钱拿什么给你？我也没拿你的钱啊？他比你还横，那老百姓心里平衡吗？为什么一说这个心里就难受？你欠着我的钱，一扭头就说工资不给开，你上千万上千万地欠，干什么？最损最损的是掉过头就不认。市里拨给3200万，沈标厂就给老百姓退了900万集资款，还让老百姓多感谢？拿了这些钱，三四年以后，哪儿去了？1000万。说不好听的，你们拿到哪儿存两年，第三年再回来，这3000万存两年得多少钱？利息你们不都拿走了？一看势不好，他也就走了，他一走给沈标厂

276

弄到区里去了，这不谁都不知道吗？他前脚走，后头安插的，都是他的人。你调查，调查什么调查？除非有知情人，但是这个知情人得绝对保证他的人身安全。谁查？不告诉我怎么查？你一点线索（没有）怎么查？

现在留下来的工人都是原来厂子的。但是有的厂子根本就不用原来的，从外头再招。从外面招来的听话。这是咱们分析的，他们宁愿花800块钱雇别人，就不要原来工厂的。这边是国家要求你安排下岗职工就业，那边就把你撤下来，都一样，就是可能胆儿大一点，也可能胆儿小一点，我在这儿老实，我也避不掉，你把我一踹，那咱们都死。现在如果咱们国家真是个人买卖随便开，都是私人企业，摊黄了你自己负担，现在的企业还是国家的，存下来的资产，一个是国家的，一个是老百姓的，如果老百姓随便拿出来，随便掏钱，国家不管我管他干什么？是不？现在不是那么回事。老百姓这块没有，包括我这块儿，你也别贪。现在国家也管不过来，哪管得过来？毛主席那时候，刘青山、张子善，都崩了，弄得谁敢啊？只要你贪污国家的，贪污老百姓的，就不行。那时候是穷点，但是老百姓心里透亮。

我现在还领失业金，领到60就停了，退休了。但是退休的算法呢，和企业正常退休不一样，算法原来有两种，一种是按企业的最低工资，一千两千，就高不就低，如果你比较低，就按社会平均工资，今年是800块钱以上，按社会平均工资有个百分比。原来退休工资是怎么构成的呢？一个是社会平均工资，一个是企业工龄，还有一个是自己交的，这几块构成，现在交肯定就按社会平均工资，因为咱们都定工资，以后正式交的时候，我们厂子没给交，只交了一部分，没给交怎么办呢？按最低的把以前的交了，那肯定咱们退休的退休金都比较低。这事儿倒无所谓，因为有政策，按照政策办。我还有两年的钱得自己交，我这二百二三十都不够，因为每个月得交200多块钱。它是按社会平均工资算的，社会平均工资的20%，百分之三十几，因为都是个人拿了，企业那块原来企业拿，个人只有百分之十几，加一块儿百分之三十几，将近40%，按社平工资，除以800，四八三百二，我还得交320呢，现在按最低的，交200，也只能交这么点钱，有个生活保障。

我们家老少三代都在一个厂子。四几年入厂、五几年入厂的，结婚，八几年又接班，儿子又生了孙子，又在这个厂子，基本都这样。爷爷、爹、儿子，都在那儿。现在反正心理状态确实都不好，都是老职工，含着泪，说要走了，照个照片，咱们都干一辈子了，一脚把你踹了。因为我搞管理，有些事儿还是比较清楚，现在都到了这样的地步，原来是皮鞭加大棒，往死了打你，让你被迫劳动，到以后给你点甜头，现在再不成我往黑道上整你，都整这个，叫什么事儿啊。你也挺能干，机床也开、叉车也开、汽车也开，大活儿都能干，但是你不听话，就这样一脚踹了，我就不用你了，让你回家。

厂子的事儿找我们来，人家说拿出证据来？我能调查吗？我有什么权利调查啊？我们那个集资款，人家给你，你自己签啊，还逼着你写呢，自愿放弃利息，要也不给你，什么都不给你，你不写就不给，告诉你，你不写就不给，什么时候给呢？什么时候有钱什么时候给。就这个。你咋办？下岗的事儿从来都不行文的。我们要下岗工厂就写个放假通知行文，以后所有都不行文。哪有这么办的？上面政策来了也不宣传，也不行文，来了就是根据什么什么上级规定，根据《中华人民共和国劳动法》的规定，续签两个月合同。劳动法什么时候规定合同签两个月？最少两年。劳动法这么规定的，要用人，签合同最少两年，而且劳保什么都得交，咱们来一个两个月。这不是30日到期吗，还没下去，他再添俩月，又给你补两个月。就这么干，说是根据劳动法规定，劳动法什么时候这么规定的？给签两个月、半年，不签合同不行，就得有，有了合同以后好"终止合同下岗"，我们的都是这么算的，因为我们是国家分配的，不是合同工，本身不符合下岗条件。下岗文件规定，国有企业下岗人员交失业保险金，已经下岗的可以这样，买断工龄。我们正常上班你凭什么让我们退，说正常上班按文件也不对啊，所以，他让我们签合同，不签合同就回家。签什么合同？给你弄个条文合同，什么工资都没有。不签回家啊，不签你就别上班，不上班也不开支，什么都不管，你跟厂子没有关系，什么也别找我，不找你不行啊，你把集资款给我，现在没钱，他们不讲理，有讲理的地方吗？最后你也得签，签一个半年的，到期了，这个一到期，以合同到期为由让我们下岗，就这么走的。

现在的事情就是这么怪，我刚签的合同是2003年5月补签的，他让写2002年的时间，要延长，合同没有半年，延长也不对啊，哪有这么签合同的？12月份合同到期，下岗就来了。我现在生活上还行，没什么大困难，只不过日子拘谨点，因为有拘谨的底子，从小就节俭，参加工作以后还节俭，还可以，还有点儿收入，孩子这块，虽然现在不稳定，给人家打工，一个月也一千几百块钱，也挺好。我们最大的好处是什么呢？这一生没生过病，到现在，大病没生过，我爱人也没生过病，如果来一个病，进医院不得几千？看个感冒得好几百，明明这个药可以，非要做个B超、X光，折腾一圈。原来感冒片抓两片，一吃明儿就好，你现在进得起吗？敢看吗？看一次就完了。就刚才你说的，40多岁最苦，40到50之间的，他爹得七八十，孩子又没有工作，小女孩还强点，小男孩要是没有工作，他自己也心烦，毕业之后跟家吃闲饭，时间长了你心情不得变？心态一变就完了。不像咱们，再怎么变也这样了。年轻人行吗？

像我们现在如果一有病肯定不行，最担心的是生病，虽然有保险，自己拿也不成，像我孩子有工作，有工作也是临时的，一旦没有了呢？我爱人六七百块钱，我这 200 块钱实际也没有用，全交上了。医疗保险也得交，我还不知道怎么交呢，据说一中断就完，我们厂子一直就没给交，到后来补交了一段，但究竟交了多少咱们不知道，办事都没有按政策办，本身应该按政策办就好办，他不按政策办。逼得没有办法，提到我们厂子，这次我们并轨，怎么弄的？就是当初大家不同意，他要求大家交照片、身份证影印件、户口本影印件，告诉说给我们办理医疗保险，后来一打听，医疗保险根本用不着这些东西，结果拿着我们的影印件，去上面批让我们下岗，怎么批的？后来才知道，交医保什么的也不用，就照个照片就完事，干吗要身份证、地址、社区，全要，结果人家拿着这个，填完表，到上面批，让我们下岗。后来才知道。单位就不给你交，像私人企业更不给你交，这是个大问题，我听电台的节目就来气，"求职者不能求职心切，他不给你交保险，千万不能上当"。我上你这儿来还跟你讲条件？你想交保险，自己找，爱上哪儿干上哪儿干，本身就是弱者，这个事作为舆论部门，不应该说老百姓，该说这个老板，到时候去查，交没交，没交就收，应该交的，国家有政策。说老百姓得注意，必须得签订正式合同，谁跟你签正式合同？你愿意跟谁签跟谁签，我不用你，你根本没有说话的余地。不是理想状态，上面怎么说你就怎么办，好多事情都反着。

下篇　落入底层——新失业群体访谈录

1 访谈手记：大飞和他的"媳妇"——你不能让社会去适应你，你得去适应社会

时　　间：2004年5月25日
地　　点：C市拖拉机厂社区
访谈对象："另类"的大飞

我在"胖子"家遇上大飞时，他正巧来胖子家串门。说实话，大飞绝对是"新失业群体"中比较"另类"的一个，不仅因为他读书（用他自己的话说，他"喜欢读书"，尽管是些商业方面的通俗读物和诸如人际关系学、成功学之类的书籍）、自己用业余时间学过电脑，而且因为他是我所接触的"新失业群体"中比较乐观和自信的人。

然而，他的经历绝对不比任何一个我们所调查的人"逊色"，与他的"铁子"们在一起，"砍人"、女人同样是他挂在嘴边最多的词语，也正是这一点，保证了他能够继续在这个"圈子"里"混"下去。

"我1979年出生的，小学的时候成绩挺好的，可上了初中以后就不行了。那是因为学校里当时常有些高年级的混混，成天不好好学习，却很风光。我那时小嘛，觉得这样很威风，特羡慕他们，就和他们一起玩，他们也常支使我去干这干那的。初中毕业后一年，因为打架，我就进了少管所，出来后就在社会上混。1999年因为'涉黑'，被劳教三年。"

"那你算是被那些大孩子带坏的，你后悔吗？"

"不后悔，我做过的事情从来不后悔。"

"那劳教出来后都做过什么？"

"出来后也干过很多事情，什么跑推销啊，开车啊，开饭店啊，都干过，可后来都黄了。开车、推销不干了是因为给钱太少，还受人管制，饭店黄了是因为'非典'。不过我们干什么没人敢惹我们，干推销那阵子，有人要是对我凶，我就说你别把老子惹毛了，老子今天可以在这做推销，明天就能拿菜刀！"

"现在在做什么呢？"

"现在没事干，在家歇着，很逍遥。"

接着，大飞又和胖子他们开起玩笑，说荤笑话，相互揭老底，直到他从胖子家走出来。这时，我赶紧跟了上去，陪他一起回家。单独和我在一起的时候，他不再说"砍人"、女人之类的话题。

"小老弟啊，其实实话告诉你，我也后悔，可这话说出来又有什么用呢？又有谁会听呢?！我现在在家待着，一是没成本，本儿都在开饭店的时候赔光了，二是想学点东西，想想以后做什么。你知道我为什么变化这么大吗？那是因为在劳教所的时候，一个哥们儿跟我有过一次长谈，他说：'铁子啊，咱们出去可不能再这么干了。咱就两条腿，两杆破枪，能干过共产党吗？人家连（蒋介石的）八百万军队都打败了，还能给我们整了?！'我问他：'那你出去准备怎么办啊？'他说：'我出去随便找个什么活，如果一天能挣35块钱，5块钱我拿来买米买盐，30块钱存起来，这样一年365天，我总有一天能够积攒足够的本钱去做正经生意！'"

"那他现在怎么样了？"

"据我所知，他混得也不是很好，但总算没有再涉黑。虽然我们都想变好，但太难了！"

"为什么呢？"

"（短暂的沉默）我恨这个社会！我觉得这个社会不应该再压制着我们。"

"社会怎么压制着你们了呢？"

"（长时间沉默）其实我一直想做个商人，但现在什么都没有。做什么都有前科，都受限制。我的想法其实挺大的，我现在只做对我有利的事情。我是想变好的。"

"你既然想变好，为什么还和胖子这种人来往呢？"

"（短暂的沉默）你和别人交往，除了看别人是什么样的人，还得看看自己是什么样的人，是吧？！我自己就这 X 样，还能和什么样的人交往呢？我去找人家，人家能甩（东北方言，理睬的意思）我吗？胖子说我们是社会的'败类'，他也许是，可我不是。我坐车看见老年人，我会给他们让座，现在的大学生是天之骄子吧，他们却不会让。"

"那你对未来有什么打算？你的理想是什么？"

"我觉得我会好起来的。你不能让社会去适应你，你得去适应社会。所以我只会做对我有利的事情。你看，在这个熙熙攘攘的大街上，人来人往，没有人会注意到你。但迟早有一天，我会让他们都知道我大飞，我要让我身边的那些人，都正眼瞅我！——哪怕去死！"

大飞说这句话的时候，正是夕阳西下，大半个天空都被染成了红色，一抹阳光也正打在大飞的脸上，一直玩世不恭的脸也突然变得刚毅和坚定。说实话，当听到大飞掷地有声地说出"哪怕去死"的时候，我的心里咯噔了一下。我不知道大飞能否真的变好，我感觉到，在他乐观的外表背后，还隐藏着更深的苦楚和悲观。走在回去的路上，我的耳畔一直回响着他的话。

"很感谢你来了解我们这样的人的心理，我把你当做了朋友，因为我崇拜有文化的人，这也正是我跟你说那么多话的原因。即使在我的哥们那儿，我也没这么说过。可是，也许你能理解我，你的朋友们听你说了以后也会理解我，可更多的人不会知道。你们的力量太小了，一切都只能靠我们自己！"

时间：2004 年 5 月 26 日
地点：C 市拖拉机厂社区
访谈对象：大飞的"媳妇"

今天我按照和大飞的约定，9 点钟在十字路口等他。看见他的时候，他正在买包子，显然是刚刚起床。于是一起回到他住的地方，一个每月租金 300 元的一居室。在那里，我看见了他的同居女友小红，一个 1982 年出生的女孩。很自然的，我们的对话就从她和大飞的关系谈起。

"你们结婚了吗？"

"没有。"

"准备时候结婚啊？"

"这事嘛，怎么说呢，现在同居其实也很正常是吧，至于结婚嘛，至少得等到有了一定的经济基础才行，还得找个真正值得托付一生的人。大飞，我和他生活了两年，感觉还是有很多不适合的地方。不过也说不定哪天头脑一热，就嫁给他了（笑）。我们还年轻，还没到安定的时候。"

"那能说说你上学时的经历吗？"

"我小学、初中的时候，成绩挺好的，后来家里经济困难，供不起我读高中，就去读了中专，是个粮食学校。那时我的成绩超过市重点 10 多分呢！读中专的时候，我做过传销，这样可以挣钱补贴自己。毕业后就不做了。"

"做传销的经历对你影响大吗？"

"那老大了。你必须把所有的面子都放下来，把自己放在最低的位置上，死皮赖脸地缠着人家。不过做传销不需要成本，比较适合我,也挺锻炼人的。那些家里条件好的(同学)就不需要像我这样,所以我上中专的时候没有特别铁的朋友,大家毕业后也很少来往。"

"后来为什么不做了呢?还做过什么?"

"关键是想找个正儿八经的工作。学校不包分配,出去后就得自己找门路。我做过饭店服务员,推销过东西,都是自己找的,可收入都太低,一个月就四五百块钱。后来经朋友介绍,在酒店做服务员,因为我能力比较强——从小学时一直就是班干部,初中还当过团支书,感觉管人的感觉挺好(笑)——后来做到了领班,一个月能拿1000来块钱吧。"

"那现在为什么不做了呢?都做些什么呢?"

"你也知道,酒店那地方不干净,什么样的人都有。但关键是太累,我身体也不好,就想歇歇。现在成天在家待着,已经半年了,看看电视什么的,挺无聊的。等过两天身体养好了,再出去找份工作。"

"那想找什么样的工作呢?"

"想找个轻松点的、稳定点的、正儿八经的工作。比如说收银员啊,商场的售货员啊什么的。"

"家里不补贴点什么吗?"

"切!家里要能补贴点什么就继续上学了。以前挣钱的时候,每个月还给家寄点。反正是不会找家里要钱了,我们都大了。再说现在还有点积蓄,还有大飞,反正饿不死。"

"还有其他收入吗?"

"没有。不过有时候实在困难了,朋友能给借点,这才是最实惠的。其他朋友说多了都是假的,只有在金钱上能流动的才是真的。"

"印象最深刻的经历都有哪些?"

"最深刻的?……初恋,呵呵(笑)。剩下的就是工作的第一天，我就把身份证、钱包什么的全弄丢了。我去打公用电话报警，店主不让我打。后来我说我给你钱，他才让我打，还帮我出主意，说什么别说东西丢了，就说钱包被抢了，不然派出所人不来。我就按他说的做了。110来了以后就把我送到了附近的派出所，派出所里一个好像是管事的把事情登记下来以后就跟我说，好了，你们走吧！那时我和我同事在一起，我同事要走，我就不同意，我说你们就这么把我打发走了可不行，你得把我们送回去！派出所的那个人说我不讲理，我说我就是不讲理，你今天要是不把我送回去我就赖在这不走了，那个人接着说所里就一部车还出去办案去了，我说那我不管！后来那个人实在没办法，就自己掏50块钱给我打车，把我打发走了，呵呵（笑）！"

"这件事情对你影响很大吗？"

"也不是影响很大，只是印象特别深，记得特别清楚。反正得出一个结论，在社会上你不能太老实，不然就受人欺负，我那天要是软点，还不就给派出所的打发走了?!"

"那对你影响最大的人都有哪些？"

"嗯，一个是我初中的班主任，他对我影响挺大。他跟我说，在这个社会上，你不能让社会去适应你，你得去适应这个社会。然后就是我奶奶了，她从小把我带大，我和她挺像的，我现在的性格什么的，都是她影响的。"

"都喜欢看什么电视？"

"我比较喜欢看古装的、历史的，不喜欢看打打杀杀的。"

"看过《贫嘴张大民的幸福生活》吗？"

"看过，我觉得我没他那么乐观，那是电视剧里塑造出来的，给全国人民做榜样。我热爱生活，并不是以为它多美好，而是因为我必须生存！"

最后顺便提一句，小红不仅是第一个和我提到"初恋"是对她影响最大的事件的人，也是第一个跟我提到"大米涨价了"

的人。

"除了个人经历外,还感觉到什么国家大事对你影响比较大?"

"这个,你说什么台湾啦什么的,我觉得都离我比较远。也不是说我不爱国,我看电视的时候,看到抗日的片子,我还好几次被弄哭了呢。……觉得真的比较大的国家大事,就是大米涨价了!这价格再涨上去,就吃不消了。而且它关键是别的东西不涨价,要是衣服什么的也涨,那大家一起涨,还能用挣的钱补回来。现在我感觉就是经济'疲软',挣钱不那么容易。"

从小红的嘴里听到"疲软"两个字,倒给我一种奇怪的感觉。我想,她所面对的,可能不仅仅是疲软的经济,更是一个疲惫的社会。也许是我来了的缘故,小红今天似乎兴致特别高,竟"意外地"要大飞陪她出去走走——平日里,她更多的是待在家里"养病"。我不忍心破坏他们这么好的兴致,于是道别。

2 受教育不足,就业困难——原来在学校觉得找工作挺好找的,结果一接触社会就不一样了,挺难找工作了。

访谈对象:S,男,1983 年出生
访谈时间:2005 年 2 月 5 日
访谈地点:访谈员家中

我初中毕业后就直接念的自考,没读过高中。那个学校应该是培训一年高中课程的,但我学的那个专业人少,不能开班,就直接上了大专。我学的是工业与民用建筑。现在就差两科了,可我一直在考,就是考不过去。一门是马克思主义理论,一门是计算机基础。你说我也背啊,咋就不过呢。

初中毕业之后我在工地干过,放过线。你知道啥叫放线吗?就是架个测量仪器,然后工人就按照你的线走。我以前没专门学过这个,但不是学的建筑专业吗?毕业之后也没有毕业证书,就只能在工地里干点啥。就先干着呗,干点轻巧活儿。以前还做过服务生。有线放的时候放线,等冬天了,没事了就当服务生。收入能有多少?第一年的时候是600。第二年你要学得好的话,800、1200都有可能。这得看你学的咋样,你要是学成了的话,1500,还可能更高。

这两个工作都不咋样,没有休息日。像放线那个活儿,就是跟建筑队走。天一亮就干活,得干到天黑,没有星期六星期天,没有节假日。也就五月节八月节,工地的工人能回家休息半天,特别累,劳动强度特别大。每个工程时间不一定,有的工程从2月份开工,能干到11月份。也就下雨的时候能歇着,那工程的活真挺累的。有时候连续加班三天都很正常。像电视上曝光的,工地没有节假日,劳动强度大,拖欠工资啥的,那都太正常了。像我们这些做技术活的,一般不会拖欠工资,要是在一线就不行了,拿不准。我们和农民工一样,就是咱干的是巧活,他们干的是重活儿,劳动强度特别大。

服务生的(劳动)强度肯定比工地小,可开工资啥的总不兑现。反正我去的地方都那样。薪水说的是不少,可就是一发下来,就没有那些了。他们说干满一年就退抵押金,一个月没给你多少钱。一个月给500吧,可是得扣掉抵押金,当月不给,干满一年才给。说是这奖那奖的,其实啥也没有。说是不扣我抵押金,可最后都扣了。还得三班倒两班倒的,也挺累的,都得工作12个小时,这样就基本上没时间看书了。

我爸就是建筑出身的。瓦匠,就是磨地板砖,磨地面啥的,所以让我学建筑。今年他才去工地包点活儿,现在包活也不行,也欠工资。他的活儿就是包一个楼，然后再让手下的人干。也都是自己带的人。现在欠工资欠得太狠了，我爸之所以不去包活，就是因为这个，把自己的钱都垫进去了，结果上头还不给钱。然后跟我妈去批发市场做买卖去了，结果这两年卖东西卖得也不咋好，就又回去包活了。他原来是个瓦匠，后来干得好就当班长了。他原来是国营职工，有退休金的那种。但现在没有了，医疗保险啥的都没有了。说是报销取暖费，也一直都报不了。也不算下岗，一直没下岗。就是有活找你，开几百块钱，没活拉倒。算是放长假吧。也行了，别的地方还没这样呢（意思是还能有些零散的工作）。

我妈原来是女儿河纺织厂的。后来效益不好就出来了，在批发市场卖货，卖了十多年货了，现在也不咋好，做买卖的人太多了，下岗的人也多。他们挺喜欢原来那种稳定的工作的，我就一般。也不是不喜欢。谁不想找个稳当点的工作，挣点钱儿呗。问题是现在找不到那样的工作。现在的工作都是给私人企业干，都没有休息日，而且还给不了多少钱。国企咋的也比私企强。好歹人家周六周天、节假日都有吧，你要是在私企还想歇着，那就得扣钱，还得提前请假。平常要有点啥事啊，还得加倍扣你钱。而且越到过节越忙。虽然也有点加班费吧，但那时候谁还在乎这俩钱啊。

我周围的人也都想找个相对稳定点的工作，起码收入有保障。但现在这样的活太少了，基本没有啥好工作。我现在觉得要是工地不行了的话，就自己干点啥，做点小买卖啥的。要是工地还行，就继续干呗。我想试试自己干，但以前也没干过。就有一次想包学校食堂里的操作间，然后卖菜。可是费用太高，就没干。就是那个渤海大学，一个操作间三平方米吧，一天要向学校交80，然后租下来还得花一万五，一寻思费用太高就没干。而且食堂也太多了。

我理想的职业？早八晚五就行，中午能休息，能有周六周日、有节假日，能休息就行。现在在工地，我中午就休息一个小时，吃完饭就眯一会儿。晚上我有时候都不吃饭，回来倒在床上就睡着了。我希望的工资，在咱 JZ 市，1000 多就差不多了，当然越多越好。现在的工资不怎么够花，不过也看咋花了，要是想攒点钱的话也行。

我的日常休闲就是上网，夏天的时候就游泳。上网也就是打游戏，网上也没啥。电视不咋看，没好节目。电视节目都不现实，但也会受点影响，谁都会向往那种比较好的生活。但其实香港台湾那边拍的都不现实，大陆啥的还行。我以前没有读书看报的习惯，前两天不是去工地了嘛，也没个电视没收音机，就看《知音》，现在也看，就是看里面的一些故事。

现在在家待着，也没啥意思。打工吧，我年前（估计是元旦以前）去打工，就拿了半个月的工资，那个地方说话不准，要赖，特别让人不放心，而且给的太少。也有的地方行，可就是累，站多少小时的都有，看你加不加班。我同学是卖炸的东西的，干完一个夏天都瘦得不行了，太累了。我们同学大部分都是当兵回来，在铁路找个工作，有个铁饭碗。还有就是打工了。我有一个同学，现在靠打网络游戏挣钱，那个挺好的。过两天我也去找他，和他一起玩游戏挣点钱。要不在家没事也是打游戏，还不如挣点钱啥的呢。我爸是市一建公司的。但我爷爷是铁路的，他两个姑娘两个儿子，就我家不是铁路的，其他的全是，什么车辆段啥的。现在国营行，大集体就不行了。我爸原来也在东车辆段来着，后来赚钱挣得少，就去地方建筑工地了。我家原来离铁路学校特别近，也就去那了。

我最近一直没去打工，我是 10 月份从工地下来的，10 月 20 号考一回试，1 月份再考一回，我就复习来着。现在找活也不知道能干啥，都快过年了。最近几天的生活就是天天上网。我原来在工地挣点钱,又跟我妈要了点钱,就买了个电脑,天天在家玩游戏,也不知道干什么。像我这么大的,人家都处对象,我也没有个伴儿啥的,就打游戏呗,天天玩。一般是8点钟起床,然后玩会儿游戏,吃完饭再睡一觉,然后再玩游戏,一直玩到晚上12点1点那样。我妈白天在批发市场卖货,她要是需要货就给我打个电话,我就给她送过去。头一段时间我帮家里去进进货啥的。打电话找我我就送货去,要不我就在家玩游戏。像我们这么大的同学,要么打工,要么在家打游戏。我们在工地的朋友,有不少都是本市的同学啥的。他们有毕业证的,就当技术员,要是没毕业证像我这样的,就放线。

我小学的时候打架、偷东西,到初中的时候觉得这个不行,别把自己耽误了。他们有偷东西的,让警察逮住过,都送到工读学校去了。现在都出来了,但也不敢闹事。他们都有备案,就是有啥事之后,警察最先找的就是他们,所以他们也真不敢惹事。有的学个手艺啥的,开个出租车啥的。其实他们也不太好。有的单位一听说他们判过刑就都不要了。像我们这样的,初中后没上到高中的挺多的,我们班就7个上高中了,其余的都没上。像初中同学,除了当兵的都打工呢,就攒点钱呗,别再向家里要钱了。

现在生活压力挺大,钱还是不够花,紧。未来就想找个好点的工作,或者自己干点啥,挣点啥,能养家糊口就行。不过比起来,还是我爸妈压力更大,像我这么大还没考虑啥呢,他们得考虑了,得养家糊口,柴米油盐,水电费都得考虑,而我就不用考虑。(你还觉得你是小孩?)是啊,我父母也那么认为啊。有立事早的同学为家里考虑,我就没有。以后养老、医疗的问题没有考虑过,走一步算一步呗,也没有交过保险,学校里交的那些都是骗人的。交完之后也不给报销,还有挺多限制,必须是住院了才给报销,要是不住院还不给报销。

我想要的生活，就是自己干点啥。你看有固定工资的都发不了财，发财那样的都不是有固定工作的那种。我就想自己干点啥，可就怕钱不好赚，然后再赔了。在花钱上，穿衣服啥的受朋友影响吧，你也不能穿得太差，要不人家也看不起你，找工作人家都不要你。消费也没别的，就买点吃的啥的。一个月花多少钱也没算过，反正手里要是有钱就都花了。我爸妈能给我一点帮助，但是还是少。像人家爸是什么项目经理啥的，人家工作就基本不愁，父母就直接给安排了，像咱这样的不行。我在观念上和他们还是差不多。花钱多肯定是看不惯，说你花钱太冲。各个家庭基本上都这样，可有些钱该花就得花啊。

我是独生子女，也想过以后养父母的事儿，现在老人有养老保险的少，就是有养老保险到时候也不够花。要真是那样的话，压力都集中在两个人身上，肯定承担不起，除非收入高。就像我大姑吧，他们是退休的，原来是铁路大集体的，也就三四百块钱，根本不够花。那就得做买卖了，开个小卖铺啥的，到岁数了也干不了别的了。我要是老了也得这样。养老保险才多少钱，根本不够用。以后老了要是得病，医疗保险能有一些，自己再出一些。像咱工薪阶层这样的，基本承受不起，一次大病就都没了，只能借，借完再还，要不你说咋办。

我以前有过女朋友，黄了，没有同居过，我是第一次处，她也是第一次。处了四个月左右，后来觉得不合适就算了。我们是同学给介绍的。后来觉得两个人性格不和就分了。她现在去S市了。结婚要找的人？主要是人好，能快乐一点，在一起能吃苦就行。不用家庭好、有钱那样的。像咱这样的也养不起那种特现实的女孩，现在有好多女孩都特别现实。我朋友中同居的不少，基本都有。谈恋爱就是处呗，处得好就结婚呗，没啥目标。（那你为什么没和你的前女朋友同居呢？）这得看人。我看那个女孩不错，就没有。人要是疯丫头的那种，就不管了。我对朋友还是比较信任,也有些酒肉朋友就是面子上的事呗。朋友在生活上还是能帮上忙的,像我前一份工作就是我同学给找的,他老姨夫是项目经理,正好缺人就把我们找去了。后来我在朝阳,那也缺人,我也把我同学找去了,有活大家干,有钱大家挣呗。我的朋友打工的不少,当兵回来的也不少,都是铁路的。

(你接触的政治教育都有哪些方面?家庭、学校、社会哪个影响比较大?)社会吧。家庭、学校都是一方面,进社会之后就不一样了。原来在学校觉得找工作挺好找的,结果一接触社会就不一样了,挺难找工作的。我对马克思主义有点认识吧,多了没有。我觉得学着也无所谓。你说像咱这么大的,谁对马克思有什么偏好啥的,他写的那些玩意咱们也学不明白啊,学着完全是为了应付考试。可能对人有影响,但作用不大,还是社会影响大。

(你主要是通过什么途径了解信息的?)电视报纸,网络比较少。家里朋友啥的,有事打唠能说点,但那些政治方面的,说得少。现在说什么不到退休就可以投票?咱也不知道咋回事,说是让咱选,咱也没选着,完了还说是你选的。社区的帮助没有,居委会也就交个电费水费啥的吧。我估计是等到了结婚,开个证明啥的吧。好像没有什么教育。没人了解个人就业啊,他们也不需要了解啊。我家楼下就是SQZ居委会,他们上门就是交这费那费,别的没有。

对改革的印象?肯定生活能好点,别的没有。(改革)对就业那肯定有影响,我觉得主要原因就是中国人口基数太大,人口要少些,就业人数肯定能多些。(有没有想过如果不改革,你妈妈不会下岗?)肯定得改革,要不改革,国有企业肯定都得黄。你说退休的人那么多,医药费就得多少钱啊,根本负担不起,还是改革好,不改革还是不行。

遇到问题还得靠家长朋友。官方途径?官方途径到时候也是通过你自己解决啊。你说报警算官方途径吧,他们让你出报警费，要不就说警力有限。等你有线索了，再告诉警方，他们再出警，到时候你再出点钱呗，说得挺好听，交什么经费。你要是报案出警，就得出钱，他们不是尽义务。像咱们纳税人养这些人，还得给人家交钱才能出警。但是真有事了肯定也得报警，全靠自己那不是非法吗？但是自己有了线索的话，他们也不办事啊。就像我上一次似的，人家说了，人得你们找，我们（警方）找不着。然后我们给他们提供电话，还得给掏经费。那意思就是掏钱呗。要实在有大事，可能警察还能管，要是不怎么大的事，警察基本上不怎么管，就是一个形式吧。反正一般你要是有事的话，还是找家里找朋友，实在家里解决不了的，才找警察。

现在的社会治安乱，但也不是特别乱，反正我还没碰到乱的事呢，我就是听别人那么说。我在CY区的时候，那边乱，咱这边不是有巡警吗，那片没有，全是打架斗殴的，我都看见了，黑社会性质的。两个人一打架，就打电话，一来来一车人，都拿大棒子大刀啥的。我看见过两回，还有一次上了报纸，那是30多人打架出事的。挺乱！乱的原因还是缺钱呗。

贫富差距问题？做买卖的有钱人还是靠自己，但是绝大多数人还是靠自己手中的权力让周围人富的，要是啥关系都没有的就穷、穷、穷到底。有关系有权力的人使劲有钱，然后出去干点啥还公款报销，不该报的也全都报。那些富人也太有钱了，那钱都花不了地花啊！好歹也降低点标准吧。我们没什么仇富心理，挺羡慕的。对腐败问题有看法，但也解决不了啊，有几个不腐败的？新闻上报的那些实在是捅娄子捅得太厉害了，才给判了，然后我们看见好像咋地似的（反腐败）。像那些捅娄子没捅太大的，那些检察长啥的当官的不都是睁一只眼闭一只眼嘛。那些当官的，谁家不称个几十万的，那要是靠工薪来的话，谁能有那些钱啊？都是私底下的钱。

我读书的时候没成为家里的经济负担，就读自考的时候有点，但一般的时候还行。我现在读够了，累。我初中毕业也报职高了，后来这边不是说能上大专吗？就没上职高，要不也去了。去职高也没有用，也都是混。学技术还是有用，以后进社会，还是得有技术。我要学技术，就学电脑、学开车，以后这两方面肯定得普及。现在是有台电脑，但我就玩游戏了，正经事也没干啊。（你觉得以你现在的知识、技术可以满足社会的要求吗？）技术方面肯定不够，知识方面呢，现在人才太多了，像咱这样的，有点知识没知识也都差不多，主要就是生存问题。以后有机会就学呗。像我同学啥的，买电脑也都是为了娱乐，也没学着啥。在学校学的东西还是有点用，别说没用，但用处有限，步入社会之后还是不一样。

上大学？那得看上哪个大学，像你这样上 T 大的还是挺厉害的。但那些一般的大学好像交钱就可以去，就是为了普及教育嘛。但还是上大学有好处。我父母就希望我以后找个好工作，找个稳定点的工作。结婚的事也着急，咋能不着急呢，就让找个对象先处着，要是行就结婚呗。

附录二
"下岗失业人员社会保障制度的实际运作"项目基础数据报告[*]

清华大学社会学系　课题组

为完成"下岗失业社会保障制度在实际中的运作研究"课题,课题组成员分别于2003年11月和2004年4月在东北地区的C市和S市进行了问卷调查。受客观条件的限制,调查缺乏市一级层面有关下岗失业职工人口在全市空间分布的资料,在城市一级,未严格按照预定的概率比例的原则进行抽样。在调查实际执行中,在C市和S市两个城市,我们首先分别选取了传统工业分布广泛、下岗工人居住集中的城区,然后按照人口比重抽取了街道和社区居委会。在社区一级,使用等距抽样法抽取了符合条件[①]的下岗失业人员。调查共发放问卷1070份,经认真核实,最终确定有效问卷976份,有效率为91.2%。

---

[*] 本文为"下岗失业人员社会保障制度的实际运作"项目基础数据报告节选。课题主持者:孙立平教授、郭于华教授、沈原教授,参与者:吴清军、郑广怀、常姝、秘舒、孙湛宁、吕鹏、常爱书、毕向阳。报告执笔:毕向阳。

① 主要包括:有本市常住居民户口,没有办理离退休手续,有下岗失业经历,不是从来没有正式工作的居民。

一 样本概述

1. 基本背景

在本次调查中,男性占 47.6%,女性占 52.4%(N=976)。被访者年龄均值为 42 岁(标准差 6.57),其中以 48 岁的最多。分段来看,45~49 岁所占比例最大,占 30.1%,其次是 40~44 岁,占 26.9%(N=976)。被访者下岗前原所在单位属于国有企业的占 58.6%,集体企业的占 35.9%,其他形式的占 6.3%(N=974)。

从下岗前在工作单位的身份来看,普通工人占绝大多数,比例为 82.9%,办事人员的比例为 6.5%,工程师为 1.0%,具有干部身份的比例为 5.6%,其他为 4.0%(N=971)。

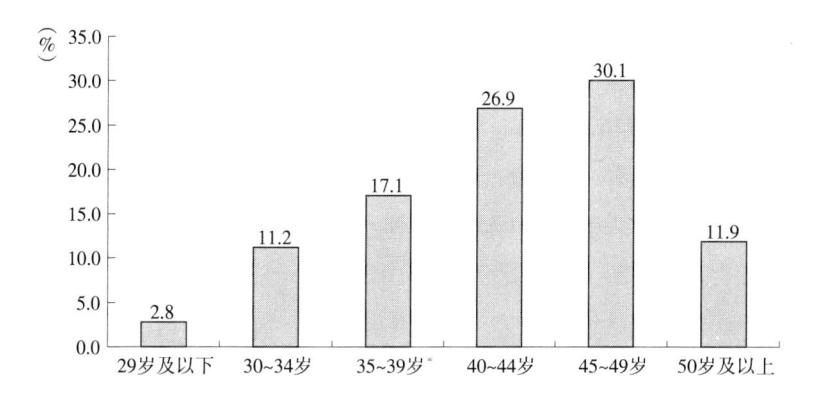

图 1 下岗失业者年龄分布

根据被访者职业状态的自我认定,有 54.6% 的"失业职工",有 25.6% 的"下岗职工","长期放假"的占 18.6%,不清楚自己属于何种状态的占 1.1%(N=971)。从调查来看,被访者原单位已经破产的占 25.4%,剩下部分留守的情况占 48.5%,被兼并收购的情况占 14.0%,不清楚单位现况如何的占 12.1%(N=951)。

根据调查，56.1%的下岗失业人员与原单位完全脱离了关系，35.8%的下岗失业人员"档案还在单位，但单位什么都不给"，两者之和为91.9%（N=970）。表示下岗后根本不去单位的比例为60.3%，表示"有事儿去"或者"招呼去"的比例为34.8%，表示"经常去"的仅为4.9%（N=972）。

2. 职业生涯

被访者参加工作的年龄，集中在17~21岁，占整个人群的65.2%。[①] 这些人主要是在1997年、1998年两年下岗的，这两年下岗的比例为22.3%，由此可以看到"并轨"政策的集中影响。虽然下岗者年龄偏大，但从下岗当年的年龄分布来看相当分散。在本次调查的样本中，下岗年龄均值为35.7岁，标准差7.73。分年龄段来看，下岗当年年龄在30岁以下的占23.3%，30~40岁的占42.1%，40~50岁的占32.5%（N=968）；这显示出下岗政策对所有年龄段群体的普遍影响。截至调查日期，下岗时间在5年以下的占37.2%，6~10年的占37.0%，10年以上的占25.7%（N=976）。

从调查来看，截至调查日期，32.7%的下岗失业人员已经买断工龄，没有买断的占67.3%（N=952）。C市截至调查日，下岗失业人员买断工龄的比例为15.0%（N=539），S市截至调查日，这个比例已经达到55.7%（N=413）。简单来看，下岗失业人员买断补偿均值为8340元（标准差8500），中位值为7000元，众数为10000元。25%的人员买断补偿少于4000元，50%少于7000元，75%少于10000元，90%少于15000元。就补偿标准来说，工龄补偿平均为500元/年。工龄与补偿呈现显著的线性关系，但是工龄只能解释掉补偿金7%的变差，这表明在补偿金问

[①] 由于"下乡"的年限计作工龄，回答参加工作的问题时不排除部分人将下乡年份当做参加工作的年份。

题上，工龄并不是决定性的因素，各单位具体的补偿标准对于下岗失业人员最终获得多少买断补偿更为关键。

表1 下岗失业者对下岗失业的归因

原　　因	比例（%）
整个经济环境不好	23.3
行业整体衰落	26.6
企业领导经营管理能力差	25.0
国家政策直接造成的	15.8
与领导关系不好	3.6
技术工种被淘汰	3.5
企业人员多岗位少	12.8
企业经营不善	49.0
个人能力有限	3.5
偶然因素	2.0
说不清楚	4.2
其他	13.4
总　　计	182.7

（N=962）

从下岗失业者认定自己下岗的原因来看，主要有企业层面的原因，49%的人认为是"企业经营不善"，25%的人认为是"企业领导经营管理能力差"。其次是宏观层面的原因，26.6%的人选择了"行业整体衰落"，23.3%的人选择了"整体经济环境不好"，15.8%的人选择了"国家政策直接造成的"。归因为个人因素的比例较低。

二　工作与收入状况

根据调查结果，66.5%的被访者下岗失业后找过事儿做，33.5%的人表示没找过。从进一步的分析来看，找不找工作的比例与性别没有显著关系，与年龄关系显著。总体来看，40岁以上的比例要低于40岁以下的比例。

表2 不同年龄段下岗失业者下岗后找事做的情况

单位：%

	30岁以下	30~40岁	40~50岁	50岁以上	Total
找过	70.4	73.9	64.5	57.8	66.5
没找过	29.6	26.1	35.5	42.2	33.5
Total	100.0	100.0	100.0	100.0	100.0

（N=976，P=0.007）

从被访者的回答来看，下岗失业以后，63.7%的人打过零工，16.2%的人摆过摊，16.4%的人干过个体，14.1%的人做过服务员的工作，3.9%的人开过出租车（N=622）。从被访者自陈的工作种类中，可以看到他们所从事的具体工作。根据本次调查，下岗失业工人找工作的途径以"自己找（或者自己干）"和通过"亲朋好友介绍"为主，所占比例分别为64.6%和28.1%。街道居委会介绍的比例则为6.9%，单位给介绍的比例仅为1.0%。通过招聘会或者职业介绍所找到工作的比例为1.3%，通过其他途径（如媒体）的占0.8%。

根据本次调查，下岗失业人员再就业工作（含经营性工作）的月均收入为547元（标准差681），中位值为400元，众数为300元（占全部工作的20.3%）。25%的人工作月均收入在300元以下，50%的人工作月均收入在400元以下，75%的人工作月均收入在550元以下，95%的人工作月均收入在1000元以下。

64.5%的下岗失业人员表示当前有工作，35.5%的人表示当前没有工作。在没有找过工作的下岗失业人员中，当问及找不到工作的原因时，55.9%的人表示是由于自己"年纪大了，不好找工作"；25.7%的人表示是"文化程度不够"；19.0%的人表示是由于身体健康方面的原因；16.6%的人表示是"缺乏相应技能"。

分年龄段来看，被访者对于找不到工作的归因与年龄段关系密切。年龄段越高，回答越集中于年龄和身体方面的原因；年龄段越低，则越倾向于文化、技能、经济环境方面的原因。值得注意的是，在35岁以上的年龄段，选择找不到工作是由于年龄因素的比例已经超过50%，与劳动力市场上的所谓"35岁现象"符合。

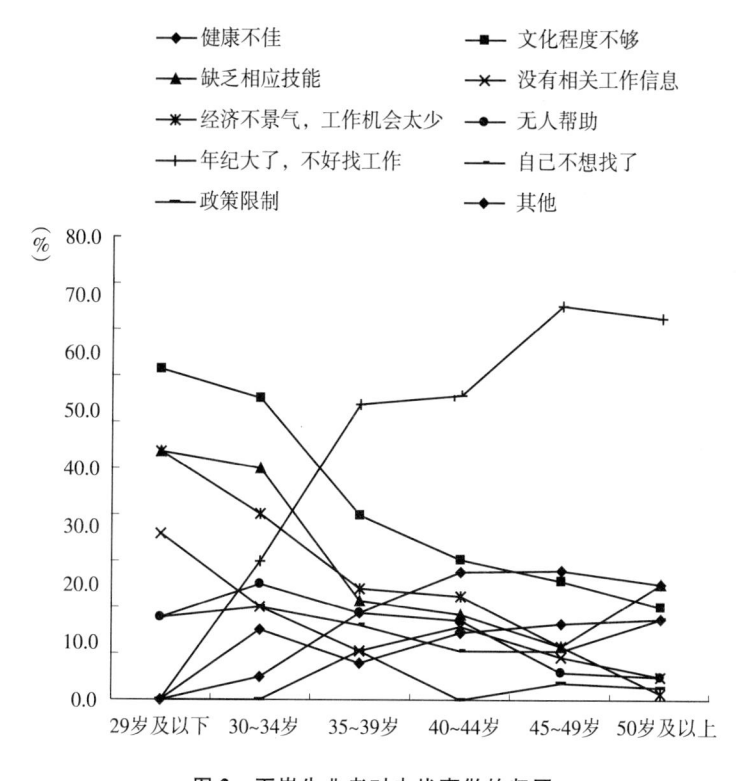

图2　下岗失业者对未找事做的归因

从本次调查来看，42.6%的下岗失业人员表示现在自己最主要的生活来源是工资收入或者经营性收入（"打工"、"摆摊"、"干个体"、"捡垃圾"）等；14.1%的人表示靠"以前积蓄"生活；13.9%和15.1%的人表示靠父母资助和亲友资助；9.3%的人表示自己生活主要靠配偶的收入；17.2%的人表示靠最低生活保障、失业保险等社会保障金生活。在被访者自陈的"其他"选

301

项中，主要是"没有任何收入来源"的情况。

表3 下岗失业者的主要生活来源（限选两项）

原　因	比例（%）
工资、经营性收入	42.6
以前积蓄	14.1
父母资助	13.9
子女赡养	2.6
亲友资助	15.1
社会保障金	17.2
借贷	4.8
配偶收入	9.3
房租	0.7
其他	5.8

(N=971)

分年龄段来看，在30岁以下的下岗失业人员中，37.0%的人表示"父母资助"是当前最主要的收入来源之一，30～40岁的，这个比例为19.6%。在40岁以下的年龄段中，工资、经营性收入是主要收入来源的比例要显著高于40岁以上的下岗失业人群。可以看到，40岁以上的下岗失业群体，对子女赡养、亲友资助、配偶收入以及社会保障金的依赖程度要高于40岁以下的年龄组。

尽管64.5%的被访者表示当前（调查日期）有工作（N=976），但只有27.5%的人表示自己现在每月有相对固定的收入（N=968）。在表示当前有固定收入的下岗失业人员中，问及个人收入主要包括什么时，43.3%的人表示是工资收入，45.9%的人表示是包括失业保险、下岗基本生活费、最低生活保障在内的社会保障金，19.0%的人表示是经营性收入。

在表示当前有工资收入的下岗失业人员中，月均工资为479元（标准差365）。25%的人月均工资低于300元，50%低于400

元，75% 低于 550 元，90% 低于 800 元，95% 低于 1000 元。在表示当前有经营性收入的下岗失业人员中，月收入均值为 526 元（标准差 445），25% 的人月均收入低于 300 元，50% 的人月均收入低于 450 元，75% 的人月均收入低于 600 元，90% 的人月均收入低于 1000 元。在表示当前的稳定收入主要包括社会保障金的下岗失业人员中，月均收入为 146 元，25% 的人月均收入低于 69 元，50% 的人月均收入低于 169 元，90% 的人月均收入低于 223 元。

三　家庭收入及家庭构成状况

在样本中，家庭①规模以 3 口之家比例最大，占 66.6%，75% 的被访者家庭人口规模在 3 人以下，90% 的被访者家庭人口规模在 4 人以下（N = 976）。平均月总收入为 676 元（标准差 575），区间估计是 640~713 元（95% 置信度）。大约有 5% 的被访者表示家庭总收入为 0，25% 的家庭月均收入在 300 元以下，50% 的家庭月均收入在 512 元以下，80% 的家庭月均收入在 1000 元以下（N = 954）。家庭人均平均月收入为 218 元（标准差 195），区间估计是 206~230 元（95% 置信度）。20% 的家庭人均月收入低于 100 元，60% 的家庭人均月收入低于 200 元，75% 的家庭人均月收入低于 300 元，90% 的家庭人均月收入低于 400 元（N = 954）。

总的来看，下岗失业人员家庭收入呈现一种普遍较低的水平。不过，其中也存在一定的分化。以本次调查数据为准，用家庭月总收入计算而得的基尼系数为 0.37。家庭月总开支均值为 658 元（标准差 396），区间估计是 632~683 元（95% 置信度）。

---

① 本次调查家庭人口界定为经济上一起核算、没有分家的人口。

大约25%的家庭月均支出低于400元，50%的家庭月均支出低于600元，90%的家庭月均支出低于1000元（N=951）。

家庭人均月支出215元（标准差127），区间估计是207~223元（95%置信度）。20%的家庭人均月支出低于125元，50%的家庭人均月支出低于200元，80%的家庭人均月支出低于300元，95%的家庭人均月支出低于400元（N=951）。从下岗失业人员自报的基本收支状况来看，入不敷出的家庭占29.7%，收支基本平衡的家庭占35.6%，尚有结余的家庭占34.7%的（N=936）。

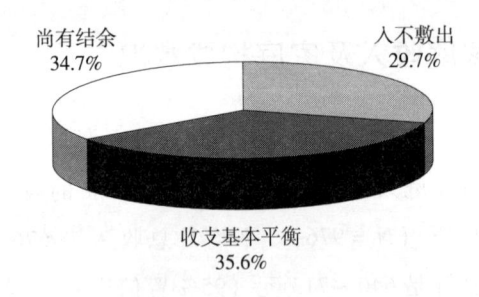

图3 下岗失业者家庭收支情况

在本次调查的样本中，已婚的占85.2%，未婚的占5.5%，离异的占8.2%，丧偶的占1.1%（N=963）。根据本次调查，从被访者回答的情况看，41.1%的家庭存在着夫妻同时下岗失业的问题（N=705）。从统计分析来看，夫妻"双下岗"的家庭人均月收入显著低于只有一人下岗的家庭（P=0.000）。

在本次调查中，507位被访者报告了父母的相关情况，占样本总数的52.1%。其中报告了一位的占45.0%，报告了两位的占55.0%（N=507）。① 从调查结果来看，下岗失业者父母年龄均值分别为70岁（标准差7.6）和69岁（标准差8.0）（N=403）。

---

① 出于操作化的考虑，本次调查只包括男系一方。

人均月收入均值为503元（标准差353），中位值为400元，众数为400元，区间估计是462~544元（置信度95%）（N=286），显著高于下岗人员家庭人均平均月收入的标准。从职业来看，在下岗失业人员的"父亲"一方中，63.8%的属于离退休人员（N=373），在"母亲"一方中，53.2%的属于离退休人员（N=293）。

在本次调查的样本中，家庭中没有孩子的比例为13.9%，有一个孩子的比例为80.3%，有两个孩子的比例为5.4%，有3个孩子的比例为0.3%（N=976）。从本次调查统计来看，在有子女的下岗失业职工家庭中，子女年龄均值为17岁（标准差6），中位值为17岁，众数为17岁。25%的家庭孩子年龄在13岁以下，50%的家庭孩子在17岁以下，75%的家庭孩子在21岁以下，90%的家庭孩子在23岁以下，95%的家庭孩子在25岁以下（N=819）。这个统计结果表明，下岗失业人员的子女多数处在上学和开始就业的年龄段。

根据本次调查，从职业方面来看，在18周岁及以上的下岗失业人员子女中，34.5%的属于仍然在校的学生（其中上中学/中专/职高的比例为44.2%，上大专/大学的比例为55.8%），28.9%的属于无业/待业，24.9%的属于在职，其中主要以普通工人/服务员为主（占全部在职的65.6%），2.6%的属于下岗失业（N=229）。根据本次调查，在有子女上学的家庭中，每年子女教育费用的支出均值为3024元（标准差3118），中位值为2000元。有20%的家庭每年子女教育费用支出高于5000元。统计表明，教育支出与子女年龄呈现正相关关系（R=0.315，P=0.000，N=409）。子女所上的学校等级不同，教育费用也不同。子女上中学/中专/职高的每年教育支出平均为3000元，子女上大专/大学的，每年教育支出约为7280元（P=0.000，Eta^2=0.269，N=223）。

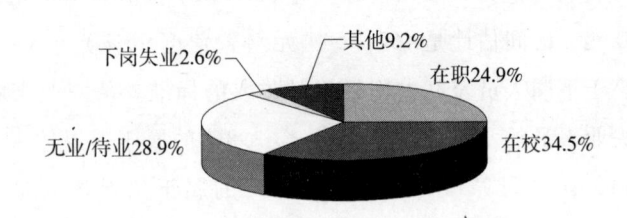

其他9.2%　在职24.9%
下岗失业2.6%
无业/待业28.9%　在校34.5%

图4　下岗失业者家庭子女职业状态

从本次调查结果来看，大约44.0%的家庭存在"上有老、下有小"的情况。从年龄段来看，40～50岁年龄段这个比例最大，占58.1%，其次是30～40岁年龄段，占30.7%（N=427）。

四　生活危机与生命周期

在问及当前所担心的问题的时候，没有稳定收入、找不到工作首当其冲，成为被访者最关注的问题；其次，子女上学与就业占据显著的比例；对自身疾病和将来的养老问题的担心尤其值得关注。以年龄段分，可以看到，在工作和收入问题上，各年龄段被访者担心程度存在差异。在子女上学问题上，30～45岁年龄段的被访者的担心程度要高于其他年龄段。在子女就业问题上，40～50岁年龄段被访者则表现出更高的忧虑程度。在养老和疾病问题上，随着年龄段的上升，担心的程度也呈现上升的趋势。

在调查中，40位被访者自陈了生活中担心的问题，其中16位提出了"吃饭问题"等基本生活保障问题，5位被访者提出了有关子女生活的问题，3位提到了对婚姻家庭稳定性的担心。2位提到了老人赡养问题，其中1位担心"老人是否健在，因为要靠老人生活"，3位提出了对自己身体健康状况的担心，6位被访者表示"没有什么可担心的"，其中1位表示"一切安天命"。

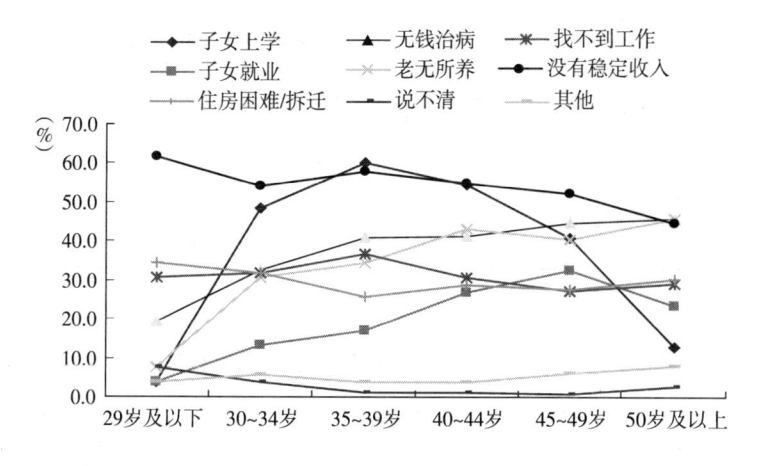

图5 下岗失业者所担心的生活问题

五 家庭赡养

在调查中，父母①健在的被访者中，77.8%的不给父母赡养费。从统计来看，给不给赡养费与父母是否有退休金有显著相关关系。

表4 下岗失业者给父母赡养费的情况（分父母是否有退休金）

单位：%

	有	没有	Total
给	14.8	39.2	22.2
不给	85.2	60.8	77.8
Total	100.0	100.0	100.0

（N=716，P=0.000）

是否给父母赡养费与下岗失业者本身的年龄没有统计上的显著相关关系，这意味着不同年龄段的人是否给父母赡养费没有显著差别。

---

① 本次调查中父母仅包括男系一方的父母。

表 5 不同年龄段下岗失业者给父母赡养费的情况

单位:%

	30 岁以下	30~40 岁	40~50 岁	50 岁以上	Total
给	16.7	20.1	22.6	27.4	22.0
不给	83.3	79.9	77.4	72.6	78.0
Total	100.0	100.0	100.0	100.0	100.0

($N = 727$, $P = 0.563$)

相反,有 37.9% 的下岗失业人员表示父母给自己一定的资助。下岗失业者的父母有没有退休金构成了其是否给予下岗失业者本人一定资助的前提条件,二者必定高度相关。从统计结果来看,二者存在显著的相关关系。在父母有退休金的下岗失业者中,这个比例超过半数,有 51.0% 的父母给其资助。

表 6 下岗失业者"啃老"情况(分父母是否有退休金)

单位:%

	有	没有	Total
给资助	51.0	7.1	37.9
不给资助	49.0	92.9	62.1
Total	100.0	100.0	100.0

($N = 705$, $P = 0.000$)

表 7 不同年龄段下岗失业者"啃老"情况

单位:%

	30 岁以下	30~40 岁	40~50 岁	50 岁以上	Total
给资助	62.5	40.9	37.3	18.6	37.8
不给资助	37.5	59.1	62.7	81.4	62.2
Total	100.0	100.0	100.0	100.0	100.0

($N = 709$, $P = 0.001$)

下岗失业者本人的年龄与其父母是否给予一定的资助有显著关系,从统计结果来看,年龄段越小(意味着总体来讲父母年龄也相对较小),父母给予一定资助的比例也越高。在有孩子工作的家庭中，83.6%的被访者表示孩子不给本人赡养费。

六 政策认知

调查表明，虽然69.9%的下岗失业工人认为了解社会保障政策对自己有用（N=962），但他们对相关政策主动接受程度较低，只有39.2%的人主动了解过这方面的政策（N=969）。74.2%的人下岗后没有去过有关部门咨询本人社会保险的状况（N=971），61.9%的人表示不了解本人现在社会保险费缴纳的具体情况（N=971）。

根据统计结果，对自身社会保险的了解情况与被访者的年龄和原单位性质统计上都不相关，只与被访者的文化程度呈现统计上的显著关系。文化程度越高，对本人社会保险情况的了解程度也越高。

表8 不同文化程度下岗失业者对社会保险费缴纳情况的了解

单位：%

	不识字	小学	初中	高中	大学/大专	Total
了解		11.8	36.6	44.2	46.0	38.1
不了解	100.0	88.2	63.4	55.8	54.0	61.9
Total	100.0	100.0	100.0	100.0	100.0	100.0

（N=969，P=0.000）

从下岗失业人员了解有关社会保障政策信息的渠道来看，电视等媒体属于主要渠道，朋友介绍、单位通知、政府部门宣传也是了解政策信息的重要渠道。

表9 下岗失业者了解社会保障政策的主要渠道

渠道	比例（%）	渠道	比例（%）
电视	51.2	单位通知	20.2
报纸	36.6	政府部门宣传	20.7
广播	13.2	互联网	0.2
杂志	4.7	小道消息	11.7
朋友介绍	28.2	其他	6.2
总　　计			192.9

（N=907）

七 社会保障情况

（一）下岗证办理情况

在接受调查的对象中，办理了下岗证的占 28.6%，没有办理下岗证的占 71.4%。从调查来看，集体企业中，绝大多数职工没有办理下岗证，占 83.5%。

表 10　不同性质企业下岗失业职工办理下岗证的情况

单位：%

	国有企业	集体企业	其他性质	Total
办了	38.2	16.5	8.2	28.6
没办	61.8	83.5	91.8	71.4
Total	100.0	100.0	100.0	100.0

(N=986)

当问到"为什么没有办理下岗证"的时候，有半数的被访者（50.8%）回答"单位不给办"，有 10.2% 的被访者回答"不符合办理条件"，有 21.8% 的被访者回答"不知道该怎么办"。在没有办理下岗证的被访者中，有 82.4% 的人表示不知道办理下岗证的条件。

表 11　下岗失业者未办理下岗证的原因

原因	比例（%）	原因	比例（%）
不符合办理条件	10.2	办起来太麻烦	2.8
自己不想办	7.9	不知该怎么办	21.8
办了也没用	7.1	去办找不到人	6.0
单位不给办	50.8	其他	11.1

在办理了下岗证的被访者中，绝大多数（89.2%）人表示办理下岗证不困难。在持有下岗证的人中，大部分人是 1997 年及

以后办理的，占 90.6%。

（二）再就业中心

根据本次调查，只有 11.6% 的被访者表示下岗的时候单位设立了再就业中心，72.8% 的被访者表示下岗的时候单位没有设立再就业中心，对此表示不知道的比例为 15.7%（N=958）。

从被访者的估算来看，在设立了再就业中心的单位中，60.7% 的再就业中心提供过技能培训，有 83.3% 的人参加过培训。在参加培训的人中，半数认为培训"没有用"，20% 的人认为"有用"，其余 30% 的人表示"不好说"。在本次调查的样本中，截至调查日，有 60.0% 的人进再就业中心已经满三年。在询问为什么还没有出再就业中心的时候，55.2% 的被访者表示"没人管这事儿"。

根据本次调查结果，75.4% 的被访者原单位再就业中心没有提供过就业信息，24.5% 的提供过就业信息。在接受过就业信息的人中，73.3% 的人表示对所提供的工作不满意，只有 13.3% 的人表示满意。

（三）基本生活保障金

在本次调查中，70.2% 的被访者表示自己下岗后，没有领到基本生活保障金，其余 28.4% 的被访者表示领到过有关补助（N=957）。在询问没领取基本生活保障金的原因的时候，42.3% 的人表示"没人管这事儿"，17.9% 的人表示"单位没钱"，16.9% 的人表示"不清楚"，还有 12.3% 的人表示"单位已经不存在了"。

在领取了基本生活保障金的被访者中，73.2% 的人表示办理此项生活补助"不困难"，57.9% 的人表示下岗后"马上就办理

表 12　下岗失业者未领取基本生活保障金的原因

原　　因	比例（%）
单位没钱	17.9
自己没办理	3.7
单位已经不存在了	12.3
没人管这事儿	42.3
不清楚	16.9
其他	7.0
Total	100.0

(N=676)

了"（N=256），83.3%的人是在三个月之内就办理的（N=252）。从开始领取的时间来看，主要集中在1996年之后。

在问及是否知道当地政策规定的生活补助标准的时候，表示"知道"或"不知道"的比例各半（分别为49.2%和50.8%，N=714）。在表示知道这个标准的被访者中，当我们追问这个标准具体是多少的时候，有37.8%的被访者回答是223元/月（N=127），这个标准其实是失业救济金的标准，表明有相当比例的被访者，对什么是基本生活保障金和什么是失业救济金存在概念混淆。

当问到实际上每月领取的基本生活保障金能否达到政策规定的标准时，给出肯定回答的比例为86.7%（N=256）。在不足额的情况中，半数以上（61.3%）的被访者表示"不清楚"什么原因导致不足额，12.9%的人表示"单位没钱"。

（四）单位承担社会保险情况

为了考察下岗失业人员对有关政策的掌握情况，调查设计了一个题目："就政策规定下岗后三年之内这段时期，包括养老保险、医疗保险按照政策规定由谁承担？"在回答这个问题时，61.4%的人表示"不知道"，2.6%的人表示"不关注"，表示

"知道"的仅占35.1%（N=713）。

在追问这个时期有关社会保险费由谁来承担的问题时，43.1%的人回答"由单位承担"；21.4%的人回答"由个人承担"。

表13 下岗失业者下岗三年内对社保缴纳主体的认知情况

选项	比例（%）
由个人承担	21.4
由单位承担	43.1
个人和单位各承担一部分	16.5
政府财政承担	10.9
个人、单位、政府各承担一部分	2.0
个人、政府、社会各承担一部分	1.6
单位、社会、政府各承担一部分	1.2
其他	3.2
Total	100.0

（N=248）

实际情况又是如何呢？从调查来看，大部分被访者的原单位不给其代缴相关社会保险费用。

表14 单位为下岗失业者下岗三年内缴纳社保费用情况

单位:%

	养老保险	医疗保险
交	15.7	4.0
不交	75.6	87.2
不清楚	8.6	8.7
Total	100.0（N=928）	100.0（N=917）

值得注意的是，当问及是否去原单位咨询过有关社会保险的情况时，2/3（66.5%）的被访者回答"没去过"，只有大约1/3（33.5%）的人表示去咨询过有关情况（N=624）。

（五）失业情况

根据本次调查，有 58.5% 的下岗失业职工没有办理失业证，办理了失业证的占 41.5%（N=936）。从地域来看，到各自调查截至的时间，S 市下岗工人下岗证办理比例要高于 C 市，显示出地方政策的影响和有关改革的进度不同。从办理时间上来看，大部分集中在 2002 年之后，占 61.5%。

表 15　不同城市下岗失业职工办理失业证的情况

单位：%

	C 市	S 市	Total
办了	19.6	70.7	41.5
没办	80.4	29.3	58.5
Total	100.0	100.0	100.0

在没有办理失业证的被访者中，83.5% 的人不知道办理失业证需要的条件（N=556）。在询问没有办理的原因时，39.6% 的人表示"单位不给办"，38.7% 的人表示"不知道该怎么办"，认为自己"不符合办理条件"的占 11.4%。

表 16　下岗失业者未办理失业证的归因

原　　因	比例（%）
单位不给办	39.6
自己不想办	9.2
办起来太麻烦	4.3
不知该怎么办	38.7
办了也没用	10.5
不符合办理条件	11.4
其他	11.0

（N=555）

在办理了失业证的人当中，绝大多数人（91.5%）表示办理失业证不困难，57.9%的人表示"马上就办了"（N = 400），三个月以内办理的占 90.4%（N = 397）。值得说明的是，是否办理了下岗证与是否办理了失业证之间存在紧密相关关系。在持有下岗证的人中，70.3%的人也办理了失业证。在没有下岗证的人当中，70.5%的人也没有办理失业证，二者之间的统计显著相关表明二者之间存在制度的连续性（P = 0.000）。

从调查来看，在办理了失业证的人中，已经有 58.0%的人领取了失业保险金。另外 42.0%的人尚未领取过失业保险金（N = 400）。在追问为什么没有领取失业保险金的时候，41.5%的被访者表示"不清楚这项政策"或者"不知道找谁"、"不知道怎么领"、"没人告诉、不知道"、"不知道有这项待遇"、"没人管"等等；有 16.5%的被访者把原因归为单位，认为"单位没给国家交钱"，或者"单位解体"等。15.9%的人表示"申请没领到"、"不符合办理条件"，还有部分人（6.7%）表示"正在办理中，还没有领到"（N = 164）。

在领取了失业保险金的样本中，80%的人是在 2000 年以后开始领取的（N = 231）。44.3%的人已经领满两年（N = 228）。然而不得不指出的是，通过询问每月领取的金额，我们发现只有 83.0%的人正确认识了失业保险金的所指（每月 223 元/月，或者近似 200 元/月、230 元/月），其余被访者所答金额不正确（N = 229）。

从这项政策的信息来源渠道看，57.8%的是单位介绍过的，22.6%的是政府部门包括居委会通知的，单位同事或者朋友告诉的占 16.1%，值得注意的是，从报纸电视等媒体上了解有关政策的比例仅占 1.3%（N = 230）。在领取失业保险金的被访者中，45.5%的人表示知道这笔资金由谁提供，其余 54.5%的人表示不知道（N = 231）。

在领取失业保险金期间，27.9%（N = 229）的人有指定的医疗地点，其中 14.1%的人到指定医疗地点看过病，其中享受过优惠的占 88.9%。

（六）低保

在本次调查的样本中，20.0%的人领取低保（N=951）。其中，90.5%的人是在 2000 年以后开始领取的。在这些人当中，45.7%的人表示办理低保困难，31.2%的人表示容易，23.1%的人表示一般（N=186）。75.4%的人办理低保是在三个月之内（N=183）。

在领取低保的人群中，96.2%（N=184）的人认为所领取的低保不能保证家庭的基本生活。46.4%（N=183）的家庭表示，除了低保，家庭还有其他的经济来源。在没有领取低保的人群中，67.8%的人表示不知道本地低保的标准（N=761）。在表示知道低保标准的人中，在 C 市，60.3%的人准确地说出了当地低保标准为 169 元/月；在 S 市，38.5%的人准确地说出了当地低保标准为 205 元（N=236）。

在没有领取低保的人群中，80.4%的人表示不知道办理低保的手续（N=755），60.1%的人表示不知道去哪里申领低保（N=760）。有 62.9%的人自认家庭达到了领取低保的标准（N=752）。在问及没有申领低保的原因的时候，38.9%的人表示不符合申领条件，31.6%的人表示申请过但是不给批，还有 18.3%的人说不了解这项政策、不知道去哪里申领（N=776）。

（七）利益表达与诉求

根据本次调查，就下岗后的生活保障问题，69.3%的人曾经到有关部门反映过。从反映的问题来看，44.0%的人是去争取低保，33.6%的人是去争取困难补助，25.2%的人是去争取下岗职工基本生活费，20.8%的人是去争取解决养老保险的问题，12.1%的人是去争取解决医疗保险问题。争取失业证和失业保险的比例较低，分别为 5.4%和 9.1%。

在被访者自陈的目的中,以争取工作权利,如"找工作"、"找活干",解决遗留问题,如"争取拖欠的工资"、"买断工龄",反映生活困难,如"没钱,要吃饭"、"(争取)采暖费"等为主。个别案例则询问"为什么国营企业会破产"、"为什么让我下岗"、"下岗后自己为什么没有收入"、"自己的情况怎么办"等问题。从这些问题可以看出,下岗失业人员反映的问题存在一个显著的谱系:从基本生存问题到对下岗失业政策的质疑。

表 17　下岗失业者到有关部门反映的问题

诉　　求	比例(%)
争取下岗证	10.4
争取下岗职工基本生活费	25.2
争取失业证	5.4
争取职业保险金	9.1
争取低保	44.0
争取解决养老保险问题	20.8
争取解决医疗保险问题	12.1
争取困难补助	33.6
其他	17.4
Total	178.0

(N = 298)

从次数来讲,反映问题在 5 次以内的占 62.0%,10 次以内的占 81.6%,超过 20 次的占 8.6%。

从部门来讲,半数(50.0%)的人曾向社区居委会反映过问题,37.5% 的人找过街道办事处,41.1% 的人找过原单位,仅有 3.9% 的人找过工会组织,10.0% 和 16.8% 的人找过区政府和市政府,2.1% 的人到省政府反映过问题,0.7% 的人有到中央政府部门反映问题的经历,21.1% 的人找过劳动社会保障部门或民政部门。求助于法院和媒体的比例很低,仅为 0.7%(N = 280)。

从被访者的回答来看,多数都是一个人去反映问题的,占

60.9%，集体去反映问题的占 31.3%。个人去，还是集体去与所去的部门有一定关系，反映出下岗失业人员一定的策略性。去社区居委会和街道办事处，个人去的比例分别为 79.3% 和 81.0%；去原单位、劳动保障部门、民政部门、区政府，则个人去和集体去的比例大致持平；而去市政府、省政府和中央政府部门时，集体去的比例远远高于个体去的比例，而且比例之间的差距也越来越大（N = 277）。从效果来讲，75.8% 的人认为"根本没用"，认为解决了问题的比例约为 15.5%。

（八）个人缴纳社会保险费的情况

根据本次调查，去除表示养老保险费由单位缴纳或者由个人和单位分担及其他特殊情况，在表示个人承担社会保险费的下岗失业人员中，35.5% 的人表示个人缴纳养老保险费，表示个人缴纳医疗保险费的比例更低，只有 5.4%。从调查结果来看，54.5% 的下岗失业人员下岗前在原单位享受养老保险。而当前只有 34.2% 的下岗失业人员个人缴纳养老保险费。交叉统计结果显示，大约有 56.0% 的下岗失业人员中断了参保。

表 18　下岗失业者是否缴纳养老保险费与在原单位是否享受养老保险的关系

单位：%

		在原单位是否享受养老保险		Total
		不享受	享受	
是否缴纳养老保险费	没交	77.7	52.7	64.5
	交	22.3	47.3	35.5
	Total	100.0	100.0	100.0

（N = 777，P = 0.000）

尽管尚未办理，但在个人没有缴纳养老保险费用的人中，64.5% 的人认为有必要办理这项社会保险，25.9% 的人认为十分有必要办理这项社会保险（N=591）。在个人没有缴纳医疗保险费的人中，66.3%的人认为有必要办理这项社会保险，22.3%的人认为十分有必要办理这项社会保险（N=819）。在未缴纳养老保险费的人中，45.0%的人对自己将来这方面遇到问题表示忧虑，42.9%的人表示十分忧虑。在未缴纳医疗保险费的人中，48.6%的人对自己将来这方面遇到问题表示忧虑，37.4%的人表示十分忧虑。

从未交原因来看，大部分是相对于收入的费用标准问题。在未交养老保险费的人中，76.1%的人表示"费用高交不起"，在未交医疗保险费的人中，71.5%的人也是如此表示。除此之外，12.5%的人表示"不知道怎么办理"。对这两种社会保险的缴纳情况，从被访者自陈原因来看，有相当比例是由于单位原因，如"等待企业破产给交"、"认为应该由单位交"，或者是集体企业社会保险问题悬置。

在没有缴纳养老和医疗保险费用的人中，当问及对将来养老问题和健康问题的打算时，大部分人抱"到时候再说"、"得过且过"的心理。

表19 未缴纳养老保险费的下岗失业者未来的打算

预　　期	比例（%）
现在多攒钱	9.2
依靠子女赡养	8.7
困难是暂时的，保障问题将来能解决	4.0
到时候再说	49.8
没什么打算，得过且过	45.5
手头有些积蓄，养老没问题	1.3
靠政府救济	9.4
其他	9.7
Total	137.6

（N=618）

表 20　未缴纳医疗保险费的下岗失业者未来的打算

预　　期	比例（%）
现在多攒钱	8.7
依靠亲人资助	4.4
困难是暂时的，保障问题将来能解决	2.8
遇到问题的时候再说	46.2
没什么打算，得过且过	40.4
自己健康，身体没问题	1.8
靠政府救济	4.6
其他	8.5
Total	117.4

（N = 906）

本次调查样本中，仅有3.4%的人到保险公司购买过商业保险（N = 976）。

（九）哪项社会保障最重要？

在问及"哪项社会保障对您来说最重要"的问题时，67.7%的人表示养老保险最重要，选择医疗保险的占14.8%，选择低保的占10.0%。选择"其他"选项的基本是表示"不清楚"、"不了解"、"无所谓"、"不重要（因为交不起）"等等。

表 21　下岗失业者对不同保险重要性的认知

社保项目	比例（%）
失业保险	3.0
养老保险	67.7
医疗保险	14.8
最低生活保障	10.0
其他	4.5
Total	100.0

（十）对社会保障的评价

在问及"对目前国家制定的针对下岗失业职工的社会保障政策评价如何"的问题时，23.6%的人认为"好"，3.2%的人认为"很好"，二者比例之和为26.8%；认为"差"和"很差"的比例分别为27.1%和14.5%；认为"一般"的比例为31.6%（N=963）。

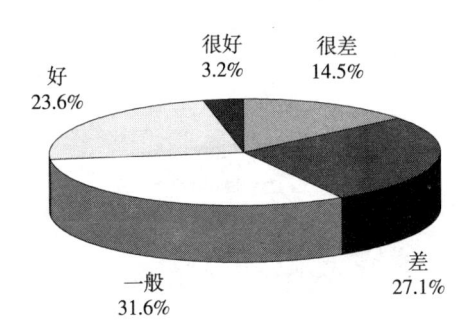

图6 下岗失业者对社会保障政策的评价

在问及"对现在下岗失业职工社会保障的国家政策在实际中落实得怎么样"的问题时，认为"好"和"很好"的比例为3.2%；认为差和很差的比例分别为41.8%和30.0%；认为"一般"的比例为25.0%（N=961）。

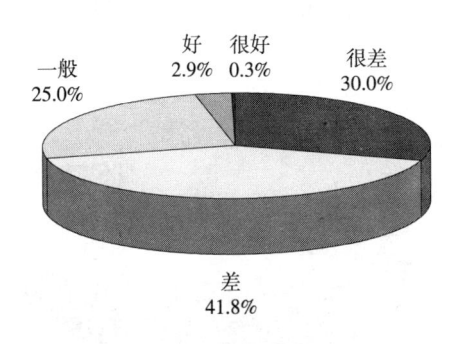

图7 下岗失业者对社会保障政策执行情况的评价

从调查结果来看，对针对下岗失业职工的社会保障政策的评价要高于对这些政策在实际中落实的评价。对政策本身评价为"好"和"很好"的比例要高出政策实际落实得"好"和"很好"23.6个百分点。

在问及"就实际状况而言,您觉得现行的社会保障能使您的生活得到安心吗"的问题时,认为"基本能"和"完全可以"的比例为9.6%;认为"不能"和"完全不能"的比例分别为59.1%和17.6%;表示"说不好"的比例为13.7%(N=969)。

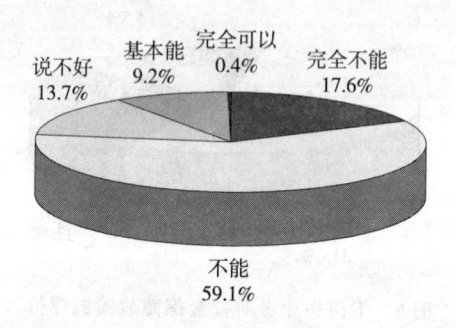

图8 下岗失业者对社会保障政策对自身保障状况的评价

在问及"就实际状况而言,总的来讲,您对现行与下岗失业职工有关的社会保障体系感到满意吗"的问题时,表示"满意"和"很满意"的比例为10.5%;认为"不满意"和"很不满意"的比例分别为53.3%和15.5%;表示"一般"的比例为20.7%。(N=961)

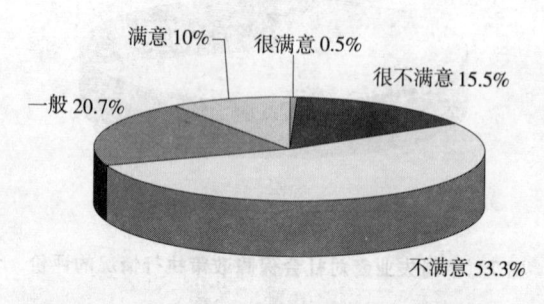

图9 下岗失业者对社会保障体系的总体满意度

从数据来分析,当前是否缴纳了社会保险费与对现行和下岗职工有关的社会保障体系的总体满意情况没有统计上的显著相关关系(N=932,P=0.479)。

八 认知心态

(一)生活满意度

从调查来看,对于当前的生活状况,14.1%的人表示很不满意,59.0%的人表示不满意,两者之和为73.1%;21.6%的人表示"一般";只有5.3%的人表示"满意"或者"很满意"(N=975)。从统计结果来看,对生活的满意度与年龄呈现一定的相关性,而与性别没有显著相关关系。

表22 不同年龄段下岗失业者对生活满意情况

单位:%

	30 岁以下	30~40 岁	40~50 岁	50 岁以上	Total
很不满意	3.7	12.7	13.8	20.7	14.1
不满意	40.7	54.0	62.8	56.9	59.0
一般	48.1	26.1	18.5	19.8	21.6
满意	7.4	6.5	4.7	2.6	5.0
很满意		0.7	0.2		0.3
Total	100.0	100.0	100.0	100.0	100.0

(N=975,P=0.003)

(二)下岗失业造成的影响

就主观方面而言,在问及下岗失业是否影响到家庭关系时,被访者表示"没有影响"的占26.0%,表示"有影响"的占43.3%,表示"影响很大"的占28.2%,表示"不好说"的占2.5%(N=976)。统计结果表明,下岗失业对家庭关系的影响与年龄、性别没有统计上的显著相关关系,这表明在家庭关系方面,下岗失业作为一项重大的事件对几乎所有年龄段、不同性别的人具有普遍的影响。

表23 不同年龄段下岗失业者对下岗失业对家庭关系影响状况的评价

单位:%

	30岁以下	30~40岁	40~50岁	50岁以上	Total
没有影响	37.0	28.3	25.0	23.3	26.0
有影响	48.1	45.3	41.8	44.8	43.3
影响很大	11.1	25.7	30.0	29.3	28.2
不好说	3.7	0.7	3.2	2.6	2.5
Total	100.0	100.0	100.0	100.0	100.0

(N=976,P=0.208)

在问及下岗失业是否影响到被访者在家庭中的地位时,51.2%的人表示地位"降低了",44.8%的人表示地位"没有变化"(N=972)。在问及"与下岗前相比,和家人谈心的次数有没有变化"时,44.2%的人表示"减少了",45.5%的人表示"没有变化",6.8%的人表示"增加了",3.5%的人表示"不好说"(N=972)。对于下岗对家庭生活状况的冲击,超过半数(52.8%)的人认为"差了许多",30.5%的人认为"差了一些",11.9%的人认为"差不多",4.8%的人认为"好了一些"或者"好了很多"。

分年龄段来看,随着年龄段的升高,认为家庭状况因下岗失业而降低的主观感受也越强,二者之间的相关显著。但性别与下岗失业对家庭状况冲击的主观感受之间不具有统计显著性。不过,控制性别变量后,在男性中,二者之间的关系依然显著;而在女性中,二者之间的关系不再显著。从具体分布来看,实际上除了30岁以下的女性,其他各年龄段的女性,认为家庭状况因下岗失业而降低的主观感受强度相当,认为"差了"的比例都在

80%以上。

（三）对未来工作生活的预期

在调查的下岗失业人群中，在问及"现在找工作的愿望有多大"时，79.0%的人表示现在"很想找到工作"，8.4%的人表示"不想找工作"，8.5%的人表示"无所谓"（N=966）。虽然表示了较高的期望，但被访者对近期找到满意工作的期望并不高，在表示当前没有工作的人群中，表示"不能"或者"完全不能"找到满意工作的比例占67.1%，其中表示"完全不能"的比例为24.1%，表示"不能"的占43.0%，表示"说不好"的占29.1%，表示"基本能"的占3.8%。

分年龄段来看，随着年龄段的升高，找到满意工作的信心呈现下降的趋势。在30岁以下的人群中，1/3的人表示"基本能"在近期找到满意工作，其他年龄段这个比例均很小。这个趋势一定程度上符合年龄对于下岗失业人员工作机会影响的基本趋势。

表24 不同年龄段下岗失业者近期找到满意工作可能性的估计

单位：%

	30岁以下	30~40岁	40~50岁	50岁以上	Total
完全不能	22.2	9.5	27.8	30.8	24.1
不能	33.3	40.5	44.5	42.3	43.0
说不好	11.1	47.3	24.4	25.0	29.1
基本能	33.3	2.7	3.3	1.9	3.8
Total	100.0	100.0	100.0	100.0	100.0

（N=344，P=0.000）

参考文献

阿马蒂亚,2001,《贫困与饥荒》,王宇、王文玉译,北京:商务印书馆。

阿马蒂亚,2002,《以自由看待发展》,于真译,北京:中国人民大学出版社。

埃尔德,2002,《大萧条的孩子们》,田禾、马春华译,南京:译林出版社。

埃尔德、葛小佳,1998,《变迁社会中的人生——生命历程及其中国的实例》,郭于华译,《中国社会科学季刊》秋季卷。

埃里克森,1998,《同一性:青少年与危机》,孙名之译,杭州:浙江教育出版社。

贝克、威尔姆斯,2001,《自由与资本主义——与著名社会学家乌尔里希·贝克对话》,路国林译,杭州:浙江人民出版社。

边燕杰,1998,《找回强关系,中国的间接关系,网络桥梁和求职》,《国外社会学》第2期。

毕先萍,2004,《青年失业的特征及成因:基于国际视角的考察》,《青年研究》第10期。

毕先萍、徐章辉,2005,《国外治理青年失业的政策及其启示》,《中国青年研究》第3期。

波普尔,2000,《开放社会及其敌人》(第一卷),陆衡等译,北京:中国社会科学出版社。

波兹曼,2004,《童年的消逝》,吴燕莛译,桂林:广西师范大学出版社。

布尔迪约、帕斯隆,2002,《再生产——一种教育系统理论的要点》,邢克超译,北京:商务印书馆。

布迪厄,2003,《实践感》,蒋梓骅译,南京:译林出版社。

蔡昉,2003,《现代化意味着劳动力的非农化和城市化》(访谈),9月15日《中国经济导报》。

陈峰,2000,《下岗工人的抗议与道义经济学》,香港中文大学中国研究服务中心网站(http://www.usc.cuhk.edu.hk/wk.asp)。

陈光兴主编,2000,《发现政治社会:现代性、国家暴力与殖民民主》,台北:巨流图书公司。

陈继承,1999,《大学生择业观变化因素探析》,《广西医科大学学报(社会科学专辑)》第6期。

陈涌,2000,.《城市贫困区位化趋势及其影响》,《城市问题》第6期。

戴明清、王克黎,2002,《大学生就业的性别差异及对策研究》,《黑龙江高教研究》第6期。

董力,2004,《加快社会保险立法,完善社会保障体系》,中国人民政治协商会议全国委员会办公厅网站(http://www.cppcc.gov.cn/,2004.07.27)。

范云霞、钟建安、陈子光、谢萍,2004,《当代高中生职业选择调查研究》,《应用心理学》第10卷第3期。

方巍,2005,《青年失业:不协调发展及其警示》,《青年研究》第4期。

风笑天,2000,《独生子女青少年的社会化过程及其结果》,《中国社会科学》第6期。

高凤祥,2003,《沈阳市劳动力市场职业供求状况分析》,载邓晓春、崔景懿主编《2003年辽宁职业教育研究报告》,沈阳:辽宁民族出版社。

高士君,2004,《关于辽宁国有及国有控股大中型工业企业人力资源需求状况的调查与研究》,载徐涵主编《2003~2004年度辽宁职业教育研究报告》，沈阳：远方出版社。
葛延风，1998，《改革与发展过程中社会保障制度的建设问题》，《社会学研究》第1、2期。
葛延风，2003，《社会保障制度改革：反思与建议》，载王梦奎主编《改革攻坚30题——完善社会主义市场经济体制探索》，北京：中国发展出版社。
顾俊礼主编，2002，《福利国家论析》，北京：经济管理出版社。
郭军，2000，《下岗职工基本生活保障政策执行中的问题简析》，《河南社会科学》第1期。
郭燕芬，2004，《我国"技工荒"的思考与对策》，《职业教育研究》第11期。
郭于华，2002，《"道义经济"还是"理性小农"》，《读书》第5期。
郭志刚主编，1999，《社会统计分析方法》，北京：中国人民大学出版社。
哈里楠主编，2004，《教育社会学手册》，上海：华东师范大学出版社。
韩少华，2001，《生于80年代：拒绝长大并总觉得缺钱》，8月21日《北京青年报》。
何春中，2004，《专家解读白皮书七大焦点》，9月8日《中国青年报》。
闵学勤，2004，《两性职业期望差异的实证比较研究——以南京、上海为例》，《浙江学刊》第6期。
洪朝辉，2003，《论中国城市社会权利的贫困》，《江苏社会科学》第2期。
黄希庭，2003，《现代心理学流派》，上海：华东师范大学出版社。
黄盈盈、潘绥铭，2003，《中国东北地区劳动力市场中的女性性工作者》,《社会学研究》第 3 期。

吉登斯, 1998, 《社会的构成》, 李康、李猛译, 北京: 三联书店。

江耀强, 1997,《当代青年择业特点分析》,《青年探索》第 4 期。

金一虹, 2000,《非正规劳动力市场形成和发展中的几个问题》,《中国劳动》第 10 期。

景天魁, 2001, 《基础整合的社会保障体系》, 北京: 华夏出版社。

卡拉奇, 2001,《分裂的一代》, 覃文珍等译, 北京: 社会科学文献出版社。

康纳顿, 2000,《社会如何记忆》, 纳日碧力戈译, 上海: 上海人民出版社。

科尔曼, 1999,《社会理论的基础》, 邓方译, 北京: 社会科学文献出版社。

克罗齐埃, 1989,《被封锁的社会》, 狄玉明、刘培龙译, 北京: 商务印书馆。

劳动和社会保障部、中共中央文献研究室编, 2002,《新时期劳动和社会保障重要文献选编》, 北京: 中国劳动社会保障出版社、中央文献出版社。

劳动和社会保障部编, 2004,《中国积极的就业政策文件总汇》, 北京: 中国劳动社会保障出版社。

劳动和社会保障部培训就业司编, 2004,《对积极的就业政策的解读和解析》, 北京: 中国劳动社会保障出版社。

李钘金, 2003,《车间政治与下岗名单的确定》,《社会学研究》第 6 期。

李培林、张翼, 2003,《走出生活逆境的阴影——下岗失业职工再就业中的"人力资本失灵"研究》,《中国社会科学》第 5 期。

李强，1999，《生命的历程——重大社会事件与中国人的生命轨迹》，杭州：浙江人民出版社。

李润生，1999，《经济欠发达地区大学生职业选择多元化的现状及原因分析》，《江西教育学院学报》第2期。

李潇、王道勇，2003，《中美两国城市贫困区位化比较研究》，《城市问题》第5期。

李樱，2005，《教育公平与职业教育》，《书屋》第6期。

刘厚平，1999，《当前失业现象的制度分析与社会保障》，《山西财经大学学报》第3期。

刘精明，2005，《国家、社会阶层与教育——教育获得的社会学研究》，北京：中国人民大学出版社。

刘小萌，2004，《中国知青口述史》，北京：中国社会科学出版社。

刘秀清、李毅，2000，《西部大开发对西南地区研究生职业价值取向的影响》，《青年研究》第9期。

陆学艺主编，2002，《当代中国社会阶层研究报告》，北京：社会科学文献出版社。

马庆发，2002，《当代职业教育新论》，上海：上海教育出版社。

曼海姆，2002，《卡尔·曼海姆精粹》，徐彬译，南京：南京大学出版社。

米尔斯，2001，《社会学的想象力》，陈强、张永强译，北京：三联书店。

米德，2003，《心灵，自我与社会》，霍桂桓译，北京：华夏出版社。

秘舒，2006，《困境中的选择与选择中的困境——一项关于"新失业群体"择业问题的研究》，《社会》第4期。

莫里斯，2006，《阶级、下层阶级和劳动力市场》，载戴维·李、特纳主编《关于阶级的冲突》，姜辉译，重庆：重庆出版社。

莫泰基，1998，《对青年失业问题的回应——香港（西贡区）青年职业训练需要评估》，《当代青年研究》第4期。

诺斯，1994，《制度、制度变迁与经济绩效》，刘宁英译，上海：上海三联书店。

钱民辉，1999，《职业教育与社会发展研究》，哈尔滨：黑龙江教育出版社。

斯科特，2001，《农民的道义经济学：东南亚的反叛与生存》，程立显等译，南京：译林出版社。

孙立平等，1999，《动员与参与——第三部门募捐机制个案研究》，杭州：浙江人民出版社。

孙立平，2002，《迈向实践的社会学》，《江海学刊》第3期。

孙立平，2003a，《断裂：20世纪90年代以来的中国社会》，北京：社会科学文献出版社。

孙立平，2003b，《面向下一代的发展》，11月24日《经济观察报》。

孙立平，2003c，《关注"新失业群体"》，12月3日《经济观察报》。

唐钧，2001，《基础整合的失业保障方案》，载景天魁主编《基础整合的社会保障体系》，北京：华夏出版社。

唐钧，2002，《城市居民最低生活保障制度的行政程序》，http://www.dajun.com.cn/dibao3.htm。

唐钧，2003，《中国城市贫困与反贫困报告》，北京：华夏出版社。

唐钧，1998，《中国城市居民贫困线研究》，上海：上海社会科学院出版社。

覃壮才，2003，《市场化及其危机——20年来我国职业教育政策发展的基本取向分析》，《比较教育研究》第11期。

托马斯、兹纳涅茨基，2000，《身处欧美的波兰农民》，张友云译,南京:译林出版社。

汪庆春、孟东方,2004,《大学生职业评价与职业选择研究》,《重庆大学学报(社会科学版)》第10卷第5期。

王汉生、陈智霞,1998,《再就业政策与下岗职工再就业行为》,《社会学研究》第4期。

王汉生、刘世定、孙立平,1997,《作为制度运作和制度变迁方式的变通》,《中国社会科学季刊》冬季卷。

王积全,2004,《灵活就业人员基本养老问题探讨》,《财会研究》第3期。

王延中,2001,《试论国家在农村医疗卫生保障中的作用》,《战略与管理》第3期。

文军,1997,《城市贫困化问题的社会学思考》,《城市问题》第5期。

夏德孝,2003,《双重失灵影响下的中国职业教育——问题、原因和对策》,西北大学硕士论文。

萧今、黎万红主编,2002,《发展经济中的教育与职业》,天津:天津人民出版社。

谢立中,2001,《灰社会理论:一个初步的分析》,《社会学研究》第1期。

谢锐先,2003,《解读技工荒现象,反思职业教育》,《职业教育》第2期。

星明,1997,《论青年的职业选择机会》,《当代青年研究》第1期。

徐国庆,2004,《实践导向职业教育课程研究》,华东师范大学博士论文。

杨胜才,1994,《少数民族女大学生择业心理探微》,《中央民族大学学报(哲学社会科学版)》第1期。

杨团,2000,《中国养老保险制度的困境——问题、分析及改革思路》,《战略与管理》第 4 期。

叶紫文,2004,《中国社保制度面临严峻挑战》,9 月 18 日《人民日报(海外版)》。

于祖尧,1998,《转型时期暴富群体的政治经济学分析》,《经济研究》第 2 期。

翟学伟,2001,《中国人行动的逻辑》,北京:社会科学文献出版社。

张存库,2000,《九十年代大学生的职业价值观》,《青年探索》第 1 期。

章顺来、王桂芳,2005,《高职学生择业心理分析及对策研究》,《中国高教研究》第 1 期。

张颖、张桂春,2005,《从技工荒现象透视企业技术培训问题》,《教育与职业》第 1 期。

赵琳、冯蔚星,2003,《中国职业教育兴衰的制度主义分析——"市场化"制度变迁的考察》,《清华大学教育研究》第 6 期。

赵勇,1998,《国外青年失业对策及启示》,《中国青年研究》第 4 期。

"中国社会保障体系研究"课题组,2000,《中国社会保障制度改革:反思与重构》,《社会学研究》第 6 期。

仲大军,2000,《中国统一社会保障的基本思路》,http://www.dajun.com.cn/shehuibaozhang.htm。

周雪光、侯立仁,2003,《文革的孩子们——当代中国的国家与生命历程》,毕向阳译,载中国社会科学院社会学研究所编《中国社会学》,上海:上海人民出版社。

周小川,2002,《论当前中国社会保障体系的模式选择》,http://www.xslx.com/htm/jjlc/hgjj/2002-10-7-10252.htm。

周怡,2002,《贫困研究:结构解释与文化解释的对垒》,《社会学研究》第 3 期。

朱庆芳，2002，《社会经济发展参差不齐，协调调度解决快慢混行》，1月11日《中国企业报》。

Adair, Vivyan C. , 2002, *Branded with Infamy: Inscriptions of Poverty and Classs in the United States*, Signs. Chicago: Winter Vol. 27, Iss. 2.

Aronowitz S. , 2004, "Foreword", in: Dolby, Nadine & Dimitriadis, Greg, (edited) *Learning to Labor in New Times*, Routledge Falmer.

Bakke E. W. , 1940, *Citizens without Work*, Yale University Press.

Benevot, A. , 1983, "The Rise and Decline of Vocational Education", *Sociology of Education*, Vol. 56.

Blau P. M. , and Ducan O. D. , 1967, *The American Occupational Structure*, New York Press.

Blaug, M. , 1980, "Common Assumption about Education and Employment", in Simmons, J. (ed.) *The Education Dilemma*, New York: Pergamon Press.

Bourdieu, Pierre, et al. , 1999, *The Weight of the World: Social Suffering in Contemporary Society*, Polity Press,

Bradburn, and Norman M. , 1969, *The Structure of Psychological Well—Being*, Chicago Press.

Brady, David, 2003, "Rethinking the Sociological Measurement of Poverty", *Social Forces*, Vol. 81, No. 3.

Bronfenbrenner Life Course Center, 2001, *The Cornell Midcareer Paths and Passages Study Summary*.

Carnoy, Martin, 1984, "Efficiency and Equity in Vocational Education and Training Policies", *International Labor Review*, Vol. 133, No. 2.

Charlesworth, Simon J. , 1999, *A phenomenology of Working Class Experience*, Cambridge University Press.

参考文献

Davis, Deborah, 1992, "Skidding: Downward Mobility among Children of the Maoist Middle Class", *Modern China*, Vol. 18, No. 4.

Hinkle, L. E. and Wolff, H. A., 1957, "Environment and the Relation of This to Illness", in *A. M. A. Archives of Internal Medicine*.

Inkeles, A., 1955, "Social Chang and Social Character: The Role of Parental Mediation", in *Journal of Social Issues*, Vol. XI, No. 2, pp. 12 – 23.

Kasl S., and Cobb S., 1967, "Effects of Parental Status Incongruence and Discrepancy on Physical and Mental Health of Adult Offspring", *Journal of Personality and Social Psychlogy Monograph*.

Langner T. S., and Michael S. T., 1963, *Life Stress and Mental Health*, New York Press.

Lee, Ching Kwan, 2000, "The Politics of Working – class Transitions in China", 提交清华大学当代中国研究中心 "全球化与劳工问题国际学术讨论会"。

Lyon – Callo, Vincent & Hyatt, Susan Brin, 2003, "The Neoliberal State and the Depoliticization of Poverty: Activist Anthropology and 'ethnography from below'", *Urban Anthropology and Studies of Cultural Systems and World Economic Development*, Vol. 32, Iss. 2.

Morgen, Sandra & Maskovsky, Jeff, 2003, "The Anthropology of Welfare 'reform': New Perspectives on U. S. Urban Poverty in the Post – welfare Era", *Annual Review of Anthropology*, Palo Alto: Vol. 32.

Moser, C., 1978, "Informal Sector or Petty Commodity Production: Dualism or Dependence in Urban Development?" *World Development*, 6.

Murray, C., 1990, *The Emerging British Underclass*. Institude of Economic Affairs.

Nee, Victor, 1989, "A Theory of Market Transition: From Redistribution to Markets in State Socialism", *American Sociological Review* (54).

Nee, Victor, 1991, "Social Inequalities in Reforming State Socialism Between Redistribution and Market", *American Sociological Review* (56).

Nee, Victor, 1995, "Institutions, Social Ties, and Commitment in China's Corporatist Transformation", in *Reforming Asian Socialism: The Growth of Market Institutions*, edited by John Mcmillan and Barry Naughton, Ann Arbor: University of Michigan Press.

Neugarten B. L. , and Hagestad G. O. , 1976, "Age and the Life Course", In Handbook of Aging and the Social Sciences, VanNostrand Reinhold.

Paul Willis, 1977, *Learning to Labor: How Working Class Kids Get Working Class Work*, Columbia University Press.

Penn State Population Research Institute , 2003, *Marital Instability over the Life Course*.

Portes, A. & Saskia Sassen - Koob, 1987, "Making it Underground: Comparative Material on the Informal Sector in Western Market Economies", *The American Journal of Sociology*, Vol. 93, No. 1.

Rifkin Jeremy, 1995, *The End of Work: The Decline of Global Labor Force and the Dawn of the Post - Market Era*, New York: Tarcher/Putnam.

Riley, White, Johnson, Marilyn, and Anne, 1972, *Aging and Society: A Sociology of Age Stratification*, Russell Sage Foundation.

Rona - Tas, Akos. , 1994, "The First Shall Be Last? Entrepreneurship and Communist Cadre in The Transition from Socialism", *American Journal of Sociology*, Vol. 100, Iss. 1.

Runciman, W. , 1990, "How many Classes are there in Contemporary British Society?", *Sociology*, 24.

Ryder, and Norman B. , 1965, "The Cohort as a Concept in the Study of Social Change", *American Sociological Review*, Vol. 30.

Scott, James C. , 1985, *Weapons of the Weak: Everyday Forms of Peasant Resistance*, New Haven, C. T. : Yale University Press.

Simon Charlesworth, 1999, *A Phenomenology of Working Class Experience*, Cambridge University Press.

Smith, Vicki, 2003, "Laboring Below the Line: The New Ethnography of Poverty, Low - Wage Work, and Survival in the Global Economy", *Contemporary Sociology*, Vol. 32, Iss 6.

Townsend P. , 1979, *Poverty in the United Kingdom*, Harmondsworth.

Tsang, M. C. , 1996, "The Costs of Adult Education and Training". In Tuijnman, A. C. (ed.) *International Encyclopadia of Adult Education and Training*, Oxford: Pergamon Press.

Wacquant, L. , 1999, "Inside 'The Zone'", In: Bourdieu, Pierre, *The Weight of the World: Social Suffering in Contemporary Society*, Polity Press.

Whyte Martin King and William Parish, 1984, *Urban Life in Contemporary China*, University of Chicago Press.

图书在版编目（CIP）数据

制度实践与目标群体：下岗失业社会保障制度实际运作的研究/孙立平，郭于华主编.—北京：社会科学文献出版社，2010.3
ISBN 978 - 7 - 5097 - 1224 - 5

Ⅰ.①制… Ⅱ.①孙…②郭… Ⅲ.①失业 - 社会保障 - 福利制度 - 研究 - 中国 Ⅳ.①D632.1

中国版本图书馆 CIP 数据核字（2009）第 222695 号

制度实践与目标群体
——下岗失业社会保障制度实际运作的研究

主　　编 / 孙立平　郭于华

出 版 人 / 谢寿光
总 编 辑 / 邹东涛
出 版 者 / 社会科学文献出版社
地　　址 / 北京市西城区北三环中路甲 29 号院 3 号楼华龙大厦
邮政编码 / 100029
网　　址 / http：//www.ssap.com.cn
网站支持 / (010) 59367077
责任部门 / 社会科学图书事业部 (010) 59367156
电子信箱 / shekebu@ssap.cn
项目经理 / 童根兴
责任编辑 / 谢蕊芬
责任校对 / 李　惠
责任印制 / 郭　妍　岳　阳　吴　波

总 经 销 / 社会科学文献出版社发行部
(010) 59367080　59367097
经　　销 / 各地书店
读者服务 / 读者服务中心 (010) 59367028
排　　版 / 北京宝蕾元科技发展有限公司
印　　刷 / 北京季蜂印刷有限公司

开　　本 / 787mm × 1092mm　1/20
印　　张 / 17　　字　数 / 276 千字
版　　次 / 2010 年 3 月第 1 版　　印　次 / 2010 年 3 月第 1 次印刷

书　　号 / ISBN 978 - 7 - 5097 - 1224 - 5
定　　价 / 39.00 元

本书如有破损、缺页、装订错误，请与本社读者服务中心联系更换

版权所有　翻印必究